# 梁宗岱、沉櫻與我
## 兩岸分飛的家族故事
Liang Tsong Tai and Chen Ying: A Daughter's Memoir

梁思薇　　　　口述
周素鳳・張　力　訪問/記錄

# 目錄

## 一、走過風雨　　1
才子與才女　　1
重要的時間點　　3
爸爸在歐洲　　7
爸爸的離婚官司　　13
我的疑惑　　16

## 二、甜美的峰頂　　23
旅居日本　　23
平津時光　　26
我的童年往事　　34
日機轟炸　　37
有文學有音樂的生活　　38
爸媽的小跟班　　40
爸爸的羊　　43
踢毽子與唸詩　　44

## 三、漸行漸遠　　47
「那個女人,那個女人」　　47
搬到阿姨家　　49
到開封看外婆　　50
復旦嘉陵村　　54
騰飛小學　　57
聽白光唱歌　　59
爸爸的「只好這樣了」　　61

## 四、從上海到臺北　　65
媽媽的抉擇　　65
離開上海　　69
坐船到臺灣　　74
學注音符號　　76
我的秘密花園　　78

## 五、我的青澀歲月　　83
搬到苗栗　　83
難忘的經驗　　86
寂寞的初中生　　88
開始寫詩　　90
偷看媽媽的日記　　91
聽外婆講古說事　　93

## 六、媽媽的鄉居之樂　　97

- 日暖花香山鳥啼　　97
- 開始翻譯小說　　98
- 結識司馬秀媛、林海音　　99
- 聽同事訴苦　　105
- 學生心目中的陳鍈老師　　107
- 不留書信的習慣　　110
- 離開大成中學　　113

## 七、我的花樣年華　　117

- 考上臺大護校　　117
- 媽媽任教北一女　　121
- 參加選美　　127
- 赴美之路　　130
- 決定結婚　　136

## 八、媽媽的退休生涯　　141

- 退休之前　　141
- 「蒲公英譯叢」和「蒲公英叢書」　　142
- 與生俱來的藝術品味　　144
- 在美國定居　　147
- 1982 年返中國之行　　147
- 餘波盪漾　　152

| | |
|---|---|
| 晚年在美國 | 157 |
| 沈從文的贈書 | 160 |

## 九、靜水深流的媽媽　　*165*

| | |
|---|---|
| 從小喜愛閱讀 | 165 |
| 出版五本小說集 | 168 |
| 散文優雅有情 | 174 |
| 行文流暢，不像翻譯 | 176 |
| 《一位陌生女子的來信》 | 178 |
| 《同情的罪》 | 179 |
| 堅定走自己的路 | 183 |

## 十、重新認識父親　　*189*

| | |
|---|---|
| 陌生的父親 | 189 |
| 首次返鄉探視父親 | 191 |
| 緊迫盯人的甘少蘇 | 195 |
| 離開廣州前的波折 | 199 |
| 爸爸在我的夢中告別 | 201 |
| 棄文從藥的抉擇 | 205 |
| 我的九叔和六叔 | 210 |

## 十一、爸爸的光與熱　　*217*

  學生的引介和發揚　　217

  《青年梁宗岱》　　222

  爸爸的畫像　　225

  聽楊絳談往事　　227

  有情有義的羅念生和朱光潛　　230

  感受爸爸的影響力　　232

  凡事盡百分百之力　　240

  熱情、沸情、激情　　244

## 十二、梁沉難再　　*247*

  相愛容易相處難　　247

  雖斷猶連牽　　249

  殊途不同歸　　252

附錄一：隨筆四篇（怨藕、我愛畫畫、扁舟、
　　　　一隻羊的故事）（梁思薇）　　259

附錄二：梁家和我（齊錫生）　　285

附錄三：梁思薇女士訪談側記（周素鳳）　　299

# 一、走過風雨

## 才子與才女

　　我爸爸梁宗岱是廣東新會人，生於 1903 年，六歲時隨我祖父遷居廣西百色。我媽媽本名陳鍈，筆名沉櫻，山東濰縣人，生於 1907 年，由於外公在 1927 年被派任河南省礦局局長，舉家遷往開封定居。爸媽兩人年輕時各自在文壇上小有名聲，媽媽在二十一歲大學尚未畢業時，發表第一篇短篇小說，立即獲得名作家茅盾[1]、沈從文[2]的注視和讚許，二十二歲時出版《喜筵之後》、《某少女》、《夜闌》[3]三本小說集。爸爸在十六歲時被譽為「南國詩人」，十九

---

1　茅盾（1896-1981），字雁冰，作家、文學評論家，代表作有《子夜》、《農村三部曲》、《林家鋪子》等。
2　沈從文（1902-1988），作家、歷史文物研究者，代表作有《邊城》、《湘行書簡》、《從文自傳》、《現代中國作家評論選》等。
3　《喜筵之後》、《夜闌》為短篇小說集。《某少女》為中篇小說。

歲受茅盾和鄭振鐸[4]之邀加入文學研究會[5]，二十一歲出版詩集《晚禱》。

1929年8月30日，沉櫻與弟弟陳釗離滬返濟，合影於「大連丸」船上　　1929年冬，梁宗岱攝於巴黎

　　我從沒問過爸爸或媽媽他們何時結婚的，好像從未關切過這個問題。很多坊間資料說是1935年，我想差不多就是這個時間。爸媽兩人結婚之前各自有一段婚姻。媽媽在1929年和復旦大學的戲劇才子馬彥祥結婚[6]，之後離異。爸爸在1920年十七歲時由家裡安排了一段婚姻，對方何氏是傳統女子，被具有新式觀念的父親拒絕接受。據說當時父親裝瘋賣傻的，脫光衣服，整天待在書房裡，任

---

4　鄭振鐸（1898-1958），古典文學家、文物收藏家、考古學家，代表作有《中國俗文學史》、《近百年古城古墓發掘史》、《古本戲曲叢刊》等。

5　參見梁宗岱，〈簡歷手稿〉：「1922年暑假，沈雁冰和鄭振鐸從上海來信，正式邀我為文學研究會會員」，引自劉志俠、盧嵐著，《青年梁宗岱》（上海：華東師範大學出版社，2014），頁120。

6　參見董大中，〈狂飆社編年紀事〉，收於程光瑋主編，《文人集團與中國現當代文學》，（北京：人民文學出版社，2005），頁106；馬思猛，《攢起歷史的碎片》（北京：北京圖書館出版社，2007），頁50。

誰都無法進房去勸他，就這樣鬧了三天。幾位曾經目睹此情景的姑姑們都對我描述過這件令全家人印象深刻的「奇事」，爸爸用這一招讓眾人束手無策，成功化解祖母的「逼婚」。根據我姑姑和叔叔們的說法，爸爸後來與何氏口頭約定解除婚姻，並由梁家資助她就讀廣州護士學校。爸爸於1923年進入嶺南大學，一年之後赴法國，在歐洲待了七年，直到1931年底回國。而在這段時間裡，何氏在護校畢業之後嫁人生子。這些往事都是居住百色的親戚們對我說的。媽媽個性沉默寡言，不愛憶往，只跟我提過爸爸如何面對後來遭遇的官司，沒提過此前種種細節。

爸爸自歐洲返國後被何氏告上法庭，由北平法院審理，轟動一時。根據何氏在法庭的陳述，爸爸在1932年4月寫信給她，提議付出兩千元結束兩人關係，她不接受，因此訴諸法律。坊間流傳的一個說法是爸爸是為了媽媽才打離婚官司，我認為這是穿鑿附會的臆測。

## 重要的時間點

媽媽和馬彥祥在上海結婚後同赴廣州，1930年到北平與公婆同住，次年5月女兒[7]出生。她與馬彥祥正式離婚[8]

---

7　根據馬思猛《攢起歷史的碎片》所記，馬倫於1931年5月出生，日子則不確定。馬思猛為馬彥祥再婚後所生的兒子。

8　沉櫻和馬彥祥離婚的確切時間有各種說法，根據李之凡在《沉櫻小說創作述論》（蘭州：蘭州大學出版社，2015）的交叉分析，認為應該是1933年下半年，頁186-187。

之前，曾經帶著女兒住進作家金秉英[9]在北平的四合院。金秉英是臺灣知名作家林海音[10]就讀北京新聞專科學校的國文老師，也是媽媽離婚前後時期的密友。她在〈天上人間憶沉櫻〉一文中說媽媽那時在故宮博物院工作，女兒上幼稚園，「每天帶著小女兒早出晚歸，十分辛苦」，文章中只說那是1930年代初期，沒有確切時間。媽媽在故宮工作應該是通過馬彥祥的父親馬衡的關係。馬衡是著名的金石和考古學家，當時擔任故宮古物館的副館長。金秉英還提到媽媽正式離婚後，女兒被馬家帶走。

金秉英說媽媽離婚後曾帶她去了爸爸的住處，介紹她認識爸爸，同時認識了和爸爸同住的朱光潛[11]，就在那一次，金秉英看出來媽媽和爸爸正在戀愛。爸爸當時的住處就是著名的慈慧殿三號。朱光潛於1933年留學歸國，7月任教於北京大學，據說他是在5月入住慈慧殿。他的〈慈慧殿三號——北平雜寫之一〉寫於1936年，文中提到三年前與爸爸同住時，爸爸在園子裡養了刺蝟。換言

---

9 金秉英（1909-1996），作家、編輯。曾任職於北京《世界日報》、北京新聞專科學校、《上海新聞報》婦女兒童半月刊，著作有《沾泥絮》、《曇花一現的友誼——憶蕭紅》、《八旗人家》等。

10 林海音（1918-2001），作家、編輯。臺灣苗栗人，幼年舉家遷居北京，1948年返回臺灣，任職《國語日報》、《聯合報》，創辦《純文學》月刊、純文學出版社。著作有《城南舊事》、《婚姻的故事》、《曉雲》等。

11 朱光潛（1897-1986），美學家、文藝理論家、翻譯家，曾任教於清華大學、北京大學、四川大學、武漢大學。主要著作有《文藝心理學》、《談美》、《談文學》等。

之，爸爸與朱光潛同住必然是 1933 年下半年，朱光潛返國之後。

金秉英的文章形容媽媽帶她走進慈慧殿三號，經過一個荒廢的大花園，「樹影森森，野花雜生」，她看到紫藤蘿盛放，猛然想起「難道春光正躲在荒園牆角」，明確點出是春天。照此推算，媽媽和爸爸熱戀時間應該是 1934 年的春天。之後金秉英試探地問媽媽是否覺得幸福，媽媽微笑回：「怎麼說呢？他很愛我，教我沒法不愛他」，這應該是媽媽最直接坦白表露對爸爸的情感。金秉英接著寫：「暑假中，你告訴我，你要和梁宗岱去日本，結婚、度蜜月」。1934 年 7 月，爸爸帶著媽媽到日本，我猜想爸媽原本計畫在日本結婚，不知道甚麼原因拖到回國後才辦理。

根據爸爸的學生劉志俠和盧嵐在《青年梁宗岱》中的考證，爸爸在 1931 年 11 月中旬在法國馬賽登船返國，12 月 7 日停泊錫蘭（今斯里蘭卡）的可倫坡時，寄了一張風景明信片給梵樂希[12]。那艘船在 12 月下旬抵達香港，爸爸會同他的六弟梁宗恆一起回中國，此事我六叔曾經對我提過，因此爸爸返抵中國的時間應該是 1931 年年底了。

---

12 梵樂希（即瓦拉里，Paul Valéry，1871-1945），法國作家、詩人、法蘭西學術院院士，發表文章涵蓋藝術、歷史、文學、音樂、政治各方面，是法國象徵主義後期詩人的代表。

爸爸在 1932 年 7 月 15 日寫給梵樂希的信說:「去年 12 月底抵達廣州,我和家人共度三個月時光……」,我不確定爸爸說的和家人共度三個月的地點是新會還是百色,但據此可以確定爸爸北上的時間是 3 月。我確知他當時先到上海,之後才赴北平。據我所知,媽媽是在上海的一個作家聚會上初次見到爸爸,而且我十分確定,那次媽媽對爸爸的印象極為惡劣,因為很看不慣他那副志得意滿的模樣。之後他們在北平重逢才開始通信,漸入佳境。合理的推算,他們在上海相識的時間應該是 1932 年 3 月左右,之後在北平重逢,何時開始交往則無可考。

爸爸的「元配」何氏在法庭上表示,她接到爸爸要求終結兩人關係的信是 1932 年 4 月,如此看來,爸爸在返抵國門後四個月就興起離婚念頭,不可能是為了一個多月前在上海只有一面之緣,而且對他印象不佳的媽媽。在那個新舊思想碰撞的年代,年輕人想掙脫傳統的婚姻模式,追求婚姻自主的例子並不少見。尤其是留學生在浸淫西方社會自由開放的氛圍之後,對於舊式婚姻更難接受。朱光潛即是一例,他赴英國之前也曾奉父母之命結婚,並且生有一子。留學之後,戀愛自由婚姻自主的想法更深切,後來由朱家長輩出面解除婚約,繼而在巴黎迎來第二春。

如果說爸爸要求與何氏離婚,不是出於婚姻自主的新思潮所驅動,而是因為某個特定的人,才會急著切斷包

辦婚姻，這個對象應該不會是媽媽。朱光潛文章中提到和爸爸住在慈慧殿三號時，常看到一種很像畫眉的鳥雀飛來，「宗岱在此時硬說它來有喜兆……預兆他的婚姻戀愛的成功，但是他的訟事終於是敗訴，他所追求的人終於是高飛遠揚。」媽媽在爸爸打離婚官司時，一直好端端地在北平生活，並未「高飛遠揚」，因此她不可能是觸發爸爸要和何氏解除婚約的原因。

## 爸爸在歐洲

爸爸和媽媽交往之後，爸爸在歐洲的種種經歷，媽媽成為最好的聽眾，知之甚詳，也了解很多。媽媽其實是個沉靜平和的人，話很少，在我成長過程中，她很少提到爸爸的事，只有爸爸在歐洲的經歷是例外。我最記得她常常說：「你爸爸那個用功勁兒，真是沒辦法！」她非常佩服爸爸對「學習」這件事情的專注。她最常舉的例子是爸爸學法文，自我要求很高，發音和腔調都要精準到位，花了很大的功夫揣摩道地標準的法文，因此他的法文發音字正腔圓，遣詞用字優雅流暢，是非常有品味的法文。她說爸爸開始學的時候，為了要把 "monsieur"（先生）的音發得和法國人一模一樣，在路上一邊走一邊喃喃唸著 monsieur，把身旁走過的人都弄得莫名其妙，有的只好回他："quoi"（甚麼？）。其實他的發音已經很正確了，但他自己認為不夠完美。爸爸學任何東西都是使盡全力，學得非常透徹。

留法時期的梁宗岱

爸爸對學術的認真,另一個表現是他在學術觀點上六親不認的作風,導致他和朋友之間每每為了文學問題爭論得面紅耳赤,甚至動粗。大概我家長輩們最津津樂道的笑話就是他在法國和青年翻譯家傅雷[13]打架之事。兩個人原本是朋友,但是某次為了一個藝術觀點爭論不休,最後拳腳相向,其暴力程度甚至驚動鄰居報警。兩位法國警察到場後審問得知年輕人是為了藝術意見不合而大打出手,感到非常符合法國人對藝術的尊重,就和他們分別握手,不予追究。

爸爸家裡的經濟情況很不錯,加上爺爺梁星坡在經濟和精神上全力支持,因此他在法國的生活頗為優渥,衣食

---

13 傅雷(1908-1966),翻譯家,作家、美術評論家。早年留學法國巴黎大學。

不愁,穿西裝打領帶,喝咖啡時杯子碟子湯匙,一樣不能少,吃飯一定要餐巾,一切符合時尚。他在法國如魚得水,以優美流利的法文和慎思明辨的學習態度,結交當時有名的文學家和藝術家,羅曼·羅蘭[14]和梵樂希都非常欣賞他,梵樂希更是對他鼓勵有加,爸爸自己的作品也在歐洲出版或刊登,非常風光。後來爸爸翻譯羅曼·羅蘭的《歌德與貝多汶》(Goethe and Beethoven),梵樂希的《水仙辭》(Narcisse),在中國學界紅極一時。

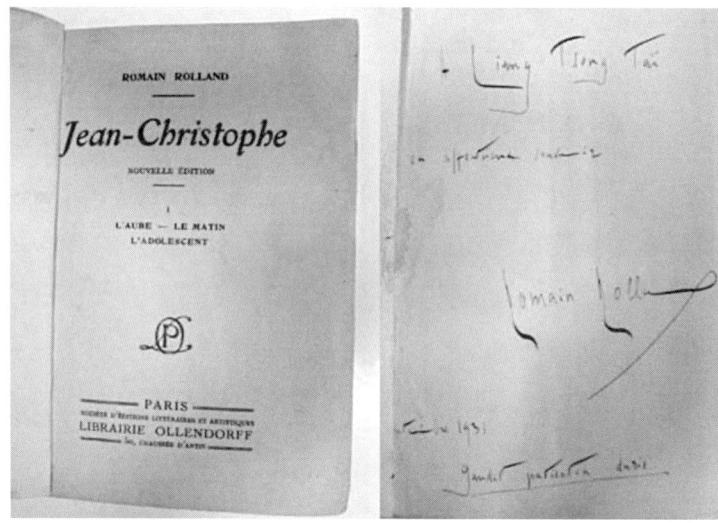

1931年,羅曼·羅蘭贈予梁宗岱的《約翰·克里斯多夫》,親筆題寫:送給梁宗岱,友好留念。最末行:難時見堅忍(廣東外語外貿大學梁宗岱紀念室收藏)

---

14 羅曼·羅蘭(Romain Rolland, 1866-1944),法國作家、音樂評論家,1915年諾貝爾文學獎得主。

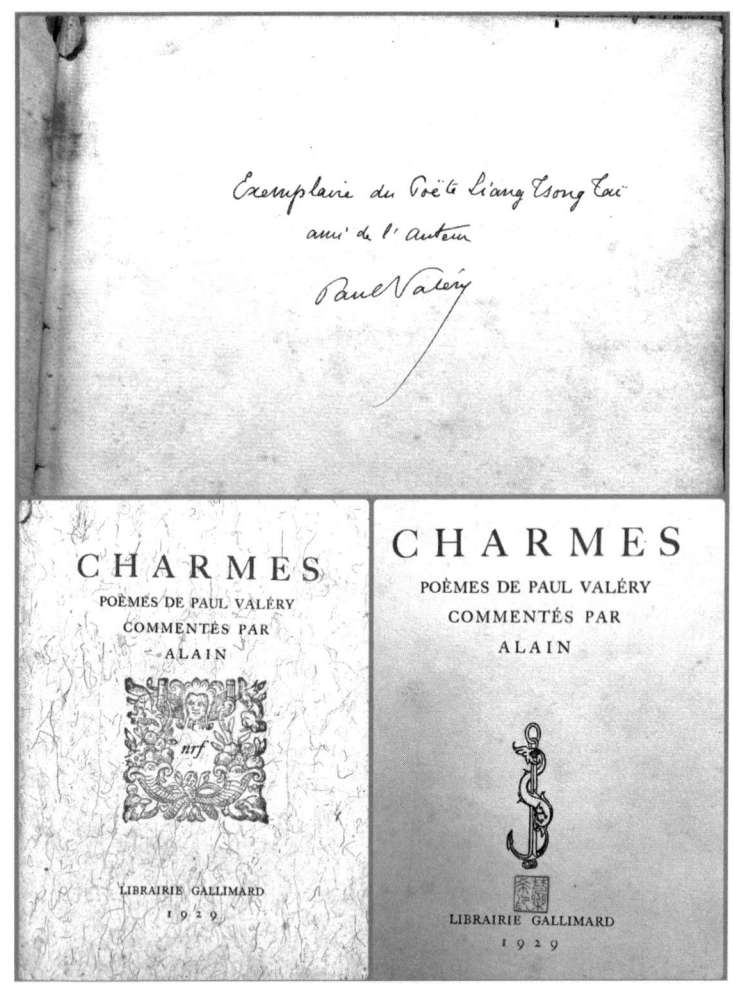

1929年梵樂希題贈梁宗岱的詩集《幻美》：送給詩人梁宗岱，作者的朋友梵樂希。右下圖蓋有「梵樂希印」，乃為梁宗岱所贈之印章

　　1931年8月，爸爸收到國際聯盟附屬機構所主辦的邀請，參加「爭取和平的宗教和道德大會」，赴瑞士以法文發表演講〈裁軍底道德問題〉（Désarmement comme problème moral），並參觀國際聯盟開會[15]。那時候他雖然身在歐洲，但心繫國內情勢。瑞士演講後，爸爸已經覺得自己應該返國報效國家。九一八事變爆發，眼見國難當頭，他下定決心返國。

早在 1928 年徐志摩[16]於歐洲旅行時，在巴黎曾和爸爸談了三天三夜仍意猶未盡，害得徐志摩沒時間旅遊參觀。爸爸一定是用他那不可遏止的熱情，沒日沒夜地談個不休。顯然徐志摩也很興奮，因為他回到中國後寫了一封信給胡適[17]讚揚爸爸。這封信我曾在胡適的信件集中見過，可惜當時影印不那麼普遍，我沒有收集起來，但有心人一定可以找到。其實胡適和爸爸在 1926 年就透過傅斯年[18]結識，胡適日記裡記錄他在 1926 年去巴黎九天，曾和爸爸見面五次，但都是和其他人一起見面，應該是沒有私交。1931 年爸爸接到北大聘書，當時文學院院長是胡適，爸爸以二十八歲之齡擔任法語系主任，並在清華大學兼課。

---

15 參見《青年梁宗岱》，頁 363-366。
16 徐志摩（1897-1931），詩人，散文家，曾任教北京大學、南京大學等校。主要著作有詩集《翡冷翠的一夜》、《猛虎集》，散文集《巴黎的鱗爪》等。
17 胡適（1891-1962），思想家、文學家、哲學家，曾任中華民國駐美大使、國立北京大學校長、中央研究院院長等職。著述甚豐，涵蓋文學、哲學、史學、考據學、教育學、倫理學、紅學等諸多領域。
18 傅斯年（1896-1950），歷史學家，曾任中央研究院歷史語言研究所所長、國立北京大學代理校長、國立臺灣大學校長。

> 適之：
>
> 自英去函諒到。歐游已告結束，明晚自馬賽東行。巴黎三日，故侶新知，共相歡敘，愉樂至深。《新月》重勞主政，待歸再來重整旗鼓。此行得友不少，得助亦不少。謝壽康、周太玄、梁宗岱皆允為《新月》撰文。宗岱與法當代大詩人梵樂利（梁譯「哇萊荔」）交往至密，所作論梵詩文頗得法批評界稱許，有評傳一篇，日內由商務徐元度送交兄處，希即刊載《新月》，稍遲再合譯作出書。謝文下月或可到，我呢——「尚早」！通伯夫婦今何在，至念。國內稍見生氣否？離別三月，急思歸矣。
>
> 　　　　　　　　　　　志摩拜候　九月二十日
>
> 胡太太請安。

**徐志摩致胡適**
收於胡適著，《胡適來往書信選（上）》（中國社會科學院近代史研究所中華民國史組編，北京：1979）

1932年，梁宗岱在北京大學

## 爸爸的離婚官司

胡適原本對爸爸賞識有加，甚至邀他到胡家一個獨門的偏院去共住。在我看來，這實在是一個錯誤的安排，因為胡適的個性和爸爸完全不同，而且爸爸當時年輕氣盛，心高氣傲，不但滿腦子西洋思潮，作風也很洋派。當時大眾的生活條件比較差，心理上也很苦悶，而爸爸卻意氣風發、雄心勃勃。比如說，當時多數學者穿的是長袍，而爸爸卻喜歡穿西裝，布料高級，剪裁英挺，加上他行事風格有點特立獨行，應該有很多人看他不太順眼。更重要的是爸爸向來好辯好勝，剛愎自用，得理不饒人，和胡適善與人交，長袖善舞根本是南轅北轍。

爸爸的「元配」何氏說她在 1932 年 4 月獲知爸爸有意了結兩人關係，因此決定北上找爸爸。何氏何時抵達北平不得而知，但爸爸與她顯然沒有達成共識。至於其後胡適如何涉入，如何代表何氏出面協調，甚至最後出現在法庭作證，其間過程與詳情我不清楚。我能確知的是胡適在 1932 年 10 月代替何氏寫信給爸爸，要求爸爸付五千五百元，爸爸沒有照辦。過了四個月，1933 年 3 月 2 日，胡適的日記寫著：「與陳受頤[19]先生陪同梁宗岱夫

---

[19] 陳受頤（1899-1977），歷史學家。1920 年嶺南大學畢業後，留校擔任教師，1925 年赴美國芝加哥大學，1930 年返北京大學擔任文學院研究講座教授兼史學系主任。著有 *Chinese Literature: A Historical*

人去看律師林行規先生，林先生允為她出力」。陳受頤是爸爸在嶺南大學時的老師，之後出國留學，返國後擔任北大歷史系主任。由此段紀錄可知，胡適此時已經代替何氏諮詢律師了。

百色的姑姑們和巴黎的六叔都曾經告訴我，爸爸最先的想法是給錢了事，並沒有念頭要打官司。據他們所知，胡適反對舊式婚姻，認為新中國的青年人要有新觀念，應該要揚棄包辦婚姻，鼓勵爸爸爭取婚姻自主權，還說會支持爸爸。有人說胡適後來變卦力挺何氏，是懾於太太江冬秀的威逼。這個說法也不無道理，因為胡適本人在理智上一貫反對傳統包辦婚姻，所以他如果最初鼓勵爸爸反抗自然是順理成章。然而胡適本人在行動上卻終生屈服，所以他如果最終屈服於家內壓力，也自有其可能性。只是我們後人無法取證，也就無法定論。倒是我聽媽媽說，其實那時胡適就已經受不了爸爸的個性。此外我還記得叔叔們也曾說過，胡適談古論今時喜歡引經據典，但有時會引用錯誤，爸爸仗著記憶力好，毫不猶豫當面指正，胡適焉能不耿耿於懷？

百色的親人們對爸爸選擇正面對抗何氏興訟非常不能理解，尤其是六叔。他很肯定地告訴我，爺爺一開始就覺

---

*Introduction*、《西洋中古史》。

得打官司是不智之舉，因為以梁家當時偌大資產，花些小錢擺平此事乃屬輕而易舉，但是爸爸再三向他們保證他會贏得官司。六叔提到後來事情鬧大：「連廣西的小地方報紙都登了，鬧得全國都知道，真丟人！」六叔在巴黎對我講這話時已經垂垂老矣，忿忿之情仍然溢於言表，不明白為甚麼爸爸不聽爺爺的話用錢解決，更不明白爸爸憑甚麼認為自己可以在官司中取勝。我在巴黎時，六叔給我看爺爺在官司結束時寫給他的信，爺爺深感疑惑地問：「原本不是說會贏的嗎？」

何氏的主要訴求是「確認婚姻關係」並「給付生活費」。河北高等法院在 1933 年 11 月 30 日判決爸爸的婚姻有效，故需給付何氏七千多元。爸爸不服判決，提起上訴，何氏也不甘示弱，要求法院查封爸爸的動產，之後經過調解，最後在 1934 年 4 月 18 日由胡適和朱光潛代表雙方簽訂離婚協議，結束這場官司[20]。

---

[20] 法院判定兩人的婚姻關係有效，梁宗岱需負擔何氏生活費，每月一百元，另加離婚費及訴訟費用。梁宗岱不服上訴，並拒絕付款。何氏遂向法院申請假執行，查封梁宗岱住處（慈慧殿三號）的動產，《北平晨報》描述何氏在現場面色慘白，繼而昏厥。梁宗岱並未因此屈服，何氏進一步呈請法院要求北京大學每月從梁宗岱薪資中代扣一百元，獲北大同意。另外，根據劉志俠、盧嵐的〈梁宗岱與何瑞瓊離婚案再探〉，《傳記文學》124 卷 6 期（2024 年 6 月），梁宗岱在法庭上兩度強調並未與何氏發生關係，故主張婚姻無效。該文指出梁宗岱為了避嫌，有三年暑期均刻意留校參加活動，並未返鄉。而何氏亦證實梁宗岱自她過門後不回家也不理睬她。頁 102-104。

胡適的《胡適遺稿及秘藏書信》中，有他親筆代擬的離婚協議書，他的日記上也有記載：「我於1932年10月7日代何氏致函宗岱，提議離婚，她只要求五千五百元。宗岱無賴，不理此事，就致訴訟。結果是要費七千多元，而宗岱名譽大受損失。」從爸爸寫信給何氏的1932年4月，到整件事塵埃落定，歷時兩年，最後爸爸付出的代價是七千多元。爺爺寫信告訴六叔說，爸爸向他要兩千元，應該是爸爸不夠支付，請求爺爺幫忙。

## 我的疑惑

依據姑姑們告知，何氏在爸爸出國後還會到家裡走動，和梁家關係不錯，但她結婚生子之後就不再來往。在姑姑們印象中，何氏有兩個或三個孩子。姑姑們說，爸爸從歐洲返國回家後，興起去探望何氏的念頭，當時大家都覺得簡直是莫名其妙，全家沒有一個人贊成。可是爸爸執意前去，沒想到何氏的母親一看到他就破口大罵，出言侮辱，把他罵了出來。大家無法理解爸爸為甚麼要這麼做，我倒是可以體會爸爸的想法，那時候他滿腦子新式思想，紳士風度。爸爸是一個性情中人，他想的不是「會不會引人非議」，而是一個率性人的想法：何氏既然已經結婚，而且有孩子，為甚麼不能當作朋友去看看她？更何況，這種做法不也符合西方人「好聚好散」的「文明」文化？

爸爸與何氏的離婚事件前後纏訟兩年，發展出各種傳

言。我一直不知道這些奇奇怪怪的故事，我所知道的來龍去脈都是姑姑和六叔告訴我的，他們說的時候我就像聽故事一樣，沒有其他想法，也不會多問甚麼。到了2000年前後，我比較會用網路上的資料蒐尋，才慢慢看到許多不同版本，有的添油加醋，形容得煞有其事。例如有人說何氏帶著幾個孩子到北平找爸爸，考諸1930年代的交通狀況極度不便，從廣東新會到北平路途那麼遙遠，何氏如何能夠帶著她和別人生的孩子千里迢迢去找另外一個男人？我覺得很不合邏輯。其他還有各式各樣的版本，繪聲繪影，戲劇性十足。

我在網路上看到這些不斷被複製或演繹的故事時，心中有許多疑點，但是親眼目睹過程，或者比較清楚細節的親人們已經不在人世，沒有人可以解答。我問堂表兄弟姊妹，他們的說法和我所知道的一模一樣，都是聽他們的爸爸媽媽說的，也就是從我的叔叔和姑姑們聽來的，他們也跟我一樣，靜靜聽大人說往事，從沒追問任何事。

近期朋友轉來一篇文章[21]，根據法院判決書上何氏的陳述和《北平晨報》的追蹤報導來分析，認為何氏另嫁如果為真，這是足以「左右官司輸贏的證據，梁宗岱不會不在應訴中提出來」。該文強調：「事實是梁宗岱不僅在

---

21 李榮合，〈梁宗岱20世紀30年代離婚案及與胡適交惡之辨〉，《五邑大學學報》（2019年3期）。

最初的應訴中沒有提及,而且在後來的上訴中也沒有提出」,反而是何氏當庭表示她趁爸爸外出時,在他房間搜出一位鍾女士的信,以此證明爸爸意欲重婚。該文指出,如果何氏嫁人生子,重婚的是何氏,爸爸為何略去不提,因此作者判斷那是「無中生有的不實之詞」,並指出「梁宗岱『自恃甚高』、『那種愛吹噓的性格』,這有可能是為了美化自己虛構出來的」。

我很難接受這個說法。我印象中的爸爸是一個真性情的人,而且很有正義感。1976 年我返鄉探視他時,他提到一個我認識的伯伯在文革時期,只顧自己逃命而牽連了最親近的人,親人甚至為此而自殺,爸爸對他的好友為了自己而犧牲家人很不以為然,感慨地對我說:「這樣的事我做不出來」。爸爸是個很講義氣的人,絕不會耍心機,說他杜撰何氏嫁人生子,我難以置信。如果何氏另嫁這件事是爸爸的一面之辭,為甚麼姑姑和叔叔們眾口一致持同樣說法?難道百色的親人都被爸爸收買,大家都沒有說實話?何氏在法庭上說爸爸歸國後曾接她去同住了一個多月,這和姑姑說的,爸爸在家人齊聲反對之下,堅持去探望何氏卻被她媽媽趕出來,兩個版本簡直天差地別。到底誰在說假話呢?

單就最現實的「生活費」來分析,何氏的說法是爸爸在 1932 年 4 月寫信表示願意支付兩千元,而胡適的日記

說，他代替何氏在1932年10月7日擬寫離婚函時，她「只要求五千五百元」，也就是說何氏最先的要求與爸爸的提議相差三千五百元。這是我最不能了解的一點，我很難想像在巴黎生活優渥的爸爸就只是因為三千五百元而選擇打官司。那時候爺爺家大業大，如果爸爸缺三千五百元，爺爺不可能不出手相助。更何況爺爺一開始就反對打官司，是爸爸一再說官司會贏的。媽媽也說那時爸爸覺得自己理很足，所以氣很壯，自信滿滿地面對風波，不畏不懼。如果爸爸捏造何氏另嫁之事，應該心知肚明自己做了虧心事，趕快付五千五百元了事，為何選擇把事情鬧大，讓自己下不了臺？爸爸後來為甘少蘇一擲三萬元贖身，這種出手闊綽比較符合他的性格；何氏聲稱與爸爸已經有結婚之實，爸爸反而對她斤斤計較，這實在不像我心目中的爸爸。

爸爸在離婚風波告一段落時，寫信給梵樂希（1934年9月20日）大略提及此事，這是當事人「現身說法」：「當年我的祖母根據古老習俗，娶她〔何氏〕作為我的妻子，我從來沒有接受，而且在出發到歐洲之前，曾經給她錢離婚。她趁我到廣州探望父親機會，住進我的家。我不得不進行一場艱苦而激烈的鬥爭，抗擊幾個不懷好意同事的幕後陰謀，接著抗擊公眾輿論的偏見，以及他們法律本身的不公平」。「公眾輿論的偏見」應該是指報章報導

立場偏向何氏[22]，但「不懷好意同事的幕後陰謀」指甚麼呢？十分耐人尋味。

至於爸爸究竟為什麼選擇上公堂面對官司，我從來沒有機會直接問他，真是可惜。我倒是有一個自己的推想，那就是爸爸的「命中註定」和「個性使然」。1920 至 1930 年代是西方思潮大量衝擊中國社會和文化的時期，其中一個被高度衝擊的對象就是傳統包辦婚姻。許多都市中接受了現代化洗禮的青年們都積極去爭取婚姻自主權，而從西方留學歸國知識分子們的棄婚事件更是車載斗量，但是絕大多數的聰明人都選擇不聲不響地「花錢消災」和「私了」方式，絕不聲張地以免妨礙社會地位或變成「醜聞」。原本想私了的爸爸在何氏訴諸法律後坦然迎戰，他那種無可自抑的好鬥和好勝個性，是否促使他蓄意把這個隱藏性的社會問題訴諸公堂，在法律上為全國的棄婚和悔婚事件取得合法定位？如果他當時果然有這個如意算盤，也很符合他的英雄情懷，他只是沒有想到在知識和道德層

---

22 《北平晨報》從 1933 年 11 月 25 日到 1934 年 7 月 22 日，總共有十六篇梁宗岱離婚案的報導，另有一篇評論。法院判決梁宗岱與何氏有婚姻關係之後，從 1934 年 2 月 27 日到 3 月 28 日約一個月時間，《北平晨報》有六則相關報導，「媒體在這一事件中的立場，也由初介入時的相對中立逐漸傾向同情弱者，每次訪問何氏，都特意提到何氏非常悲傷，採訪無法繼續，而梁的『不作為』，則給人留下了『外強中乾』的負面形象。諸種因素加起來，導致梁宗岱在社會的『名譽大受損失』（胡適語），確是毫無疑問的」。參見龍揚志，〈梁宗岱 20 世紀 30 年代離婚案始末〉，《粵海風》，第 6 期（2010），頁 58。

面上最應該站在同一陣線的盟友最後倒打一耙,打得他鼻青臉腫。

時過境遷後,爸爸告訴梵樂希,幸好他堅定奉行斯多葛主義[23]而挺過難關,換了別人,「可能因為憤怒和絕望而發瘋,而病倒」。仔細想想,當時爸爸面對鋪天蓋地的指責和嘲諷,還能夠安之若素地繼續讀書、教書、寫作、翻譯,的確不容易,可見爸爸的抗壓性非常強,難怪會擄獲媽媽的心。

---

23 斯多葛主義(Stoicism),又稱斯多葛學派,是古希臘的四大哲學學派之一,主張個人的幸福全在於內心的寧靜和順乎自然,不需假以外求,任何外在的功名和事物都無助於個人的自足和幸福。

# 二、甜美的峰頂

## 旅居日本

　　爸爸的離婚官司導致他和胡適關係生變,爸爸也就理所當然沒有接到北大次年的聘書。爸爸在打官司時無視輿論的質疑,篤定地讀他的書,媽媽陪著他走過這段千夫所指的時期,對他坦然無懼的氣魄十分傾心。1934年7月,媽媽跟著爸爸到日本後,在7月24日寫信給巴金[1]伯伯說:「我們十七日離滬來日,現在到東京已四天」,並告知住處在神奈川縣,一個背山面海的小鎮葉山,離東京大約一小時車程,「環境既美又靜,頗適於讀書」。爸媽遠離是非之地,在異鄉靜靜地開啟兩人世界。

　　媽媽從來不對我們子女提她和爸爸的「往日情懷」,

---

[1] 巴金(1904-2005),作家。1983年後連續五次當選中國全國政協副主席,任職達二十二年之久。代表作《家》、《春》、《秋》、《隨想錄》等。

我從小就很識趣地避開這類話題,從不曾探問究竟,因此我對於她和爸爸在日本以及接下來在北平和天津的生活情況不甚了了。現在仔細瀏覽他們的譯著作品年表,發現他們在日本時期,一直到 1937 年我出生之前,勤於筆耕,對他們兩人遇挫彌堅的淡定更加佩服。

媽媽在日本時整理她即將出版的第四本小說集《女性》。在此同時,日本葉山的異鄉經驗觸動了她的散文書寫,舉凡浮世風情,日常心事都是她描寫的題材。她在那一年發表的散文有〈在日本過年〉、〈我們的小狗〉[2],之後也寫了〈我們的海〉、〈鄉居日記〉,從媽媽的文章裡可以嗅出那種風和日麗的幸福。金秉英在文章裡形容日本歸來的媽媽「面龐兒豐滿了,笑靨洋溢在眉梢眼角」。

1934 年,梁宗岱與沉櫻在日本

在日本時期的梁宗岱

---

2　此篇〈我們的小狗──葉山雜憶之一〉刊登於 1935 年 10 月 13 日《大公報》。

爸爸在日本這段時間更是火力全開，碩果累累。他最有名的譯詩集《一切的峰頂》精挑德國、英國、法國、印度共十位詩人三十二首詩，其中近二十首是在日本時的成果展現。許多人說媽媽對這本譯詩集情有獨鍾，才會在 1971 年在臺灣將它印行出版。這也難怪，《一切的峰頂》見證爸爸和媽媽最甜美的時光，我可以想像爸爸一定不斷呼喊「櫻啊」，要媽媽過來和他一起分享，爸爸必定滔滔不絕解釋他為何用這個詞，為何不用那個詞，媽媽面對爸爸的口若懸河必然是一個絕佳的聽眾和評論者，她的感性可以洞悉爸爸的思路，她的理性可以適時回應評斷，他們相知相容，相輔相成。在我的印象中，中文系出身的媽媽日後走上翻譯之路，對翻譯一事成竹在胸，我猜想那是因為她曾經和爸爸一起經歷過翻譯的苦與樂。

除了翻譯，爸爸在日本期間也完成六篇文學評論，後來收在《詩與真二集》，這幾篇都是理論紮實精闢的論著。《蒙田試筆》的二十一篇隨筆也是爸爸在此時著手翻譯的，據說爸爸選譯的這本經典散文集後來在臺灣至少被盜印五次，可見其影響力。由此看來，爸爸告訴梵樂希的：「我從鬥爭中脫身出來⋯⋯身體絲毫無損，精神比任何時候更加活躍去研究，更加一心孜孜於自我完善的信仰。」（1934 年 9 月 20 日）的確不假。爸爸此時堅定腳步，置離婚官司的是是非非於度外，全心全意投入中西文化的譯介和比較。

爸爸在信中告訴梵樂希（1934 年 9 月 20 日），他每天早晚讀書寫作，下午海浴，生活簡單寧靜且幸福：「大自然毫無保留顯露無窮無盡的財富，只要抬起眼睛，或者豎起耳朵，便能看到一個光明世界，一個彩色、百音千聲活動的世界，心靈因而得到陶醉……」。葉山成了爸媽的世外桃源，海邊有沙石貝殼，窗前有清風明月，桌上有書筆紙墨，三餐有味，兩人眼中有彼此，那是愛情最美好的樣子。巴金伯伯去探望他們後形容兩人「在幸福中沉醉了」。有人用《一切的峰頂》形容爸爸此段時間在寫作上和情感上都是大豐收，可說是他愛情和事業的雙重峰頂，我覺得是很恰當的比喻。

## 平津時光

爸爸在 1935 年 5 月 10 日寫給梵樂希的信中說：「今月底將離開日本返北平。然後到中國內地探望父親。我打算和他在廣州附近的故鄉度過暑假，然後再重新執教。」如此看來，爸媽在日本停留不到一年。一如他在留歐返國時先回老家，爸爸這回也是先回家陪伴爺爺一段時日。

梁宗岱與沉櫻，1935–1936 年在北平

1935–1936 年，梁宗岱在北平

　　根據黃建華和趙守仁兩位教授的《梁宗岱》[3]所記錄，爸媽自日本歸國後仍住在北平，另外還有我九叔梁宗鉅（後改名梁宗巨），三人一起住在羊宜賓胡同一號。爸爸返國後和羅念生[4]一起主編天津的《大公報‧詩特刊》[5]，從 1935 年 11 月開始，每月兩期，一直到 1937 年 7 月，工作地點是《大公報》在北平的辦事處。羅伯伯在 1929 年赴美留學，1933 年到雅典進修，是中國留學希臘的第一人，

---

3　黃建華、趙守仁，《梁宗岱》（廣州：廣東人民出版社，2004），頁 130。

4　羅念生（1904-1990），古典學家、翻譯家，於古希臘羅馬語言文學研究有傑出貢獻。曾任教北京大學、四川大學、武漢大學、清華大學等校。1987 年 12 月，希臘最高文化機關雅典科學院授予「最高文學藝術獎」（國際上僅四人獲此獎）。其主要譯作為荷馬史詩《伊利亞特》（與王煥生合譯）、亞里斯多德《詩學》，晚年與水建馥編輯中國首部《古希臘語漢語詞典》。

5　《大公報‧詩特刊》是《大公報》文藝副刊的專刊，每月兩期，1935 年 11 月 8 日創刊號的發刊辭〈新詩底十字路口〉由梁宗岱執筆。

在1934年秋返國後在北大任教。爸爸應該是在離日返國後認識他，之後成為一生摯友。

許多人都知道1930年代林徽因[6]住在北平市區北總布胡同三號，她家的客廳是當時的文化界人士定期聚會的地點。其實同一時期另外也有一個類似的文化聚會，就是朱光潛伯伯所住的慈慧殿三號，人稱「慈慧殿讀詩會」，定期出現在這兩個文藝沙龍的人頗多重疊。「慈慧殿讀詩會」開始的確切時間不可考，應該是爸爸與朱光潛伯伯同住之時，因為許多人回顧此聚會時都提到同住的爸爸。沈從文在〈談朗誦詩〉裡曾細數「讀詩會」的種種，說明這是一個以詩會友的聚會，大家實驗詩的不同讀法，進而辯論詩的格律和發展。爸爸重返北平後，依舊積極參與「慈慧殿讀詩會」，有人認為「讀詩會」的存在激盪出《大公報‧詩特刊》，因為《詩特刊》的作者群多為「讀詩會」參與者，於是就有「讀詩會」是《詩特刊》的搖籃之說。

蕭乾[7]曾描述爸爸在「讀詩會」和林徽因「抬槓」，

---

6　林徽因（1904-1955），即林徽音，現代作家，詩人，女建築學者，北京人民英雄紀念碑設計者。著有散文、詩歌、小說、劇本、譯文和書信等，代表作《你是人間四月天》、《蓮燈》、《九十九度中》等。

7　蕭乾（1910-1999），作家、記者、翻譯家。1939年為二戰時期歐洲戰場唯一中國戰地記者，曾採訪聯合國成立大會、審判納粹戰犯等重大事件。著有《一個中國記者看二戰》、《未帶地圖的旅人──蕭乾回憶錄》等，譯作《尤利西斯》（與文潔若合譯）。

而朱自清[8]的日記裡也記錄：「下午進城。沈從文告以林徽音與梁宗岱間之口角。」（1935年10月22日）這真符合我所認識的爸爸，跟人辯論起來不管不顧，不管對方是男女老幼，一視同仁地發揮他舌戰的功力。我想爸爸在這段時間必然滿腔熱血，豪氣干雲，我可以想像他在「讀詩會」上如何深情朗讀，如何滔滔激辯，在《詩特刊》主編的職位上如何積極擘畫，集思廣益。

1935–1936年，梁宗岱、沉櫻與梁宗鉅在北平

1935年8月，沉櫻在北平

---

8　朱自清（1898-1948），作家，曾任清華大學中國文學系主任。以散文〈背影〉、〈荷塘月色〉、〈槳聲燈影裏的秦淮河〉著名，代表作有《歐遊雜記》、《倫敦雜記》、《經典常談》等。

1935年，沉櫻與梁宗鉅在北平。右側短箋為沉櫻題致梁思薇

　　1936年5月，馬思聰[9]夫婦到北平演奏，就住在爸媽家，網路資料常見的那張合照，就是在爸媽的北平的家拍攝的。爸爸和馬思聰是舊識，兩人都是廣東人，爸爸說他和馬伯伯在小時候就認識，他說的小時候是多小，我沒問過，不過我記得爸爸說馬伯伯很聰明。而爸爸對音樂也是從小的偏愛，唸培正中學時還唱聖歌，他對音樂的嗜好一生沒有改變。沈從文寫給夫人張兆和的信也曾提到他和爸爸、馬思聰三人一起聽貝多芬等全套樂曲，三人各有領悟，「思聰從作曲者和指揮者和器樂獨奏者，都可得到一

---

9　馬思聰（1912-1987），作曲家、小提琴家。1937年創作的《思鄉曲》被認為是中國20世紀的音樂經典之一；另有《搖籃曲》、《綏遠組曲》、《西藏音詩》《牧歌》等作品。

些東西。宗岱得到的是音樂史中的某種東西」，而沈伯伯說他自己的所得是一種間接的轉化，會在作品中呈現「樂曲中的過程節奏」[10]。1937年爸爸在百色參與創辦行健中學，校歌由馬思聰譜曲，歌詞是爸爸寫的。抗戰期間，他們兩人也合作過〈戰歌〉，馬伯伯作曲，爸爸作詞。1968年馬思聰夫婦到臺灣演奏，媽媽特地前往聆聽，百感交集，在文章說自己「成了座中泣下最多的人」。媽媽說她和馬伯伯、馬伯母見面時，馬伯伯的第一句話就是：「思薇呢？」我這個小跟班應該是爸媽朋友圈裡的共同記憶，許多人與媽媽重逢都問這句話。後來我住在美國時，也和馬思聰全家互有往來。

1935年5月在北平，左起：不詳、梁宗岱、沉櫻、王慕理、馬思聰

---

10 沈從文、張兆和，《我所愛過正當最好年齡的人：1930-1968年沈從文家書》（新北：臺灣商務印書館，2021），頁222。

1968 年在臺北，左起：沉櫻、王慕理、馬思聰

　　媽媽在 1936 年 9 月給巴金伯伯的信中說：「宗岱現在在南開教書，我們本月二號從北平搬到天津來了。」爸爸開始在南開大學的英文系授課，狀況如何呢？在一篇追悼柳無忌[11] 逝世十周年的文章中[12]，作者提到柳主任為了強化師資，聘請海外留學歸來的飽學之士，其中特別提到邀請爸爸教授「西洋詩歌」。原先柳主任擔心留學法國的爸爸用英語授課是否有困難，「然而讓他放心的是梁宗岱的英語十分流暢，再加上他的學識、才氣，教書時的用功與認真，以及待人接物的熱情，他的到來大大加強了英國文學系的陣容」。後來柳主任發現爸爸精通德國文學和英

---

11 柳無忌（1907-2002），詩人、翻譯家、散文家。曾任教南開大學、西南聯合大學、中央大學。1946 年赴美，執教於勞倫斯大學、耶魯大學，創立印第安納大學東亞語文系，並擔任系主任。著有《西洋文學研究》、《葵曄集》、《少年歌德》、《曼殊評傳》等。

12 龍飛，〈柳無忌主持南開英文學系〉，《中華讀書報》（2012 年 10 月 10 日）。

國文學，於是請爸爸多講授一門「西洋文學名著」。文中提到：「雖然梁宗岱個性很強，但柳無忌、羅暟嵐[13]都能謙遜忍讓，所以大家相處甚好。」

爸爸在1931年12月返抵國門，1932年初赴北大任教，不久就發生離婚爭議，鬧得滿城風雨，但爸爸始終淡定，將攻擊、嘲諷的負能量化為動力。從日本返國後的兩年裡，爸爸依舊雄心勃勃，更堅定地走自己的路，寫、譯、編、論、教，五箭齊發，展現實力。

至於媽媽，則從日本返國後在1935年出版了她的第五本小說集《一個女作家》，收有四篇故事。此書一年之後即再版，看來她的作品仍然很受歡迎，但這是媽媽所出版的最後一本小說。她曾說過她不愛出風頭，寫小說都是編輯約稿或催逼的產物，不是自己主動投稿。她謙稱因為當時女作家不多，物以稀為貴，她才能得到那麼多機會發表作品。媽媽在結婚生子之後，需要面對更多現實上的挑戰，她的創作低潮似乎逐漸浮現。

1936年，沉櫻在天津

---

13 羅暟嵐（1906-1983），作家，任教於南開大學、湖南大學。代表作為《苦果》。

## 我的童年往事

我在1937年7月5日出生，我的名字「思薇」是爸爸取的。有些文章說爸爸在日內瓦邂逅一個女子，爸爸為她取的中文名字是「白薇」，還為她寫下〈白薇曲〉一詩，後來因為爸爸要返回中國，兩人分手，許多人說我的名字「思薇」就是爸爸的心聲。是不是真有白薇其人其事，我沒問過，只知道我的弟妹和堂弟堂妹的名字中都有「思」，應該不是爸爸有意表達「思念」之情。也有人認為白薇只是浪漫情懷的投射而已，因為爸爸本人從未談及此人，她到底是哪一國人都是個謎。無論如何，我蠻喜歡自己的名字，也常常有人讚美說我的名字好聽又有詩意。

我出生兩天之後就發生盧溝橋事變，當時爸爸不在天津，媽媽帶著我和同住的九叔先到英租界，等到爸爸來會合後帶我們到上海，然後回到廣西百色。我跟著爸爸媽媽回百色住了一年多，所以我的周歲生日是在百色過的。據姑姑們說，我的周歲風光極了，因為我是當地著名的「梁全泰」商號的長孫女，那頓周歲宴請了幾十桌，姑姑們都爭著親手縫製新衣裳。當時我當然完全不知情，長大之後回百色聽到姑姑們爭著描述我的周歲盛宴，有如經歷一場很了不得的大喜事，但是我心裡想，幸虧我沒有在百色成長，否則我一定被寵到不像話，絕對會變成嬌生慣養，養尊處優的大小姐。

1938年夏天在百色,前排左三梁思薇,左四梁宗翰,左六梁宗標,中排左二梁宗岱繼母何氏,左三梁宗岱父親梁星坡,後排左三沉櫻,左四梁宗岱

　　1938年2月復旦大學遷到重慶附近北碚的夏壩黃桷樹鎮,爸爸受邀在外文系教書,於是我們從百色搬到重慶,到重慶的時間一定是在1938年7月我的周歲生日過後。我們到重慶時我一歲多,趙清閣[14]姑姑在文章裡說,她和爸爸媽媽因為住在北溫泉的琴盧而認識,我對琴盧毫無印象,應該是年紀太小。

---

14 趙清閣(1914-1999),作家、編輯、畫家;文字創作領域涵蓋小說、散文、戲劇、電影,曾主編《彈花》文藝月刊。著作有《雨打梨花》等多部戲劇,《女兒春》、《自由天地》等電影劇本,散文集有《滄海泛憶》、《行雲散記》、《浮生若夢》、《往事如煙》等。抗戰勝利後曾擔任《神州衛報》副刊主編,並在上海戲劇專科學校任教。

約 1938 年 –1939 年，沉櫻與梁思薇在重慶北溫泉

約 1938 年 –1939 年，沉櫻與梁思薇在重慶北溫泉

趙姑姑說她和爸媽在 1940 年從琴廬搬到北碚，一起住了兩年多，我們住三樓，趙姑姑住二樓。她說我小時候很調皮，常在樓上蹦蹦跳跳，媽媽屢次制止我都不聽，但只要趙姑姑在被我吵得不能寫作，站在樓梯口朝上喊：「思薇啊，不要再跳了，到外面去玩。」我就乖乖跑出去玩了。後來媽媽就拿這個來治我，每當我調皮，媽媽就喊：「趙姑姑來了」，我就安靜下來。有一回媽媽很得意地告訴趙姑姑她的「良方」，趙姑姑抗議說，不應該用她來嚇小孩，這樣對她和孩子的感情不利。

趙姑姑是媽媽的莫逆之交，她一直很疼愛我，視我如己出。在我的印象裡，她總穿長褲，行動俐落，和媽媽其

他朋友穿旗袍非常不同。小時候我覺得她是細高個子，長大後才發現她體型其實不到我肩膀，算是很嬌小。小時候感覺她有點嚴肅（其實她非常和藹可親），但不知為甚麼，我總覺得和她很親近。有一回趙姑姑對我說：「你站在那邊，我看著你的背影就在想，你要是我女兒該多好！」我一直記得她說的這句話和她的神情，一生難忘。

## 日機轟炸

在重慶時常有日機來轟炸，但是我太小了，沒有太多記憶，只記得經常躲防空洞。但有件很奇怪的事與腦海中的這個轟炸有關。幾十年來，我的耳朵會莫名其妙地出現某種聲音，我一直無法理解那是甚麼聲音，也形容不出來，好像甚麼都不像。直到1990年代跟著外子齊錫生到重慶參加國際學術會議，主辦單位在會後安排大家參觀三峽博物館，裡面陳列抗戰時期重慶的種種歷史，中間還放映日軍轟炸重慶的紀錄片。我聽到影片中日本飛機飛行的聲音時，著實嚇了一跳，這不就是我腦中那個不明所以的聲音嗎？原來就是小時候躲在防空洞裡聽到的聲音，它就這樣潛藏在我幼小的腦海中，伴著我成長，揮之不去。那種低飛聲跟現代飛機的聲音不同，難怪我一直無法辨認。說也奇怪，自從我知道那是日機飛行的聲音後，耳朵從此不再出現那個怪聲了。它跟著我幾十年，時不時就冒出來，也不算有甚麼嚴重干擾，萬萬沒想到就這麼意外地找到「源頭」，這個謎解開了之後就不藥而癒了。

我還記得當時躲在防空洞裡的侷促不安。抗戰期間倉促開鑿的防空洞就是一個臨時避難的坑洞，真的是聊備一格而已，簡陋不堪，所謂的「牆」其實就是鏟子挖出來的泥坯牆面，一道一道刨出來的垂直泥痕清晰在目，有時還滲著水，也許是山裡的水往下流，也許是雨水滲入，我們在洞裡依稀可聽到潺潺的水聲。我們的腳底下有一條細長的溝槽沿著整個防空洞走一圈，泥牆的水沿著鏟痕直直流到小溝，然後往外流出，以免防空洞淹水。我們一大堆人擠在裡面，沿著牆站的時候無法靠牆，因為有水。有些靈光的人知道要隨手帶小板凳，躲在裡面有得坐總是比較好一點；來不及帶的人就只好直挺挺地站著好幾個小時，累了就蹲下來，非常辛苦。防空洞裡的氣氛很緊張，小孩子不明所以地跟著緊張兮兮的大人，擠在潮濕陰暗的地下坑洞。帶著他們的大人更可憐，需要軟硬兼施安撫孩子，通常阻止小孩哭鬧最簡單有效的方法就是嚇唬。大人們總是聲色俱厲地警告我們，如果裡面有聲音傳到外面，日本的飛機就會過來炸我們。其實也不是嚇唬我們，日本飛機的確飛得很低，如果孩童大聲哭鬧，說不定真的可以聽到！？

## 有文學有音樂的生活

在重慶時有日機的威脅，感覺很不寧靜，但是在家裡，爸爸和媽媽那種彼此心領神會的甜蜜，我都感受得到，那種契合和溫馨，到現在我記憶猶新。我印象最深刻的是爸

爸叫媽媽時的聲音，非常溫柔，充滿感情。我年紀那麼小，每當聽爸爸叫「櫻啊」，都會不自覺地豎起耳朵來聽，覺得很好聽，那種愉悅的感覺一直留在我的腦海裡。每當爸爸看書很有心得時就喊媽媽：「櫻啊，你來看這段……」或是「櫻啊，你來看我寫的……」。他總是非常興奮，迫不及待地和媽媽分享。媽媽說，爸爸認為她的白話文比較好，所以寫白話文時都會請媽媽幫他看過一遍，畢竟爸爸從小唸的是古文。爸爸和媽媽兩人在文學或藝術的感知上，真的是知音，兩個人總是能侃侃而談，在精神層次上默契十足。

爸爸原本喜好古典音樂，到歐洲後有更多機會接觸，更是沉醉。他對貝多芬情有獨鍾，1931年還當面承諾羅曼‧羅蘭要將《歌德與貝多汶》譯成中文。巴金伯伯在1935年的〈繁星〉中，描寫他和爸爸在日本時，在夜色中一起散步到車站，爸爸一路上談貝多芬、尼采，滔滔不絕，直到巴金伯伯提醒說：「好一天的星啊」，爸爸才停住仰望天空。

我記得家裡有一台手搖留聲機，爸爸視如至寶。有復旦學生回憶1941年的文藝晚會，由擔任外文系主任的爸爸主持，最後的壓軸是爸爸介紹貝多芬的田園交響曲，爸爸特地從家裡把留聲機搬過去，一邊放著音樂一邊解說，那個景況讓他印象深刻。那台有名的手搖留聲機的喇叭前面有個小狗的標誌，據說我從出生後就被放在喇叭前，聽

著音樂乖乖入睡，爸爸逢人就得意地說：「我們思薇啊，只要放貝多芬給她，她就乖乖睡著了。」我還記得很小的時候家裡常有音樂流淌，爸爸總會拉著媽媽一起聆聽，時不時就會說上幾句話和媽媽分享，非常沉醉。

在重慶時媽媽常帶著我乘船渡嘉陵江，遇上大熱天時，多數的乘客怕曬太陽，大家不約而同地擠到陰涼的那一邊，媽媽總認為這樣會使船偏一邊，所以她堅持頂著驕陽就坐，略盡維持「平衡」之責。有一回我們一家三口獨乘一艘船，我趴在媽媽大腿上，眼睛望著豔陽下的粼粼江水，隨口說道：「好像綠色的玻璃珠啊」。爸爸和媽媽聽到我的形容非常驚喜，之後爸爸開始長篇大論，說甚麼直覺、美學之類的，講個沒停。我清楚看到媽媽臉上的喜悅隨著爸爸的滔滔不絕，不知所終，慢慢沉下來。我不記得爸爸是否因此就停止，那應該是媽媽無聲的警告吧，提醒爸爸要適可而止。

## 爸媽的小跟班

我小時候應該是很乖巧傻氣，不是淘氣驕縱的那種孩子。我還記得走在路上會被攔下來，大人總是彎下腰看我，一邊誇說，這小孩好可愛。有一次有個太太誇張地對我說：「這小孩好可愛好漂亮，好像秀蘭鄧波兒（Shirley Temple）」。媽媽曾帶我去看過秀蘭鄧波兒演的電影，但是那時候根本不懂也沒印象，別人這麼誇我，我完全沒

有感覺,更不懂大人這樣說的意思。這位太太那種驚喜的樣子和脫口而出的「秀蘭鄧波兒」,我倒是一直記得。等我長大後仔細看了秀蘭鄧波兒的童星照,怎麼可能像啊?人家一頭金色的捲髮,我小時候一頭烏黑直髮呢。1930年代秀蘭鄧波兒的可愛是全世界風靡,那位太太可能就是藉此表示我很討人喜歡吧。

爸媽很喜歡帶著我參加他們大人的聚會,尤其是媽媽。現在回想,他們大人談天說地,我應該是乖乖在旁邊不吵不鬧,爸媽才會常常帶著我。媽媽說,當時聚會她如果沒帶上我,別人就問:「思薇呢?」可見我在媽媽的圈子裡很得寵。

方令孺[15]姑姑是媽媽的至交,她特別疼愛我,常常要我去她家陪她。她的紅燒肉是有名的,肥而不膩,軟嫩入味,我每次去她家,她就燒一鍋給我吃。那可真是用紅泥小火爐燉煮出來的美味,必須先在小爐子上放上個小瓦罐,之後蹲在地上慢慢攪動,很費功夫。有一次我讀到白居易那首〈問劉十九〉:「綠螘新醅酒,紅泥小火爐。晚來天欲雪,能飲一杯無?」我腦中所想的不是古人的情趣,而是方姑姑蹲在地上攪動紅燒肉的影子。她一邊攪,

---

15 方令孺(1897-1976),散文家、詩人,曾任教青島大學、重慶國立劇專、上海復旦大學中文系。著有散文集《信》、《方令孺散文集》,譯著文集《鐘》等。

一邊不忘教我唱兒歌：「小老鼠，上燈台，偷油吃，下不來，嘰哩咕嚕滾下來」。睡覺前，她還給我喝牛奶吃餅乾，抗戰時期還可以如此享受，可見她對我多好。方姑姑自視甚高，給人一種孤芳自賞的感覺，但她對我非常有耐心，每回想到她，一股溫暖的感覺油然而生。

爸爸也會帶我去他的聚會，我最記得他帶我去熊十力[16]家，記憶的重點是我們最後到了一個大庭院，有好多葡萄藤。路上曲徑通幽，綠樹成蔭，有一種平靜的美，是我記憶中最美麗平和的一幕。

爸爸也曾經帶著我去復旦上課。他的課非常叫座，教室裡學生滿滿的，窗外也擠了旁聽的人。他在一個好大的黑板前面侃侃而談，我就站在黑板的一個小角落，拿著粉筆和板擦，在黑板的小邊角上擦擦畫畫。爸爸完全不理會我，放任我自己在那個小小天地自由自在。那段時間我特別喜歡畫人頭，有一回畫了幾個人頭，畫到一半，突然間全班哄堂大笑，我也不知道為甚麼，是我的人頭畫得太可怕嗎，還是太可笑，反正一群學生被我的小人頭逗得哈哈大笑。我還記得當時我愣在角落不知所措，爸爸一臉狐

---

16 熊十力（1885-1968），思想家，《大英百科全書》稱之為20世紀中國最傑出哲學家。其三大弟子牟宗三、唐君毅、徐復觀，分別在香港、臺灣、東南亞地區帶領新儒家思潮。主要著作有《新唯識論》、《論六經》、《原儒》、《體用論》、《明心篇》、《乾坤衍》。

疑地歪過頭來看我。

## 爸爸的羊

朱光潛伯伯說爸爸和他同住時，從北海捉了一隻刺蝟養在園子裡，夜裡常發出怪聲，後來跑了。看起來爸爸喜歡的寵物很與眾不同，不知道是不是喜愛崇山峻嶺的他，心中有某些野性的呼喚？

我印象最深的就是家裡那頭有名的羊，它是有來歷的。有回學校要開會，爸爸說他要先到十幾里外的一個村子辦事，大家都說那麼遠，一定趕不上回來開會，叫他別去。爸爸就是堅持先過去，他一輩子好勝好辯，於是跟其他老師打賭，他一定趕得及。爸爸從小跟著爺爺爬山採藥，練武功，健步如飛，身體練得非常壯，還很喜歡秀手臂肌肉，總有學生以為他教體育的。那次爸爸不但準時回來開會，肩上還扛了一頭羊。從此我們家就多了一頭羊，那頭羊還會跟著爸爸一起去上課，我看過幾次羊走到教室門口，乖乖地在外面花草堆裡面吃草，怡然自得，它不會跟著進教室，有時好像會自己走回家。現在的人看起來這樣的教授真是怪，帶著女兒帶著動物去講課，但那時候好像學風非常自由，大家都不以為意。

爸爸的這隻羊在學校裡很出名，爸爸也很喜歡它，後來我們從北碚搬到南岸區二塘的阿姨家時，爸爸還親自

步行將羊送到二塘,說是讓孩子們有羊奶喝和羊酪吃,補充我們的營養。根據媽媽的表哥,也就是田仲濟[17]舅舅的描述,當時爸爸為了怕羊的腳磨壞了,還用草把羊腳包起來,可見爸爸多麼愛護這隻羊。

爸爸的寵物除了羊,還很時髦地養過一隻名貴的波斯貓。那時候我才兩三歲而已,我總覺得那隻貓比我大很多,印象中牠的毛很豐厚,整隻圓滾滾的。每次我和爸爸媽媽從外面回來,木頭大門打開的那一霎那,波斯貓就衝過來,牠總會撲到我身上,還在我臉上抓,弄得我嚎啕大哭。我並不是愛哭的孩子,我都不記得小時候曾經為甚麼事情哭過,只記得每次都被那隻波斯貓弄哭,至少有三次吧。後來貓不見了,那個有貓的場景就消失了,是爸爸離開了,還是我們搬家了,我不記得了,但是那個經驗讓我從此很受不了貓。

## 踢毽子與唸詩

我從小就精力充沛,或許是遺傳到爸爸身強體健的好基因,好像怎麼玩都不會累。我和別的小朋友一起盪鞦韆,我玩得還沒盡興,他們就累得跑走了,剩下我一個人在那邊盪來盪去,多沒意思!小時候我還很會踢毽子,有

---

17 田仲濟(1907-2002),作家、文藝理論家。曾任教於上海音樂學院、山東師範學院,山東師範大學。著有《新型文藝教程》、《中國抗戰文藝史》、《文學評論集》等。

回和兩個小朋友在家裡對面的一個平台上踢毽子，三個人輪流踢。平時我大約可踢一百多下，那天輪到我時，居然踢了三百多下。兩個小孩站在旁邊看著我踢，毽子一直不掉下來，他們覺得好無聊，一個先說不玩了，就一溜煙跑回家了。另一個看我還是不結束，過一會兒也跑回家了。我那天就是想試試我可以踢多少下，踢得肚子疼，我還是忍著繼續踢。

很久以後我才知道爸爸年少時有「毽王」稱號，他從小就是爭強好勝，玩遊戲也不喜歡輸人，總會想盡辦法練到無敵手的地步。通常一群人玩踢毽子時，輸的人要「供毽」，類似「餵球」，把毽子踢出去給其他人迎踢。為了不要「供毽」，他下很多功夫苦練。據說爸爸的踢毽子功力非凡，不但左右腳都可以踢，而且可以正踢、反踢，連腳尖、膝蓋和小腿都可以踢。爸爸不服輸的個性讓他苦練到每一種踢法都可以踢到兩三百次的紀錄，被譽為技術爐火純青。可是爸爸沒有教過我踢毽子，我居然會有這項「遺傳」，真是不可思議。

爸爸媽媽從來沒有系統性地要我背誦詩詞，例如背千家詩或唐詩三百首，但我記得爸爸教過我唸詩。應該是在三、四歲的時候，我在院子裡玩，爸爸在旁邊唸詩，叫我跟著他唸，我也不懂裡面寫甚麼，也不在乎，反正就是一邊玩一邊跟著唸，一下子就記住了。我最記得他教

的:「一去二三里,煙村四五家。亭台六七座,八九十枝花。」其他有好多詩就這樣朗朗上口。長大後看書看課本時,東看西看,也很自然記住看過的一些詩詞。我從小對於詩詞都是這樣隨機隨緣背誦,沒有刻意,從來不太管是誰寫的,在甚麼朝代,也不在意內容在說甚麼,隨興跟著朗誦,不一會兒就記住。

我的最早記憶裡充滿光亮明麗的色彩,無憂無慮,沒想到我們一家子的甜蜜溫暖就那麼短暫,烏雲來臨之後,家的樣貌完全改變了。

# 三、漸行漸遠

## 「那個女人,那個女人」

我妹妹思清小我三歲半,她應該是 1940 年年底出生的,正確的日期媽媽記不清楚,報戶口的生日登記 12 月 12 日。弟弟思明差我五歲半,他的生日是 1942 年 1 月 5 日,究竟是陰曆或陽曆就不知道了。媽媽是個對日期非常迷糊的人,生妹妹、弟弟的正確日期她自己也記不清楚,但我的生日絕對沒錯,就是七七事變前兩天。

媽媽生弟弟的時候在北碚,大人帶我去醫院看媽媽,房間裡好多人,我記得除了阿姨(媽媽的妹妹陳鈺)之外,還有方令孺姑姑和其他人。我乖乖地在旁邊聽著大人們議論紛紛,大家臉色都不好看,說話的口氣也不好,不斷提到「那個女人,那個女人」。倒是媽媽不吭氣,靜靜地躺在床上。

我長大後慢慢梳理出那天大人的談話。爸爸在 1941 年初回去廣西百色處理爺爺過世後家產的事,有回被人帶去看戲,認識在當地演地方戲的甘少蘇,之後兩人在一起。當時讀高中的九叔梁宗鉅和爸爸一起回百色,目睹一切經過,他回到重慶後可能看到媽媽懷孕所以沒有提。後來我看到訪問九叔的資料,九叔說他當時先去找了方令孺姑姑商量,方姑姑顧慮媽媽懷著身孕,覺得先瞞住媽媽比較好,所以九叔沒有說破。阿姨和媽媽的朋友看到媽媽生孩子,爸爸也不回來,很替媽媽打抱不平,那時才得知真相。後來我讀到甘少蘇在《宗岱和我》中說,她和爸爸「結婚」是在 1942 年 3 月[1],也就是弟弟出生後兩個月。

　　爸爸浪漫起來非常浪漫,優雅起來非常優雅,但是暴躁起來又非常暴躁。我印象中爸爸和媽媽吵架,幾乎都是為了我的九叔和二姑。說起來媽媽真是偉大,盧溝橋事變爆發時,她跟著爸爸帶我回百色,後來爸爸要到重慶任教,媽媽主張帶九叔和二姑一起到重慶讀書上學。重慶的冬天很冷,媽媽要幫他們燒炭火取暖,爸爸就大發脾氣。爸爸一直認為人就是要經過鍛鍊,才能培養強健的體魄,他自己冬天也只穿著短褲背心,還洗冷水澡,他的斯巴達教育觀認為媽媽把九叔和二姑慣壞了,所以常常為他們的事跟媽媽吵架。

---

1　甘少蘇,《宗岱和我》(重慶:重慶出版社,1991),頁 119。

## 搬到阿姨家

媽媽生了弟弟出院之後，帶著我們三個孩子從北碚搬到南岸的阿姨家，我的姨父在南岸的兵工廠服務，宿舍就在一個山腳下。我不知道為甚麼那邊有那麼多墳墓，阿姨家後面就是一大片山頭，都是墳墓，一打開廚房門就看到那片山。我記得那時妹妹很愛哭，比妹妹大一歲的表妹也很愛哭，有回她們倆人一起在哭，哭個不停，阿姨受不了，叫姨父把她們拎到外面，讓她們坐在墳上對哭。這件事情後來就一直被當成笑話來講，我不記得姨父有沒有照做，如果她們真的被拎出去對哭，那真的是「吵死人」。很奇怪，她們兩人從小愛哭，而我就是傻裡傻氣的那種孩子，開開心心的，很少哭鬧。

阿姨家門口的斜坡上常常有一排野狗整整齊齊蹲著，虎視眈眈的樣子，小孩子一看到野狗佔據斜坡就不敢出去玩。其實那個斜坡很好玩，我們跑上去再跑下來，來來回回跑得很過癮。我記得媽媽幫我做了件大紅色斗篷，有回從斜坡一路狂奔下來，大人們就說我「很像個小張飛」，可見我跑得很快，媽媽說我連爬樹都爬得比別人高。有一回不知怎麼回事，幾個小孩跑出門時都沒注意到那群野狗，等到我們嘻嘻哈哈站在斜坡下，才驚覺整排野狗狠狠地盯著我們，準備要衝下來，我們急忙往回跑，我跑得很快，我的表哥雖然大我一歲，跑的沒有我快，他的褲子被

狗咬了,好像還有一個孩子的屁股被咬。這個真是童年的陰影,我一輩子都怕狗,無論狗兒有多可愛,多麼惹人疼,我一看到,心馬上就揪起來。

有資料說,此段時間媽媽在南岸二塘小學任教,那時候的我應該就是五、六歲大,從來沒有注意過媽媽做甚麼工作。不過我還記得媽媽帶我去看房子,她大概覺得住在阿姨家不是長久之計,應該自己找個房子安定下來。我記得我跟她看上的房子很像是吊腳樓,下面都是竹竿,在一個斜坡上,需要走一段泥巴路,我往上爬的時候心裡很害怕,很擔心會摔下去。媽媽蠻喜歡那個房子,還給了人家訂金,想不到第二天對日抗戰勝利了。勝利了大家都要回老家去,房子付了訂金也只好自認倒楣。那時候重慶到處都是地攤,大家把家裡許多東西拿出來賣,一方面是帶不走,另一方面是可以湊些路費回老家。我記得趙姑姑把她在地攤上買到的漢玉小瓶子送給我。後來我們到了上海時,上海也有一堆白俄人在擺地攤,賣地毯。

## 到開封看外婆

抗戰勝利後,我們跟著媽媽到開封看外婆。外公陳寄園是山東人,後來被派到河南任職,全家移居開封,沒想到外公在抗戰時因病去世。我記得我們從重慶到開封走了很久,可能走了將近個把月,或者更久。當時的汽車叫做木炭汽車,車廂有爐子,用來燒木炭,車子跑的時候必須

有人搧搖木炭,藉此產生火力才能讓車子往前行。一段時間後需要添加木炭到爐子,然後再煽火生火,如此重複進行,所以我們坐一段路就要休息一段時間。而且上坡時全車的人都得下車,等到車子往上走一點點時,後面就會有人趕快用一根木頭頂住輪胎,以免車子往下滑。當時的路不是柏油路,車子在泥土路上走起來搖搖晃晃。

我們走走停停,在陝西時我們還住進窰洞,好像有兩層。當時媽媽把一些小的金飾和金子縫在弟弟的棉襖裡,我的脖子上戴著一個很大的金鎖片,是奶奶(爸爸的繼母)送我的週歲禮物,上面還刻了梁思薇三個字。後來媽媽怕我遺失,用小金飾去換了一條金項鍊,然後把我的金鎖片掛在項鍊上,戴在她自己身上,藏在衣服裡面。一路上媽媽要盯著我們三個孩子,又得注意行李,身上的金項鍊可能因為太重就掉了,媽媽沒有注意到何時何地掉的,找也找不著。長大以後媽媽提起這件事時只能無奈地說:「你們沒有福氣用梁家的錢。」這一路上我還得了瘧疾,打擺子[2]時忽冷忽熱,真是備嘗艱辛。

我們在開封住了一段時間,我還在那邊上學。我還記得考試時有個題目:「要吃魚」,然後要接下去完成一個句子。那時候全國沒有統一的課本,各唱各的調,我也

---

[2] 打擺子,指感染瘧疾,因發作時身體會抽搐顫動,故有此稱。

不知道當地的學生讀的「要吃魚」後面接的是甚麼。我寫了答案是「就去釣」，想不到卻是錯的，因為標準答案是「小心刺」。卷子拿回家後，大人們七嘴八舌地指責我說，這麼簡單都不會，那時我年紀雖小，心裡很不服氣，那個莫名其妙的題目和答案就一直記到現在，因為它讓我體會到，所謂學習知識，在許多情況下只不過是死背標準答案，離開「活學活用」相去十萬八千里。

在開封時媽媽常帶我去看戲，戲園子裡很熱鬧，台上的人賣力演出，台下的人自在地嗑著瓜子吃著糕點，無拘無束，完全沒有現在西方人觀劇的規矩。我記得看過《烏盆計》、《秦瓊賣馬》，也看過《穆桂英》，可能是河南梆子之類的戲。我那時候對楊家女將的戲服最著迷，到現在我還記得某個角色的衣服，我不記得她演的是甚麼角色，只記住了她身上那套帥氣十足的戲服，袖口、腰部、小腿那邊的褲尾，三個地方都紮起來，有點像現在的運動服。她的小細腿穿著靴子，一身都是黑色，上面有銀色的大亮片，我覺得好漂亮，羨慕極了，還跟媽媽說：「我長大以後你要幫我做這一套衣服」，媽媽還一口答應，可見她也覺得很好看。

我也去過開封城隍廟，還去過一個有兩個妃子的湖，應該是跟著小姨（媽媽的小妹）去的。城隍廟前有石雕的龍，河南風沙特別大，眼睛容易受到影響，當地人相信，

去了城隍廟「摸摸龍眼不害眼」，所以大家都會去摸那個龍的眼睛，我也跟著去摸了龍的眼睛。回家後告訴媽媽後還被她罵了，一來她不是個迷信的人，二來她覺得衛生堪慮。我只是跟著別人做，有樣學樣而已，感覺被她罵得有點冤枉，所以記得很清楚。

　　外婆名叫高茂蘭，年輕時是個大美人，聰明能幹，很有決斷力。她不喜歡念書，所以不識字。雖然外婆算是所謂的「文盲」，但她很喜歡聽人說書，而且記憶力很強，背了很多詩，生活裡常常會隨口迸出名詩佳句。而且外婆是說故事高手，很會描述細節，起承轉合被她說的特別動聽，我非常著迷。她在傳統觀念的薰陶下特別寵弟弟，弟弟每天睡覺前都要求她講故事，他小一點的時候不會表達，外婆想講甚麼故事就開講，我和妹妹兩個陪聽的比主聽的起勁多了。等到弟弟稍微大的時候，他會指定故事，可是他老是要聽〈老虎叫門〉，每天就只要〈老虎叫門〉，然後聽不了多久就睡著了。他一睡，外婆就不講了。我和妹妹多無奈啊，我們多麼想聽下去，每回都講到那隻老虎叫了一聲門，然後就沒下文了，老是在這邊就停住，實在很沒趣。那個故事類似大野狼趁媽媽不在家時來敲門的情節，外婆敘述時有聲有色，我好愛聽。

　　我還只是小學生，外婆會要求我唸書給她聽，也不管我認識的字多麼有限，唸起那些書來坑坑巴巴的，她照聽

不誤，而且聽得津津有味。媽媽說她很小的時候外婆請人來家裡說書，她自小就陪著外婆聽過《紅樓夢》等名著。媽媽的《千家詩》也是外婆口授的，媽媽記得一清二楚。我也記得外婆用山東話教過我唸：「潯陽江頭夜送客，楓葉荻花秋瑟瑟。」外婆的山東腔特別有韻味，把詩唸得像歌曲一樣，我聽著聽著很容易就記住。小的時候我當然不知道誰作的詩，長大之後才知道那是白居易的〈琵琶行〉。外婆雖然不識字，但媽媽一直覺得她之所以對中國古典小說那麼入迷，外婆的「啟蒙」很重要。

## 復旦嘉陵村

我們在開封住了幾個月，然後外婆隨著媽媽和我們三個孩子到了上海。1946年5月的《文潮月刊》上刊登了媽媽的消息：「沉櫻於勝利後由渝經陝至開封探望老母，現已來滬」，趙清閣姑姑是該刊的編輯委員，這個時間應該是正確的。之後媽媽在《文潮月刊》上發表了幾篇文章，應該都是趙姑姑的邀約。

我們到了上海先住在霞飛路的大院內，在上海戲劇學校附近，是趙清閣姑姑介紹媽媽到戲劇學校教書。不久之後我們搬到江灣復旦大學宿舍，那時候叫嘉陵村，這究竟是因為媽媽在那裡教書？還是在圖書館工作？我不清楚。我看有人寫文章說媽媽在復旦中文系教書，並且在圖書館兼職，我能確定的是她和圖書館館長胡文淑阿姨很要

好。那時候方令孺姑姑也住在復旦宿舍,但她住的是另外一棟。

媽媽的許多好朋友都住在復旦的宿舍,晚飯後大家總是聚在一起,我印象中最常去方姑姑家,很可能是因為她住的是平房宿舍,有院子,比較寬大。有時也在蕭乾伯伯家聚會,他住的是一棟日式平房。那時媽媽都是帶我一起去,印象裡沒有弟弟和妹妹,很可能是留在家裡由外婆照顧。夏天在方姑姑家的院子裡,大人搖著扇子,隨興地談天說地,旁邊螢火蟲在草上飄舞。我總是坐在竹子躺椅上仰望清澈黑亮的天空,繁星點點,那時總會有伯伯或姑姑過來指著夜空告訴我,那顆是北斗七星,那顆是北極星。

沒有空氣汙染的年代裡星光燦爛,而且經常看到流星瞬間閃過。有一回有人告訴我,看到流星時馬上將衣服上的扣子解開,在它消逝前立刻扣上,如果成功的話,晚上枕頭下就會有許多糖。我傻傻地信以為真,每回看到流星,不是急著解開身上衣服的鈕扣,就是忙著扣回,從來沒有成功過,可是我屢敗屢試,樂此不疲。我還記得每回跟著媽媽走過校園回家時,我牽著媽媽的手,不斷仰頭看月亮,因為月亮一直緊緊跟著我走,我覺得很神奇。現在的月亮不會跟著人走了,感覺數不清的高樓大廈就像定海神針一樣,把月亮釘住了,再也不跟著人們走了。

在復旦時大家來往密切，平時守望相助，相濡以沫，有事則互相商量，互相扶持。有一回有某家的女兒剛上大學不久就懷孕了，好像也是一群人到了他們家，不知道是想安慰大人還是安慰女兒。那次媽媽又把我帶去了，有些事情我印象模糊，長大後問了媽媽，證明我的記憶沒錯。我記得當時有人問說怎麼會發生這種事，女孩回說她也不知道，就是和某某人一起躺在校園看星星，就這樣懷孕了。我記得更清楚的是那天晚上媽媽牽著我的手走回家，在路上媽媽嘆了一口氣說：「花前月下，無情也有情」。她這句話我記到現在，她可能以為我不懂，當時我的確不明白是甚麼意思，但卻牢牢記住了。

媽媽也常常帶著我去巴金伯伯和蕭珊伯母家。記得有一次是到靳以伯伯家，來了好多人，好像都是有名的文人，只是我不太記得名字了。那次蕭珊伯母也在，我印象中她蠻時髦的，那天穿了一件很漂亮的花洋裝，靳以伯伯擔心包水餃時麵粉弄髒她的衣服，連忙讓她穿上圍裙。那時候看著大人們忙進忙出張羅吃的，吃完後興致勃勃地聊天，大家都很起勁，氣氛是熱鬧歡喜的，感覺是一個快樂的大家庭。

1990 年代我有一次回中國時，趙姑姑告訴我巴金伯伯住院了，我趕忙去醫院探望他。那時他是中國的政協副主席，偌大的病房裡擠滿了親友、隨從和護理人員。那次

我問了他，是先和媽媽認識還是先跟爸爸，巴金伯伯回答說先認識媽媽。他對媽媽非常關心，知名學者毛一波和妻子高一萍到臺灣，巴金伯伯交代他們的唯一一件事就是要找到沉櫻，叮嚀他們要多照顧我們一家人，巴金伯伯對媽媽和我們三個孩子真是有情有義。

## 騰飛小學

住在復旦嘉陵村時，我讀的是騰飛小學，教室還沒蓋好前，我們在學校另一頭的一排矮房子裡上課，上下學都要走過草木茂盛的復旦校園，我特別記得有一株很高大的樹，現在回想應該是紫藤樹，樹枝與藤蔓交纏連結，樹幹結了一個如鳥窩般可以盤坐的地方，我和妹妹放學經過時喜歡爬上去躺著，看著紫藤樹的樹藤像簾子似的垂懸下來。有一次有個大學生大概覺得我們兩姊妹自得其樂很有趣，說要幫我們拍照，我跟妹妹說我們來做鬼臉讓他照。之後我就忘了這回事，沒想到有一天他居然在校園裡碰到妹妹，連忙把照片拿給她，我看了照片才知道，妹妹一本正經，只有我自己傻傻地留下一張做鬼臉的照片。

後來騰飛小學教室蓋好了，就在我們住的嘉陵村後面，路程大約一分鐘就可以走到，可是我愛睡覺，經常遲到。那時候每個班上都有五、六十個學生，我一直都是全班最高的，教室小，我總是擠在最後面的角落，幾乎都是貼著牆角。坐在角落有種天高皇帝遠的自在，我不是自顧

自地畫起我的小人圖，就是盯著窗外的鞦韆，很想下課後飛奔過去搶，因為全校就那麼幾個鞦韆，可是我坐在老遠的牆角邊，不如坐在門邊的人有地利，常常搶不到。有時上課也會望著窗外，大作我的女俠夢，那時候不知道為甚麼，滿腦子想著行俠仗義。我的耳朵和眼睛都很好，老師講課聽得清楚，黑板的字也看得清楚，可是我就是完全心不在焉，老師離我很遠，通常也不會管我。

考試的時候，我的算術經常不及格，媽媽請了復旦大學高材生幫我補習，我和兩個女孩子一起上課。我很奇怪，補習時老師對著我講，我一聽馬上就懂，作練習都對，老師對我說其實用不著補習。我根本不想補習，只想玩，回去就告訴媽媽，老師不要我補習。媽媽以為老師不願意教我，連忙去找那個學生問原因。隔天我去補習時，老師很生氣說：「我說妳不用補習，妳怎麼跟妳媽媽說我不要妳去補習？」我就只好裝傻。

我每天上學老是遲到，總是挨老師罵。有一回我又遲到，進教室時有一堆同學圍著老師，我想趁機溜進去坐好，假裝沒事。沒想到走進教室時聽到老師說到我的名字，心想大概又是算術不及格。老師接著說：「好了，好了，也不能怪你們。全校也只有三個，我們班上只有梁思薇一個。」我想這應該是好事吧，就湊了過去。同學們居然讓出一點位置給我，老師看到我就說：「你得獎了」，

接下來老師說我得的甚麼獎，我不記得了。

　　我到長大以後回想才理解那個應該是上海市的小學生的智力測驗，我記得應該是三年級的時候做的測驗吧，感覺很像我最不喜歡的算術考試，我雖然不喜歡但也沒轍，只好乖乖作答，寫完就交卷了。那個智力測驗是上海全市施行的測驗，我們全校有三個得到獎，我們班上五、六十個學生，功課好的都沒有拿到獎，反而落在我這個功課不好的學生上。我感覺老師的口氣有點不可置信的樣子，也沒有誇獎我。接著老師就有點生氣說：「剛剛朝會時要頒獎給你，結果找不到人。某某某，把東西給她吧。」原來是我遲到，老師只能要班長代替我上台領獎。小學裡我就得這麼一次獎，結果自己遲到，唯一一次領獎的機會都錯過了。

## 聽白光唱歌

　　媽媽在嘉陵村時和幾位女教授來往密切，最親近的是方姑姑和胡阿姨，都是思想比較新式的女性。那時候上海流行舞廳，不但跳舞，還有歌星唱歌。有回她們聊著聊著就說，女性也可以上舞廳啊，不如大家一起去見識見識。那回應該有十來個人，又把我帶去，只有我一個小孩。我們去的應該就是最熱門的百樂門舞廳，我真是大開眼界，好豪華。

進去坐定之後,不知道誰開口提議,不如也請個舞女過來陪我們,那是需要計算點數或時間之類的。反正就來了一位穿了旗袍的女生,不太會講話,當時我很小,卻可以感覺到她很害羞,很靦腆。在座那些女教授們看到她過來陪坐,瞬時也不知如何是好,大家都很沉默,偶爾有人問一句,女生就答一句,我聽不懂,只覺得氣氛怪異。大人們圍坐一圈,平時開心閒聊的興致好像不見了,一個個似乎都是侷促不安的神情,大概是因為座中有陌生人,甚是尷尬,雙方都不知如何是好,我就是乖乖地坐在一旁,默默地看她們。一會兒之後,那位舞女說,那我先走了。我還記得她手足無措的樣子,想來一定從沒陪過一群女教授,不跳舞也不談天說地,她應該是眼巴巴希望她的時間趕快到啊,大概覺得太難熬,只好先告退。

　　那一幕一直刻印在我的腦海中,長大後回想,感覺那個場景和那種氛圍隱隱藏著一種不可言喻的「寂寞」,以及想要嘗試而又不敢真正突破的拘束。這些阿姨姑姑或伯母都是很有學識有想法的女性,獨立自主,想要做不一樣的事情,可是在那個時代裡的女性依舊有許多限制,她們永遠無法有男人的優勢,永遠綁手綁腳,永遠無法像男人一樣,做甚麼事都可以做得無所顧慮,彷彿一切理所當然。

　　那位舞女離開後不久,舞台上出現一位身穿黑色旗

袍,臉很白的女人,她整個人散發的氣息與他人不同。別人上台後會環視一周,顧盼生姿地向在場來賓鞠躬、微笑、點頭,有種互動交流的氣氛。這位女士拿著麥克風,神情慵懶,也不是高傲,就是無視於在場的觀眾,自顧自地開唱。我還記得她唱著:「我愛夜,我愛夜,更愛皓月高掛的秋夜。幾株不知名的樹,已落下了黃葉⋯⋯」,聲音低沉好有魅力,她就是著名的白光。

我印象中也聽過周璇唱:「甚麼叫痛快,甚麼叫奇怪,甚麼叫情,甚麼叫愛,鳥兒從此不許唱,花兒從此不許開,我不要這瘋狂的世界,這瘋狂的世界⋯⋯」。說也奇怪,那時候收音機或唱機並不普遍,一般人家裡是沒有的,有些歌我只聽過一回,之後偶爾經過一些店家時,從裡面傳出來歌聲中才能複習在舞廳裡聽到的歌曲,就這樣把那些歌詞記得一清二楚,到現在都沒忘掉。

## 爸爸的「只好這樣了」

那時候媽媽到底如何看待甘少蘇的事情?媽媽從來沒有直接對我說過,但我長大後仔細回想,也客觀分析,我認為媽媽非常了解爸爸,她很清楚爸爸那段時間的心情,以及後來無法置身事外的演變。當年的百色是個偏僻的小地方,生活單調苦悶,爺爺在 1940 年過世,爸爸的哥哥早逝,爸爸雖排行老二,實際是長子,需要扛住梁家的家業,原本爸爸的姪子表達接管的意願,於是爸爸放心返回

復旦教書。一年之後爸爸得知家產只剩一半的訊息,姪子不但揮霍無度,還私下成立另外一家商鋪,爸爸的繼母催他回家處理,姪子知道後則採取拖延戰術,四處躲避,以為爸爸勢必會回學校上課,爸爸因此決定請假,留在老家耐心等候,逼他出面收拾爛攤子。

爸爸請假留在百色,生活鬱悶難解,跟著別人去看了甘少蘇演的戲,非常欣賞她。我相信她的演技一定能賺人熱淚,她只要想到自己被虐待的悲慘身世,絕對會悲從中來,潸然淚下。爸爸對西洋戲劇很有心得,對戲劇的賞析能力頗為自豪,他去看了戲免不了技癢想要表現一下,不但大力誇獎甘少蘇,還說得有根有據,印證他的觀點。

能夠受到一個教授賞識,還撰文美言,誰都看得出來機不可失,適時掌握就可以往上爬。爸爸知道甘少蘇被人「霸占」之後,不但出錢為她贖身,還將對方派來鬧事的流氓擊退,成功地「解救」了甘少蘇。整件事鬧得登上報紙,這時甘少蘇向爸爸表白說,她被爸爸這麼一喧騰,弄得不上不下,既回不了戲團,也做不了其他工作,無處可去,只能跟著爸爸。爸爸沒想到自己救人造成那樣的結果,但他也無計可施,回說:「現在只好這樣了」,甘少蘇的《宗岱和我》說爸爸就是這樣回應她的「表白」[3]。

---

3  甘少蘇,《宗岱和我》,頁117。

我完全可以理解「只好這樣」的意思，也相信爸爸會說這樣的話。爸爸就是這樣的死硬派，他的硬脾氣讓他無法走另外一個方向，用另外的方式解決。事情的發展不在他的意料之中，眼見自己沒有退路，只好硬著頭皮去說服媽媽，逼媽媽接受。

有回媽媽跟我說，她其實差一點就跟爸爸回百色了。我很詫異問她：「妳怎麼會呢？」媽媽只回答我說：「妳知道妳爸爸多會講話啊！」我也不敢追問。我認為媽媽非常了解爸爸，爸爸應該有他的一番說詞，而媽媽明白爸爸的選擇是他的個性使然，讓自己走到身不由己的地步。

那時候陳釗舅舅將被派到臺灣，外婆將跟著他離開上海，媽媽的兩個妹妹也將隨她們的丈夫到臺灣，媽媽娘家的人都計畫到臺灣，媽媽動了念頭要一起去，但又擔心自己的經濟能力無法撐起母子四人的生活，有點舉棋不定。當然最主要的原因是爸爸執意不離婚，他的企圖應該是軟硬兼施地讓媽媽同意回廣西。

# 四、從上海到臺北

## 媽媽的抉擇

媽媽曾經考慮妥協,為了孩子接受爸爸提議回百色,但為甚麼後來變卦呢?一件看似微不足道的小事變成她考量的轉折點,就此改變她的人生,這應該是她當時萬萬想不到的。

媽媽得知爸爸與甘少蘇的事情後,先是帶著我們三個孩子搬去阿姨家住,之後去開封看外婆,然後到上海。那段時間,爸爸偶爾還會出現在我們眼前。有一回爸爸來上海,那次好像是和媽媽說好來接我們回廣西。當時弟弟四歲左右,吃飯前他在一旁玩耍,爸爸先打了他一巴,跟他說:「過來打我啊,你打我啊!」弟弟就過去打了他,他發火:「你居然敢打我!」媽媽有點生氣說:「明明是你逗他,要他還手,等他真的還手,你卻來跟他計較!」媽媽直指爸爸的不對,爸爸聽後也發了一頓脾氣。這件小事

激發媽媽聯想到此前爸爸許多的無理行為，舊怨新怒齊上心頭。我覺得另外還有很重要的一點，那就是媽媽覺得爸爸變得很多，從內心到外表都退了光彩，走了樣。

我雖然小，但連我都能感覺那段時間爸爸和以前的不同。最簡單的例子就是先前爸爸很洋派，不吃肥肉。那次他回來不但大口吃肥肉，還極力稱讚它的好處，然後逼著我們三個小孩吃，說我們太瘦了。我硬著頭皮吃下去，立刻反胃作嘔，弟弟妹妹被迫吞下後也都吐了出來。那個肥肉油膩不堪，小孩子很難忍受，媽媽看我們硬吃下去的樣子，直接對爸爸說：「你怎麼會變成這個樣子。你自己當年吃肥肉嗎？」我清楚記得媽媽還說了一句：「變成這個樣子，鍍的金都掉了！」

不知道是否近朱者赤近墨者黑，總之爸爸和甘少蘇共同生活後，裡裡外外和從前很不一樣，不但舉止言談和衣著裝扮大不相同，連性格也變得急躁粗暴，一件小事沒有順他的意就大發雷霆，這一點讓媽媽深思兩人的根本差異。爸爸原本還存一絲幻想，指望可以享齊人之福，兩全其美，他差一點就能夠如願，沒想到最後媽媽還是理智戰勝情感，決心離開。

爸媽為弟弟吵架後的第二天，媽媽對我說：「妳大了，妳先跟著爸爸回廣西，弟弟妹妹都小，我要帶他們跟

著妳舅舅和外婆去臺灣。妳先跟爸爸回去,我以後再去接妳。」當時我根本搞不清楚大人世界裡究竟發生了甚麼事情,雖然我跟爸爸並不像跟媽媽那麼親,但他那次回來對我特別好,我想跟著他好像也不錯,於是就回媽媽說:「好啊。」我完全沒有嗅出不尋常,糊里糊塗地非常聽話。我也不記得媽媽講完這些話後,是當天還是隔天就不見了。我只記得爸爸回家時,發現媽媽和弟弟妹妹都不在,轉頭問我他們去哪兒,我回說:「不知道,媽媽說不回來了。」爸爸似乎立刻明白發生甚麼事情,跑到窗邊發出類似悶雷般的聲音,像是在低聲嘶吼,我很難形容那是甚麼聲音,像是怒吼,卻又壓抑著的喊叫。

我當時完全不知道事態的嚴重性,也沒有感到不安。隔天早上爸爸還帶我去市場,所有平時媽媽不讓我們吃的,或是她覺得不夠乾淨的東西,爸爸通通買給我,有求必應。我也很高興媽媽不在,我可以有機會大吃一頓。爸爸還跟我形容回百色過生活有多好,還說將來可以去廣州讀培正中學。那個年紀的我根本不清楚哪個中學好不好,聽爸爸這樣說也沒有特別反應,更不會想到這表示甚麼。

可能是隔了一兩天,有位鄰居小朋友在樓下呼叫我。那時我們住在二樓或三樓,我從樓上窗戶伸頭出去,她就說:「下來玩嘛。」我轉頭跟爸爸說我下去玩一下,爸爸猶豫了一下說好,接著說:「快點回來。」我下樓後,那

個朋友就急忙拉著我到方姑姑家。我一進門就看到滿屋子都是叔叔姑姑的,然後看到媽媽也在,都還沒來得及叫她,就聽到有人說:「思薇來了,趕快趕快!」

那時候很難得看到計程車,我注意到門口來了一輛計程車,然後一堆人急急忙忙推著媽媽和我,緊張兮兮地把我們塞進車裡,那是我這輩子第一次坐計程車。進了計程車,媽媽馬上把我的頭按下來,她自己也趴下來,一堆人在外面喊:「快走快走」,司機一臉莫名其妙。我們趴了好一會兒,媽媽才告訴我可以抬起頭來。我那時候還是不知道怎麼回事,但是我也沒問,看到媽媽就很高興了。

我當時完全沒有意識到這代表媽媽選擇與爸爸分開,也萬萬想不到會因此和爸爸分離將近三十年。我不清楚媽媽帶著弟妹離開宿舍後的心路歷程,也不知道她的朋友如何幫忙設計脫逃之路,如何擔心被爸爸發現或阻攔。我跟著媽媽「逃」出來之後住在哪裡,我不是很確定,很可能是住在田仲濟舅舅家。因為陳釗舅舅住在上海的軍營,他即將被派到臺灣,準備在上船前才接我們一家四口,應該沒有住的地方容納我們。我比較記得的是見到弟弟妹妹後,我們三個七嘴八舌地告訴對方,跟著爸爸或媽媽吃了甚麼東西。當時只顧著比較吃到甚麼東西,長大後想起這一幕,只有感嘆自己的年幼無知。

約 1947 年在上海，沉櫻與（左起）梁思清、梁思薇、梁思明

# 離開上海

　　爸爸從 1938 年秋季一直到 1941 年都是復旦大學外文系主任。1941 年 1 月時為了家產的事請了長假回百色處理，之後回校任教。爸爸在復旦時，蔣介石曾經四度派人遊說爸爸加入委員長的智囊團，第四次是由徐道鄰[1]乘坐蔣介石的轎車到北碚親自邀請，爸爸藉酒醉躲過「召見」，但據說爸爸深知「只有離開復旦，走出重慶，才能徹底擺脫

---

[1] 徐道鄰（1906-1973），政治人物、法學家，抗戰末期曾任行政院政務處處長，1948 年任江蘇省政府秘書長，1950 年代曾任教國立臺灣大學、東海大學，1962 年後任教美國華盛頓州西雅圖華盛頓大學、紐約哥倫比亞大學、密西根州立大學。

蔣介石的糾纏」[2]。另一方面，爸爸曾建議當時退守百色的廣西大學校長雷沛鳴[3]創立西江學院，該校於1944年成立後就由爸爸擔任教務長，於是爸爸乾脆辭去復旦教職，退隱百色。

從1942年弟弟出生後，一直到我們跟著媽媽離開上海，那是一段漫長的六年，我現在揣摩爸爸當時的心情，很能體會他付出極大心力期待媽媽回心轉意，我相信媽媽在他心裡佔一個非常重要的位置，無人可以取代。媽媽雖然不是一個百依百順的妻子，但她確實是爸爸的知音，非常了解爸爸的個性，他的「剛」也只有媽媽的「柔」能夠化得了，更何況還有我們三個孩子，他執意不放棄不離婚是很容易理解的。爸爸一定認為如果我們三個孩子和媽媽還是在上海，他應該可以像先前一樣過來探望，這樣就有扭轉情勢的機會。如果不是媽媽心意已決，抱著破釜沉舟的心情帶我們到臺灣，爸爸不可能會放手。更正確地說，是媽媽決定帶著我們離開爸爸，而不是爸爸選擇甘少蘇，放棄我們。

我長大後讀到田仲濟舅舅的文章說，那段時間媽媽曾要他和他弟弟田雲樵，加上陳釗舅舅，三個「娘家人」陪

---

2　黃建華、趙守仁，《梁宗岱》，頁148。
3　雷沛鳴（1888-1967），教育家，曾任廣西省教育廳廳長、中央大學教授，廣西大學校長。

她去見爸爸，地點應該是在上海的旅館之類的地方。田舅舅說，他看到陳釗舅舅和爸爸見面後，兩人看似在握手，其實在角力，沒有任何交談，大約持續十幾分鐘，不分勝負，然後陳舅舅就跟爸爸說不要無理糾纏，說完他們一行人就上車離開。田舅舅還說，看起來在那次之前，陳舅舅應該已經陪媽媽去和爸爸「談判」過幾次了。田舅舅是個平實的學者，他說的話十分可信。我也記得媽媽說過，爸爸誰都不怕，就怕陳釗舅舅。

當時我不知道媽媽請舅舅們陪她去和爸爸「談判」的事，但我知道他們最後的協議是爸爸給媽媽一筆錢，讓她帶到臺灣作為安家費用。原本說好給五千元美金，後來爸爸說那段時間時局已經很紛亂，他拜託認識的上海四大百貨公司之一的某某董事長，也無法換到美金，最後無法兌現承諾。所以媽媽離開爸爸真的是一個很艱難的決定，前途未卜，她必須單獨負起養育我們三姊弟的責任。

陳釗舅舅是國軍防空部隊的雷達大隊長，離開上海前他開了一輛卡車帶媽媽回復旦大學宿舍收拾東西，卡車的前面只能坐兩人，媽媽坐在前面，我們三個小孩在後面。媽媽其實是一個很能斷捨離的人，非常極簡派，行李總是輕便精簡。那一次回宿舍清理，她只拿走一些必要的衣物和一個她非常喜歡的日式小木桌。媽媽忙進忙出，舅舅給我們一種我們沒見過的玩意兒，可以吹出類似小泡泡

的小氣球,感覺質料很薄,我們在卡車上玩得不亦樂乎,鄰居好多小朋友出來跟我們道別,看著我們玩小氣球,每個人的眼裡都透露出羨慕的神情。媽媽一向是個非常大方的人,她對我們說:「把這些都送給你們的朋友啊!」我們就在卡車上一個一個丟下去給他們,大家都好高興。我印象中好像沒有媽媽的朋友,就是一堆平日和我們一起玩的小朋友和幾個鄰居,是不是臨時去搬東西,所以媽媽的朋友有沒有出現道別,我就不清楚了。

　　我長大後聽到有人說蔣介石力邀爸爸赴臺灣,許以臺大校長職位,但爸爸沒有接受。我問過媽媽是不是果有其事?媽媽只簡短地回說「是」,然後就沒了下文,我也不敢追問。關於爸爸的事,媽媽一向持「守口如瓶」的態度,我們從小就知道,如果問了之後而媽媽不說,就不再多問,問了只是自討沒趣,不可能得到答案。一直到我定居美國時,有一次和趙清閣姑姑通電話,問了她這件事的真偽,後來趙姑姑寫了一封信告訴我,的確有這件事。我心想,幸好爸爸沒當成臺大校長,這件事他實在是作對了,傅斯年當校長當得多好啊,爸爸的個性根本不適合當大學校長。爸爸是個非常率性的人,他的好惡強烈,不會妥協,有時甚至一意孤行,他自己認為對的事就會力爭到底。可是另一方面他又是感性的不得了,浪漫多情,完全不適合擔任大學校長。

媽媽決定跟著舅舅到臺灣時,她身邊許多朋友並不贊成,方令孺姑姑和趙清閣姑姑,還有其他幾位姑姑,都再三勸媽媽留下。方姑姑甚至說如果媽媽選擇到臺灣,她從此不和媽媽來往。我印象中常常見到的媽媽的朋友,好像都留在大陸。到臺灣後的起初一兩年,兩岸還可以通信,她和幾位姑姑們魚雁往返,情誼依舊,唯獨方姑姑堅守她的「狠話」,有回媽媽悵然地對我說:「妳方姑姑真的不給我寫信了!」

　　回想最後在上海的這段日子,媽媽必須處理和爸爸剪不斷理還亂的關係,幾經思考後決定把自己推向一個完全不可知的未來。在這個過程中,時局的紛亂,感情的糾葛加上不確定的未來,想必她心中五味雜陳,惶惑不安,可是她在我們面前一直很鎮定,不曾顯現慌亂或擔憂,更不曾對我們訴苦,她給了我們三個子女最大的安全感,這是媽媽最難能可貴的地方。

約1948年離開上海前,沉櫻與(左起)梁思薇、梁思清、梁思明

## 坐船到臺灣

媽媽帶著我們姊弟三人跟著舅舅全家,在 1948 年 2 月搭船離開上海,表弟手邊保存的戶籍資料是 1948 年 3 月 1 日辦理入籍,這很明確證實我們是 1948 年到臺灣。網路上對於我們離開上海的日期有不同的推測,有不少人說我們是 1949 年離開爸爸的。事實上,陳釗舅舅是國軍部隊裡少數具有操作雷達技術的人,抗戰勝利後就接到派令前到臺灣,不是 1949 年撤退到臺灣的。我們母子算是舅舅的家眷,一行人包括外婆,舅舅、舅母和他們的四個孩子,加上媽媽和我們姊弟三個一起搭船。我不太記得我們總共航行了幾天才抵達臺灣。

我只記得船上擠了好多人,第一天,大家就拿出各自預備好的乾糧。舅舅是軍官,可以到船上的餐廳吃飯,第一天去吃了之後才發現軍官可以帶一個家人去用餐。最先大家都覺得應該帶外婆去,那時外婆年紀並不大,但她不喜歡接觸那麼多不認識的人;輪到舅母,她是個老實人,說她不敢去;媽媽呢,她是個愛安靜的人,而且也沒興致和一群軍官和家眷吃飯。大人不去,就輪到大我兩歲的表姊,表姊說她害怕不要去,表妹表弟太小也不要去。那麼多人都不想陪舅舅去,最後輪到我陪了。我愛吃又不認生,外婆認為我很體面,跟著爸媽參加過許多聚會,算是見過世面,所以很贊成舅舅帶我去。我跟著舅舅到餐室,

可以不必吃乾糧，胃口大開，高高興興地吃了一頓，大概吃太多了，之後就開始暈船，然後就不能吃東西了，吃了會吐。

後來大家發現船上有一個餐廳是付費供餐的，所以全家人的三餐都不再吃乾糧了，用飯時間一到，一堆人就往餐室去了，唯獨拉肚子的我留在船艙「靜養」。百般無聊中，我看到不知道是誰在讀一本書，書翻捲著擺在那邊，書名是《紅樓夢》。我從捲起來的那一頁看起，其實很多字看不懂，但我就覺得故事很迷人，一直讀下去。媽媽平時不讓我們多看閒書，我逮到大好機會飽讀一番，一聽到眾人的腳步聲，就趕快把書翻回原本的頁數，擺放回去，裝出若無其事的樣子。

他們一夥人每天要出去三次，等他們前腳一走，我就急急忙忙移過去繼續讀，就在到臺灣的路途中，我把《紅樓夢》翻完了。短短時間，我怎麼把故事看完呢？其實我就只看三個人的故事發展：賈寶玉、林黛玉、薛寶釵，其他人的情節我都跳過去不看，光是看他們三人的故事發展，就已經夠入迷了。等我大了一些，媽媽准許我看各種閒書時，我急著把《紅樓夢》從頭到尾看了一遍，還是迷得不得了。一直到我五十多歲時，《紅樓夢》一共看了十六遍，越看越有心得。

小時候我們都是看漫畫，那時候我們稱「小人書」，小小厚厚的一本，以現在的術語就是六四開的那種小書。媽媽不喜歡我看漫畫書，可是我總自己去租或是跟同學借來看，無論書從哪裡來，我總是不能正大光明地看，只好躲在棉被裡，點個蠟燭或用手電筒偷偷看，想想那時候真是無知魯莽，幸好點蠟燭時沒燒到棉被。那回在船上意外看到《紅樓夢》，對我真是極大的啟發，自那一刻起我才知道，原來漫畫書之外有那麼好看的書。我很愛看書，而且看書看得很快，以前不知道甚麼叫做一目十行，有次是別的同學模仿我看書的樣子，我才知道我的閱讀速度蠻快的。

## 學注音符號

　　到臺灣後，我們最先住在三張犁陳鈺阿姨的家，他們一家是跟著姨父的兵工廠過來的。我就在阿姨家附近唸大安國校，到現在我還記得當時我最煩惱的一件事就是不懂甚麼是注音符號。小時候我在四川就講四川話，在上海就講上海話，到開封時又學著說河南話，不管在哪裡上學，老師和同學都講著同樣的方言。到臺灣後，我對於所謂「標準的發音」完全沒有概念，先前我的理解是眼睛看到甚麼字就直接用當地話唸出來，完全不知道怎樣發音才算正確，要根據甚麼才算是「標準」，雖然在家裡我們會用普通話交談，但我們講的話如何標上發音的符號，我完全不明白，也無法理解注音符號是甚麼，更不明白為甚麼要

有注音符號才算知道如何發音。

到了臺灣，大家都講「國語」，對我而言，講國語不難，可是我沒學過注音符號，每次到了考試就很頭痛。其他同學在一年級就已經學會了注音符號，全班就只有我一個人不會，老師很好心特別輔導，我一下子就把三十七個符號記的一清二楚。學會了注音符號，老師說還有四聲，可是他說的我無法理解。老師舉例說：「我吃飯」的「我」是三聲，「吃」是一聲，「飯」是四聲。我問老師為甚麼，他說就是這樣，我還是不懂為甚麼，完全摸不著頭緒，老師也不知道怎麼跟我解釋，反問我說：「那妳怎麼會講呢？」他說我講話四聲分得很清楚啊，怎麼會弄不清楚？可是我就是不明白，考試時只好亂猜，這個問題讓我很苦惱。

全班都知道來了一個連注音符號都不會的人，我想他們心中一定很奇怪，比較難學的三十七個符號我都會了，怎麼不會分辨四聲？有一天我跟隔壁的同學說：「其實四川話跟國語差不多。」她反問我甚麼是四川話，我告訴她四川話是一種方言，我用四川話說了一句：「我們大家來玩」。她說：「我幫妳注音」，她先寫了：ㄨㄛˇ，然後告訴我那是三聲。我說我會，因為老師教的時候我背下來了。然後她說妳講的四川話的「們」是四聲ㄇㄣˋ，我問她為甚麼，她就說：「ㄇㄣ ㄇㄣˊ ㄇㄣˇ ㄇㄣˋ 啊！」

我急忙問：「妳再說一遍？慢一點。」她回：「說甚麼說一遍？」她根本不知道我要問甚麼，我只好大略模仿她發出剛剛她說的四個聲音，她就再說了一遍，然後說：「ㄇㄣ ㄇㄣˊ ㄇㄣˇ ㄇㄣˋ，ㄇㄣ是一聲，ㄇㄣˊ 二聲，ㄇㄣˇ 三聲，ㄇㄣˋ 四聲。」我一聽，豁然貫通，從此沒錯過一個字。

隔座的同學原本完全不能理解我不懂四聲，到底卡在甚麼地方？他們早就學過，覺得易如反掌，學都不用學，怎麼會有人弄不清楚？而我自小的「發音法」就是看著每個字自然發出那個地方的人所發出的音，也就是我的讀音隨時可以變通，從來不知道有一套「標準」。我學會注音符號的四聲就是這樣一點就通，瞬間「補救」起來的，心裡總有點虛，覺得學的不夠踏實，搞得我到現在都不太敢講不熟悉的成語，很怕沒依照標準的國語讀音，發出別人聽不懂的方言，貽笑大方。

## 我的秘密花園

我們在三張犁沒住多久就搬到青田街，旁邊住的都是在臺灣大學教書的人。我還記得每天走路會經過臺灣大學，到大安國校上學，下課後再走路回家。我一直長得比同年齡的孩子高，也有點「不合群」，因為我很不喜歡同學中的小圈圈，今天跟這幾個要好，幾天後吵了架就換到另一群，和新朋友一起說舊朋友的壞話。再過幾天和舊的

一群「恢復邦交」了,返回原本的圈圈,順道把一些訊息帶過去,然後舊朋友一起數落新朋友。我吃過這樣的虧後,特別討厭這樣的拉幫結派,搬弄是非,慢慢變得獨往獨來。

放學時,我從臥龍街的大安國校走路回青田街,每回都經過臺灣大學的校園,那邊有許多榕樹,樹下許多掉下來的紅色鬚鬚,我撿起來搓一搓,可以吹出泡泡。我每天這樣晃啊晃的,有回找到一個水源地,於是每到放學就專程繞到那裡。那是一處很乾淨的樹林,有一條小路,後面有一條河,林子裡面開了好多花,有黃色、淺藍色的,好美。我還記得有條清澈見底的大溝,裡面長了許多金毛草,就是傳說中可以拿來止血的東西。我特別記得那個金毛草,因為它隨著澄淨明亮的水飄飄盪盪,很吸引人,我盯著直看,每每有一股跳下去游一游的衝動。還好那時候我還有點頭腦,知道水溝蠻深的,跳下去可能爬不上來。我每天放學必定走那邊,我喜歡林子裡面的鳥鳴,漂亮的小花,潔淨的清水,那是我小時候秘密花園。不過,我長大以後回想那個情景,著實替自己捏了一把冷汗,那個地方人跡罕至,萬一碰到壞人,後果不堪設想。媽媽完全不知道我放學時故意繞到水源地,不知道我一個人單獨走過我的林間小徑,她要是知道一定會阻止我。

那時青田街的叔叔伯伯阿姨們談話時,常常提到「別

回去吧」或「這時候應該回去」之類的話語,當時並不太理解他們所關切的回去或不回去到底有甚麼意思。我印象比較深的是馬宗融[4]伯伯,他當時任教於臺大,比我們早一年到臺灣,他後來生了病,堅持要回上海,聽說他回去不久就過世了。

其實媽媽曾經動念要把青田街的房子買下來,當時要價四兩黃金,媽媽應該是打算跟爸爸要錢買房子。剛到臺灣的一兩年,爸媽還有通信,之後臺灣進入戒嚴時期,他們兩人失聯了一陣子。媽媽想買房子,但阿姨不讓她買,提醒她在重慶買房,付了訂金的隔天抗戰勝利之事:「你在重慶買房子的教訓還不夠啊?」阿姨和媽媽的個性很不一樣,她開朗熱情,行事果決。那個時候大家都以為不久要回大陸了,何必在臺灣購屋置產,於是媽媽就打消買房子的念頭。

媽媽在北京、天津、重慶或上海時,身邊總是有許多知心的好朋友,呼朋引伴,常常聚會群聊,有事情也會隨時互相照料,可惜這些朋友多半沒有到臺灣,還好青田街的鄰居有很多是大陸過來的教授,和媽媽有些互動。雖然

---

4 馬宗融(1890-1949),文學翻譯家,曾任教於上海復旦大學、廣西大學,亦曾擔任中華全國文藝界抗敵協會理事、文化工作委員會委員以及重慶回教救國協會副會長。1947 年受聘臺灣大學文學院,於 1949 年因病返上海,不久過世。

我在臺北時「跟班」的機會不如上海多，但左鄰右舍的孩子都玩在一起，那個年紀無憂無慮，不太清楚所謂的局勢如何演變，只顧著玩樂。

　　住臺北時蠻容易就碰到熟人。我記得有次跟著媽媽巧遇畫家劉獅[5]，他是爸爸好友劉海粟[6]的侄兒，當時媽媽還笑著跟他說：「你還欠我們一幅畫呢！」原來是爸爸在上海時，常常受託為當時的名畫家寫畫評，被他寫過的畫家包括劉海粟、黃君璧[7]、徐悲鴻[8]等人。爸爸也曾經撰文談劉獅的畫，劉獅很感謝，曾經說要回贈一幅他拿手的金魚，後來他真的送來一幅金魚。

　　媽媽在抗戰八年期間和外公外婆分隔兩地，音訊斷絕，連外公過世都不知道，所以心裡一直很歉疚，覺得自己沒有花多一些時間陪伴父母。我不清楚我們在青田街住了多久，應該是蠻短的時間。後來因為舅舅的部隊調到苗栗縣的竹南鎮，外婆跟著他過去，媽媽在不遠的頭份鎮斗

---

5　劉獅（1910-1997），畫家劉海粟之侄。專攻西畫、雕塑，曾任教上海美專，擅長畫魚，有「畫魚聖手」美稱。
6　劉海粟（1896-1994），畫家，上海國畫美術院（即上海美術專科學校）創辦人之一。上海、南京、常州建有「劉海粟美術館」。出版有《劉海粟畫集》、《劉海粟油畫選集》、《劉海粟國畫》、《學畫真詮》等。
7　黃君璧（1898-1991），水墨畫家、美術教育家。1949年遷居臺灣，與張大千、溥心畬常並稱為「渡海三家」。
8　徐悲鴻（1895-1953），畫家、美術教育家，擅長畫馬，主張熔國畫的筆墨韻味和西畫技法於一爐。

煥坪的私立大成中學找到教書的工作,於是我們離開臺北搬到斗煥坪。那時外婆常常過來跟我們一起住,幫忙媽媽照顧我們三姊弟。

# 五、我的青澀歲月

## 搬到苗栗

　　我們搬到斗煥坪是 1949 年還是 1950 年？我在大成中學健康紀錄表上的記載是 1950 年 8 月就讀初一，而我很確定我的小學六年級就讀的是斗煥國校，不是大安國校。作家張騰蛟[1]曾經寫文章說他隨部隊到臺灣，駐紮在斗煥國校一段時間，因此對當時的學生有點熟悉，他提到當時注意到我的名字，還記得我身高特別高。我不記得我在斗煥國校的六年級念了一學期或兩學期，但我很確定我們一家搬到頭份就住在大成中學的宿舍，沒住過其他地方。合理推算，媽媽如果不是在 1949 年暑假過後，就是在 1950 年的寒假之後，開始在大成中學任教。這樣看來，我們在臺北只住了一年半或兩年時間，之後就搬到苗栗縣頭份鎮了，當時是一個典型的農村。

---

1　張騰蛟（1930-），作家，1949 年來臺，著作有《時間之流》、《鄉景》、《海的耳朵》等。

約 1950 年在臺灣苗栗頭份之斗煥坪，前排左起：梁思明、梁思薇，後排左起：沉櫻，沉櫻之母高茂蘭，梁思清

大成中學在日據時代是農林試驗所，位置就在平地進入高山的山坡上。據說斗煥坪的名字乃源自清代拓墾時期，該地是漢人和原住民交易民生用品之地。這裡也是一個交通要道，是出入苗栗的三灣、南庄、獅潭三個地方必經之地。我們住的大成中學教員宿舍在學校對面，是日式建築，中間隔著一條很寬大的馬路，來來往往都是貨車或軍用車，堂而皇之呼嘯而過，行人過馬路時總是心驚膽戰。

我們三個孩子上學的斗煥國校和我們的宿舍同一邊，相隔不遠。上下學時，媽媽規定我們沿宿舍後面的小徑，不准走前面的大馬路。這條小徑兩旁有矮矮的房子，戶戶相接，有的是居住，有的是店家，賣各種雜貨。小徑上

家家戶戶都是敞開大門向著路面，大門下面有低低的門檻，有些人就閒坐在上面，有一搭沒一搭地聊天，有時各自發呆，默默看天看地，感覺日子過得閒散舒適，沒有壓力。剛開始上學時，我跟兩個同學一起走，這兩位同學很隨興，走著走著，一會兒停在這家買個話梅，一會兒停在那家聊聊天，害得我老是遲到被老師罵，後來我決定不和她們一起上學，就自己一個人走。我妹妹有個同學跟她一起，通常比我早出門，所以我是一個人孤孤單單地走。

我一個人走的時候就會注意到沿著小徑或站或坐的人，有抽菸的老人，有斜倚門牆抱著嬰兒的少婦，有閒嗑牙的三姑六婆，三三兩兩聚在門檻閒談，那是農村生活的日常，步調緩慢而悠閒。我從路頭走到路尾，感覺每個人的眼睛大辣辣地對著我行注目禮，毫不避諱地直視著我，我就像在行軍的士兵，踏著步伐被檢閱，而他們講的是客家話，起先我聽不懂他們都說些甚麼。過了沒多久，我聽得懂客家話了，知道他們七嘴八舌的內容都是在講我，說我是陳鍈老師的女兒，怎麼長那麼高，說我們家昨天買了五塊錢肉，或是買了甚麼。我感覺他們很清楚我們家裡的事，甚麼事都被拿來閒聊，毫無隱私。我一路上聽著他們說東說西，早上上學時聽一回，下午放學時再聽一回，天天如此，感覺很不自在。其實我不喜歡成為別人的焦點，不喜歡被人注意，不喜歡被指指點點和品頭論足，可是我偏偏因為個子長得高，很容易引人注目。

其實那些人都是非常純樸老實的人，生活簡單安逸，我相信他們對我絕對沒有惡意，應該只是對我們家的人很好奇。我們從大陸過來，和當地客家人說的客家話不同；媽媽一直都在教育界工作，平日也舞文弄墨的，有讀書人的氣質，和附近大陸過來的那些軍人很不同，和當地農家更不一樣。我們家三個孩子都是高高瘦瘦的，和農家子弟的短小精實在外觀上有些差異，自然而然就成為當地人談論和注意的目標，於是我們家的一切動態就成了他們平日的話題。正好我非常不喜歡成為焦點人物，所以那些目光對我而言真是如芒在背。

## 難忘的經驗

小學六年級時還有一件尷尬事讓我很難忘記。我們家平日的便服很樸素，媽媽也沒有餘錢或心力替我們張羅漂亮衣飾，所以一切從簡。當時在美國有位 Rose 姑媽（中文名字不詳），偶爾會寄來一些她女兒不能穿的衣服，款式屬西洋風格，有點新潮。這位 Rose 姑媽和媽媽的「交情」非常特別，她是二姑父的嫂嫂，是個住在美國的華僑。媽媽在 1937 年隨爸爸回百色住了一年，爸爸赴重慶任教時，媽媽主張將九叔和二姑帶到重慶就學，因此他們兩人和媽媽的關係很好。二姑念完復旦大學結婚，之後隨著姑父移民美國，發現姑父的嫂嫂婚姻並不順遂，境遇和媽媽有點類似，於是介紹她們兩人當筆友。同憂相憐的媽媽和 Rose 姑媽兩人惺惺相惜，成了未曾謀面的好友。

Rose 姑媽的女兒大我幾歲，寄過來的衣服當然就是我穿，但是我一向粗衣簡服慣了，對那麼新式的衣服有點排斥，還好平日也沒有甚麼機會出門，也就擱著沒穿。有回大表哥來斗煥坪，熱心地要帶我們姊弟三個到山上走走，我沒有甚麼外出服，只好將「美國的」衣服穿上。一路上我渾身不自在，那件衣服和鄉野的樸實無華格格不入。我們四個人一直走到山豬湖，之後到了一個鎮上，那個地方人比較多，我感覺那身衣服越發搶眼，我的侷促不安越來越強烈。事後只能安慰自己，不會有認識的人看到我，更不會有人記住我穿那身招搖的衣服。沒想到等我上了中學後，有同學對我說：「我看過妳，妳到過我們鎮上，我聽到妳們四個人講話，咕嚕咕嚕地，好像機器人在講話。」表哥和我們平常用四川話交談，山豬湖那邊的人講客家話，大概很少聽到「唐山來的人」講話，我們幾個孩子講話的語速又快，七嘴八舌地，外人聽起來可能很又古怪又新鮮。唉，真是應了「怕甚麼來甚麼」，我好尷尬。其實我從小自由自在，不會怕生，就是很不喜歡引人注意，這個性格一直沒有改變。

　　在斗煥坪我還有一個難忘的經驗，有天回家碰到下雨，但雨卻只下在某個區域，過了那個區塊就沒雨了，地上明顯就是這邊乾的，那邊濕的。天上的雨滴落下來像雨簾一樣，只要我跨出雨簾就淋不到雨。「東山飄雨西山晴」原本不是甚麼稀罕的事，但目睹晴雨分界線的機會應

該不算高,我卻剛巧遇上了,當然就在那個雨簾來來回回穿梭,自得其樂地玩了很久。那是我一生中唯一一次見識到晴雨線,就在斗煥坪,那種驚喜久久不忘。

## 寂寞的初中生

我上初中時,社會風氣就是重數理化輕國文,好像是數理科的人容易找到薪水高的行業,一般人都認為學國文的人沒有好出路。當時我們一家的經濟來源全靠媽媽的教書薪水,教員薪資不高,家裡又有三個孩子在讀書,媽媽也深感自己的文學無用武之地,只能教書糊口,勉強維持一家生計,所以她沒有特別培養我對文學或詩詞的興趣。那個時代大家羨慕美國的進步,連帶也強調科學,當然就會影響父母的教育方向,大家都偏重數理,不重文科。

偏偏我一向視數學為畏途,到了初中,對代數等課程還是一籌莫展,考試老是不及格,往往需要補考。暑假時,媽媽特地請學校一位數學老師,每天到家裡來替我補習。他真的非常用心,給我做很多習題,我並沒有覺得難,每天這樣練習,沒有一題做錯。暑假結束後,他跟以前在復旦時補數學的老師說的話一樣:「她其實沒有問題,不用補習的。」

到了學期開學前的補考我才知道,居然有那麼多人跟我一樣數學不及格。補考的卷子發下來,我先看了一下,

怎麼那麼容易！這下可好了，我心花怒放，十多分鐘就寫完交卷，高高興興地離開。沒想到結果是我沒有一題做對，我也不知道原因。後來數學老師出面掛保證，該懂得我都懂，他讓我做過那麼多習題，我全都會，他很肯定我的程度絕對沒有問題，所以就讓我通過了。

我一直在想怎麼會全都錯，我明明都會，怎麼沒一題對的。後來我想通了，一定是題目要我們用某種方法做，我用的不是他們指定的方法得到答案，才會全錯。其實我並沒有不喜歡數學，我只是討厭上課。我學注音符號的四聲時找到「訣竅」的經驗，在數學上好像一直沒有得到，老是覺得不得其門而入。

初中時我上過媽媽的國文課。其實我很喜歡國文，課本一發下來我就急不得待地從頭看到尾，兩三個小時就看完一學期的課本。有回考試的答案是唐宋八大家，並沒有要求我們把八大家列出來，可是我考卷很快就寫好，無聊之餘就把八大家的名字全寫出來，其中錯了一個字，被媽媽扣了一分。我還跟她理論，我認為那不屬於答案的範圍，不應該扣分，我只是很快寫完試卷，畫蛇添足寫了一些不是答案的東西，可是媽媽堅持說，這表示我不會。她就是看起來很溫柔，可是很有原則，對我們三個孩子有點嚴厲。

我上了初中依然是單槍匹馬，獨來獨往，主要是同學們絕大多數都住在山區裡面，步行通學需要半個小時以上，沒人像我就住在學校對面。我印象中只有一位同學住在小學時走的那條路上，她對我很好，有回客家人大拜拜，她請我去吃飯。菜餚中有很肥很肥的紅燒肉，她好心地夾了一塊要給我，大概自己也覺得太肥了，突然一口把肥的部分咬掉，然後把瘦肉丟我碗裡。我一時不知道如何反應，應該是面有難色地吃下去吧，因為那位同學後來就不再請我去她家了。每每回想此事我就覺得後悔，覺得自己實在不懂事，辜負了她的好意。

## 開始寫詩

媽媽對學生很有耐性，可是對我卻很嚴厲，不假辭色，可能是要挫挫我的銳氣吧！她從來不誇我，我很不服氣。我記得有一年來了三個轉學生，媽媽對他們鼓勵有加，他們只要有一點點表現，媽媽就大力誇讚，好像有多麼不得了，我心裡很不平衡。

有一回他們去爬了附近的獅頭山，回來後其中一個人寫了一首詩，我忘記是五言還是七言，媽媽又是讚不絕口。其實他們幾個人的作文我都偷看過，我心裡覺得根本沒有媽媽說的那麼好。十三、四歲的我大概有一點爸爸好勝好強的性格，看他們得到媽媽的賞識很不是滋味，於是也偷偷寫了一首，想試試看會不會得到媽媽的讚美。但我

又不敢明說是我寫的,只好假稱是我在報紙上看到有人也去了獅頭山寫的。我的詩是這樣寫的:「偶遊聖地獅頭山,蒼翠之色滿山澗,遠近幾座紅廟在,猶如樹上紅花開」。

當時媽媽看完一語不發走了,我想她可能知道是我寫的。後來我看到媽媽寫信給爸爸的時候,告訴他:「思薇居然也寫起詩來了」,然後把我的詩抄給爸爸看。我也看到爸爸的回信,他說思薇開始寫詩很好,「但要注意平仄韻」。那時候我是初一,哪會知道甚麼韻,媽媽寫信時告訴爸爸我寫詩,我想她應該是肯定我,覺得我寫的不錯。

其實我一直在偷偷寫詩,只是不敢給媽媽看,怕她罵我。我寫詩的動機也不是有甚麼詩情詩意,純粹就是懶,因為寫散文通常要很多字,寫詩就簡短多了。我從十二歲開始就偷偷投稿,為的只是想賺個稿費打打牙祭。我最記得快到十六歲生日時,很想在生日時有錢吃碗牛肉麵,於是寫了一首新詩投稿,題目是〈小詩〉:「我要寫一首小詩／以蔚藍的天空為紙／明亮的星星為字／那星星的閃爍／便是我要說的意思」。沒幾天後真的登出來了,我賺了二十元稿費。

## 偷看媽媽的日記

媽媽不是一個願意吐露心事的人,在我成長過程中,媽媽很少提到她和爸爸之間的事情,也從未指責過爸爸和

甘少蘇的不是。關於爸媽兩人的事，我們子女們都是從阿姨或是媽媽朋友口中得知一二。初一時我曾無意間發現媽媽的日記，抓緊時間在下課後媽媽尚未到家之前偷看，可惜過不了幾天就被媽媽發現了。媽媽寫日記時字很潦草，我只能囫圇吞棗，加上偷偷摸摸很緊張，許多細節已不復記憶，印象最深的是媽媽寫她在上海初次見到洋氣十足的爸爸，很看不慣他的趾高氣揚。我還記得日記中夾了一封她給爸爸的信，描述前一天晚上兩人在北平的公園散步談文學，感覺深情款款。

看過日記後我多年在心底一直存在一個疑團，那就是，她和爸爸個性如此不同，兩人怎麼會結婚？雖然平時媽媽絕口不講這類的事，但是有一回我鼓起勇氣直接問她，或許是我已經長大了，或許她心情好，竟然好好地回答了我的問題。

媽媽說她欣賞爸爸的才氣，她這輩子唸書這麼用功，翻譯這麼認真，全是受到爸爸的影響。她和爸爸在上海有一面之緣，覺得他很驕傲，之後在北平又再度相遇，藉著書信和來往，媽媽開始看到爸爸的另外一面，非常佩服他的學識和見識，更折服於他在面對打擊時的無所畏懼。她說：「妳爸爸的那股自信，完全不為外界流言蜚語所動的勇氣，我很佩服。」媽媽是那種以和為貴的人，凡事謙讓，有時受了欺負也選擇吞忍。她說爸爸的個性跟她正好

相反，據理力爭到底，她特別提到爸爸打離婚官司時，各種議論都是衝著他而來，極盡諷刺揶揄之能事，可是爸爸完全不為所動，只管拿著他的書專心地讀，氣定神閒，那股勇氣深深打動她。媽媽說爸爸在那麼大的壓力下，還是一如平常地看書寫字。媽媽一邊說，一邊還學爸爸一手拿著書，在屋裡走來走去唸著詩，有時唸中文詩有時唸外文詩，一點都不受外面風風雨雨的影響，媽媽那麼心服口服於爸爸的堅持和勇氣，可見爸爸當時多麼鬥志昂揚。

## 聽外婆講古說事

我在斗煥坪的生活很單純，其實也很孤獨，平日上學之外，大部分時間窩在家裡，接觸外人的機會並不多，因此缺乏人際互動的經驗，也比較不善於察言觀色。那時候沒有電視，多數人接觸外界的管道還是以收音機為主，小孩子們當然就是呼朋引伴在鄉間玩樂，但我比較少到外面穿街走巷，喜歡在家裡看書，或者發呆。

幸好家裡有個愛講故事的外婆，她如果看到我一個人無聊地坐在椅子上，就會開口講一些比較生活化的故事，這大概是我的單調的生活中的「餘興節目」了。有時候她還是講故事，只是故事不像童話故事那麼簡單，有時她會對著我說一些她過往在大家族的生活點滴和觀察。外婆講述生活經驗的功力一點不亞於她說故事的能力，起承轉合，有曲折有層次，很吸引人。我長大後常常會細細回味

她說的故事,即使在我結婚生子之後,還是常常回想起她的話。我在人生不同的階段對於故事所蘊含的意義有不同的體會。

　　有兩個和蛋有關的故事讓我印象特別深,因為我很喜歡吃蛋,聽了那兩個吃蛋的故事牢記在心。一個太太生了十個女兒之後終於生了一個兒子,先生要外出做工前煮了十個蛋,再三叮嚀女兒,那些是要給產後的媽媽吃的,不許偷吃。爸爸出門之後,大女兒就說要去看看蛋,打開鍋子剝了一個蛋吃掉,之後二女兒如法炮製,十個女兒就這樣一個接著一個把十個蛋吃光了。爸爸回來之後知道媽媽一個蛋都沒吃到,肚子非常餓,在盛怒之下用牛車把十個女兒載到荒野,把她們丟在那邊,揚言要讓野狼給吃掉,然後氣沖沖地離開了。十個女兒在荒郊野外又餓又怕,小女兒看到一堆牛糞,餓得想吃,姊姊警告她吃不得。小女兒無奈地在牛糞上畫圈圈,畫啊畫的突然看到一個洞,然後洞越來越大。十個女兒決定爬下去探探究竟,原來洞裡面有許多食物,還有金銀財寶,她們喜出望外,大吃一頓之後特別想念爸爸媽媽,如果他們也在這裡,該有多好。而她們的爸爸回家之後也很後悔,媽媽更是傷心,覺得再怎麼窮也得全家人一起過,於是爸爸回到荒野,看到那個大洞,找到女兒,全家團圓,從此一家人過著不愁吃不愁穿的好日子。

我第一次聽這個故事時，對於皆大歡喜的結局很滿足，那個年紀只期待故事結尾循著王子公主的「快快樂樂地過日子」模式，不太會思考中間的情節。等到長大後細想，這個故事太悽慘了，小孩吃個蛋都要被丟到荒野餵狼，這麼狠的懲罰是不是太超過了？幸好後來大逆轉，可憐的孩子們得天之助，一夕致富，連帶也造福父母。這樣的故事必然是體驗過飢餓的人才能想像出來的故事，跟外國童話故事裡的王子公主有截然不同的經驗。故事裡影射現實的殘酷，似乎也暗指窮到絕境只有靠上天垂憐才能得救。外婆的故事總能讓我從不同的角度看到世間種種樣貌，隨著時間的積累我慢慢悟出其中的人情義理，對我的成長和人生觀有一定程度的影響。

　　外婆在老家時過的是大家族生活，人多口雜，但她總是細心觀察周遭的一切；事的來龍去脈，人的言行心思，她一一放在心裡，了然於胸。有一回外婆說起家族裡的某個大嬸，先生當會計，賺到一筆錢時她就大辣辣地到廚房煎十個荷包蛋，眾目睽睽下拿回房間裡大吃起來，等到先生沒賺錢時，夫妻兩人捧著兩碗稀飯，加兩份鹹菜，就地蹲著吃。我當時聽這個故事，心裡揣想著十個荷包蛋的滋味，對外婆很不以為然的表述深感疑惑，有錢買十個蛋來大吃一頓有甚麼不對呢？長大之後才明白外婆的重點是他們不會持家，有錢就迫不急待地花光，一頓吃掉十個蛋，到了沒錢可用時只能將就度日，完全沒有存錢的概念，也

沒有規劃。

　　外婆常常說起她和婆婆、妯娌或親人之間的互動細節，我年紀小，眼界窄，不懂得人情世態，但有了外婆這些描述，對人情義理也約略有概念。我很早就開始讀小說，對於故事中所描繪的勾心鬥角或城府心機不至於隔閡不解，這都是外婆的功勞，我的世界在她的「調教」之下有了不同的視角。小時候，外婆的童話故事和詩詞豐富了我的想像世界，到了我懵懂、青澀的少女時期，她的人生體驗為我打開一扇窗，讓我得以窺見現實世界和人間百態，外婆的講古是我的斗煥坪歲月中興味盎然的記憶。

# 六、媽媽的鄉居之樂

## 日暖花香山鳥啼

我們從上海到臺北,媽媽的朋友頓然少了很多,到斗煥坪後朋友更少,人生地也不熟,四周的環境和當地務農的村民,和她先前在重慶或上海「談笑有鴻儒」的經驗有很大的落差。我長大以後,試著揣想她剛剛到苗栗時的心情,體會到她當時必然感到寂寞、失落,但她表面上安之若素,從來沒有任何沮喪或負面的情緒。她初到斗煥坪時,年齡不過四十出頭,過的卻幾乎是隱姓埋名的生活,沒有談心訴苦的朋友,就這樣一個人默默地,獨自撐起一家四口的生活重擔。

雖然有初來乍到的陌生和孤單,但一向樂於親近大自然之美的媽媽十分喜歡斗煥坪的田園山林,曾寫過文章形容:「這崗上佈滿了蓊鬱的樹林,校舍像建在林子裡,隱隱約約,宿舍也是樺木掩映,一片清幽」。住了一陣子

之後，媽媽漸漸融入當地悠閒放鬆的生活模式，發現更多的優點，例如出門不必鎖門，買菜不必討價還價，「對於過慣了兵荒馬亂日子的人，都是驚訝地享受」。媽媽非常喜歡客家人，覺得他們非常忠厚，勤勞不懈，而且好客多禮，將祖先所傳承的生活習俗保存得特別好，說著自己的語言，過著自己的生活。媽媽寫道：「世外桃源是個被人用濫了的名詞，但在這裡，我確乎常常想起陶淵明筆下那些避秦而不知有漢的人們」。斗煥坪的「日暖花香山鳥啼」療癒了她，多年的動盪、飄泊逐漸離去，她在安穩的教書生活中開始嘗試翻譯。

## 開始翻譯小說

斗煥坪的生活讓媽媽感覺身心安定，但她的時間在教書上課、批改學生作業周記、操持家務、教養子女中，分成好幾個片段，似乎沒有餘裕好好思考創作。外婆過來和我們同住時，媽媽比較輕鬆，心情也稍稍放鬆，開始重拾筆耕之樂。她先從翻譯著手，在 1950 年 11 月發表她翻譯的英國作家梅‧艾金登（May Edginton）的短篇小說〈出乎意外的故事〉（Purple and Fine Linen，在 1963 年出版時改篇名為〈迷惑〉），刊登在鐵路工會《路工》月刊所附的《藝與文》。1952 年，她翻譯艾金登的另一部小說《青春夢》（Fair Lady）出版。

其實媽媽在 1946 年曾經翻譯契訶夫（Anton Chekhov）

的短篇小說〈窘〉，登在《文潮》月刊，那應該是她發表的第一篇翻譯小說。她雖然不是英文系出身，但大學時代曾因手邊無中譯版小說可讀，就開始「啃」英文原著，後來有爸爸這個高手在旁指點迷津，因此對閱讀英文並不生疏。她自己曾說，由愛讀翻譯小說進而嘗試翻譯，只是為了享受「與人共賞」。在翻譯小說上，媽媽一直有「獨樂樂不如眾樂樂」的信念。

媽媽的翻譯一出手就受到好評，她自己也樂在其中。我記得在斗煥坪的夜晚，總會看到媽媽在燈下伏案寫字，她自己形容當時情景：「老母靜坐念佛，三個小兒女並頭酣睡」，感覺心靈滿足。對她而言，翻譯小說幫助她深入體會「細讀深解」的樂趣，對當時在現實生活中忙得團團轉的媽媽，有很大的意義；她的文學路和文學夢在1940年代末期中斷數年之後，就這樣以翻譯接續起來，而且越走越順，之後還開始在散文世界裡闢了一個天地。

## 結識司馬秀媛、林海音

約莫在1952年的某一天，媽媽跟我說：「聽說我們這裡住了一位隱士，我一直都不知道，我要找一天去拜訪他。」媽媽說的是一位漢學家，叫張漢文。不久之後的某一天，有人來敲門，媽媽不在，我開了門問找誰，來訪的女士說：「我找陳鍈老師」，我回答說她不在，對方客氣地說：「好，那我以後再來。」我也沒有多說甚麼，就直

接把門關上。媽媽回來之後我詳述過程,媽媽心裡有數,那必定是張漢文的太太,因為他們通信說要見面。我記得媽媽對我那次的「應對」有點微詞,告訴我以後看到不認識的人來找,要說:「請問貴姓?」稍微跟人家談一下,不能轉身就關門。經媽媽這麼一說,我才意識到自己身在鄉間,與純樸的人們直來直往,完全不講客套,久而久之就忽略禮數以及進退得體這類的事了,以前在上海時,我年紀雖小,反而還比較懂得應對。

張漢文伯伯是苗栗人,因不滿臺灣變成日本殖民地,輾轉到中國,成為康有為的最後門生。他曾在中華民國外交部任職,派駐日本、新加坡,戰後回臺灣之後,對當時政府不滿,拒絕擔任公職,返回苗栗,在祖傳田地上種水果維生。張伯母是司馬秀媛,她的爸爸是日本華僑,媽媽是日本人,家裡環境很好。她在北京上貝滿女中,在上海念教會學校,是名符其實的大家閨秀。我還記得我們全家被邀請到他們家作客,那是我第一次在臺灣見識到所謂的「洋式」生活,其實以前在上海也看過那種很講究的住家,但到了臺灣之後,生活有很大的不同,尤其在苗栗鄉間,早就習慣一切從簡的生活了,突然有機會目睹和我們完全不同的居家型態,覺得很稀奇。

他們家的牆上掛著一頁式的布製月曆,上半部是漂亮的西洋畫,下半部把十二個月的日期全部擺放在一起,那

時我們都沒見過這種形式的月曆。張伯母很熱情地拿出英式茶杯來招待我們，就是那種非常精美細緻的骨瓷花茶杯，還有碟子和湯匙，媽媽擔心我們三個鄉下孩子把那麼珍貴的盤子打破，趕忙要張伯母換上普通的。張伯母自己還特地烤了蛋糕做了餅乾請我們吃，那是我們離開上海之後就沒吃過的洋點心，真是吮指美味，我們三個狼吞虎嚥一掃而空，媽媽此後再也不敢帶我們去了。

張伯伯是個典型的讀書人，沉默寡言。張伯母精通日文、英文，喜歡讀書，也很有藝術天分。張伯伯終究是個書生，因此果園裡許多工作都需要靠能幹的張伯母張羅處理，有時我覺得她其實也蠻寂寞的。她和媽媽相識相熟，進而相知相惜，這段相伴的日子對彼此都有很大的意義。她們喜好相近，在鄉間田野的單純生活中一起營造許多豐富心靈的小快樂。她們兩人在一起時共同的話題非常多，可以一起讀書討論，一起談繡花、藝術，後來還一起翻譯赫塞（Hermann Hesse）的《車輪下》（*Beneath the Wheel*），媽媽編選的《散文欣賞》也收有張伯母的幾篇翻譯。媽媽說，人生能夠找到一個「奇文共欣賞，疑義相與析」的知己，是非常可貴的緣分。她和張伯母最大的樂趣就是一起蒔花養卉，一起摘枯花拔野草，一起賞花觀葉聽鳥鳴。媽媽對顏色特別敏銳，常常會建議他們在園子裡增添不同顏色的花卉，張伯伯說媽媽把他家的果園脫胎換骨，變成了四季有花開的陽明山。

那時候斗煥坪是一個很偏僻的地方，缺乏任何娛樂，即便是看電影也必須到頭份鎮上唯一一家電影院，平時放映的電影多半是打鬧的大眾化喜劇片才能迎合鄉民口味，偶爾才會放外國的文藝片，我還記得曾經在那個電影院裡看過《非洲皇后》（*The African Queen*），女主角是凱撒琳赫本（Katharine Hepburn）。有回媽媽聽說《魂斷藍橋》（*Waterloo Bridge*）上映，她和張伯母兩人相偕前往，沒想到它不符合鄉民口味，以致該場次總共只有五位觀眾買票，電影院老闆原想省錢取消放映，可是當他們看到一個是大成中學的老師，一個是當地名人的太太時，只好勉為其難照常上演。媽媽和張伯母坐在一起，其他三人坐得遠遠的。如眾所周知，《魂斷藍橋》描述第一次大戰時的生離死別，男女主角命運多舛，情節動人。後來媽媽對我說：「看妳張伯母和我有多沒出息，看到一半就一直流眼淚，到後來兩人就在偌大的電影院裡抱頭痛哭。」那時候我雖然只是高中生，但我聽了很難過，說不出來為甚麼，我想像她們二人相擁而泣的那一刻，除了感嘆電影故事中的造化弄人，她們內心深處的某些情緒和情感應該被深深觸動，平日的壓抑才會

斗煥坪時期的沉櫻（中）與梁思薇、司馬秀媛（左），前面女童為張典婉

在觀影的時刻潰堤。

媽媽在 1957 年離開大成中學到臺北的北一女任教，但假日還是時常回斗煥坪享受張伯伯家的田園之樂。後來乾脆在張伯伯的果園闢地蓋了一座三個房間的小屋，有時在周末時帶一些文藝界的朋友去度假，大家戲稱媽媽是作家裡唯一擁有「別墅」的人。媽媽還介紹張伯伯擔任北一女的課外活動指導老師，談孔孟和哲學。張伯伯和張伯母的女兒張典婉回憶說，張伯伯去上課之前總是很認真寫講義，上課當天的一大早就乘車到臺北，「舟車一天，就為著幾堂課，把握與年輕人談話的機會。」媽媽和張伯伯、張伯母的情誼就在斗煥坪的田園裡落地生根，後來張家女兒典婉在臺北念書時，假日會去住媽媽在信義路的宿舍，媽媽就帶著她參加文友的聚會，或者上館子吃飯。我離開臺灣時典婉還很小，我回臺灣定居時，多虧典婉熟門熟路地幫了很多忙，真是斗煥坪牽起來的緣分。

林海音阿姨是媽媽很重要的朋友，兩人的淵源甚早，早在 1930 年代初期就見過面。媽媽的第一段婚姻發生問題時，曾經帶著女兒住進金秉英家的四合院中的北屋，而金秉英正是林阿姨的老師，當時林阿姨常去金老師家包餃子，因此認識媽媽，但兩人並不熟。林阿姨是苗栗頭份人，幼年時隨父母遷居北平，1948 年返臺灣定居。

1956年暑假，林阿姨回老家頭份參加親戚的婚禮，知道媽媽在大成中學教書，臨時起意過來看媽媽，還帶了一群人。我記得那天好熱，小小屋子裡突然來了許多人，媽媽急得一直流汗，她一邊切西瓜請大家吃，一邊和林阿姨聊天，非常興奮。那時林阿姨已經是《聯合報》的副刊主編，此後三十多年，她和媽媽來往密切，交情深厚。林阿姨強調媽媽和她的關係不同：「她所認為的第二故鄉頭份，正是我的老家」，林阿姨覺得自己和媽媽特別有緣，人親土也親。後來媽媽翻譯的《斷夢》（*The Locked Room*）於1957年開始在《聯合報》副刊連載。

林阿姨是熱情爽朗的人，活躍於臺灣出版界和文化界，積極主動，而媽媽比較內斂，生活重心都在教書、翻譯和寫作，有點不問世事、與世無爭，但媽媽的個性真摯誠懇，是個喜歡與人分享的人。她們兩人在婚姻之路的遭遇截然不同，但性格異中有同，互相欣賞，是幾十年的知交。

約1960年代，右一沉櫻，右二林海音，右三張明

## 聽同事訴苦

媽媽在大成的第二年或第三年吧，學校來了三位教數理的男老師，他們都是大陸過來的所謂「外省人」，只能到偏遠的私立大成中學教書，覺得自己是天涯淪落人，有點屈就吧。我記得他們三個一看就是讀書人的氣息，算是一表人才，感覺和當地格格不入。

這三位有一位就是暑假裡幫我補習的數學老師，另外有一位很活潑很有想法，那一年的校慶裡，他編了一支舞教大家跳，學生全部學著學著就跳起來了，沒想到那就是

秧歌舞[1]。後來他就不見了，在那個時代，那可真是不得了，據說他因此被關起來。

他們隻身到偏鄉任教，心情之苦悶可想而知，看到媽媽跟他們有類似的背景，而且善體人意，自然就會將媽媽當成訴苦的對象，常常上門來聊天。我們家是一棟日本式房子，進了玄關就是客廳，隔一扇門就是睡覺的大通鋪。他們每次一來，我們三個小孩就沒地方去，只能躲在空空如也的睡房裡，沒桌子也沒椅子，甚麼事也做不了，更不好出聲。我們三個在榻榻米房間大眼瞪小眼，非常無趣。更慘的是他們不會三個一起來，而是一個一個輪流來，每個人都是一肚子苦水，滿腹牢騷亟欲找一個出口，媽媽就耐心地聽，慢慢地勸，好像心理諮商師一樣。我們仨隔一道紙門聽著他們的對話，覺得十分無趣，後來我們都受不了，妹妹想出了一個辦法，到了我們覺得時間差不多了，她就跑到玄關拿起他們隨身帶來的東西，例如傘或者書本，走到客人面前說：「某某老師，這是你的傘（書本）」，以此提醒他們該走了。他們實在是待得太久，弄得我們沒法寫作業也睡不了覺，媽媽更辛苦，他們一來，改學生作業或周記的事就被耽擱，她心裡一定也是很急，但是又不好意思表示。他們三人在大成的時間都很短，一

---

1 秧歌舞，又稱扭秧歌，是中國北方最具代表民間舞蹈形式，也是一種集體歌舞藝術。1942年中共掀起「延安新秧歌運動」，因此產生「新秧歌」舞，之後屢見於民間喜慶節目。

兩年就轉到別的學校了。

## 學生心目中的陳鍈老師

媽媽在她的散文〈生蛋節〉中曾提到大成的學生都是鄉下孩子，當年勞軍活動時，學校體諒農家的經濟狀況，通常要學生捐出實物代替金錢。有一年校長在朝會宣布，聖誕節即將來臨，要學生隔天每人帶一個蛋作為捐獻。沒想到那一周的周記上，有學生寫著：「校長說生蛋節快到了……」媽媽說，當時農村和外面的世界比較隔絕，「聖誕節」是西洋的節日，對他們是完全陌生的概念。那個時代沒有電視，資訊的傳播遠遠不如現在，鄉間生活簡單、單純，但也有點落後。

我還記得媽媽將家裡的漫畫書拿去學校，給中學生輪流借著看。我在小學就看到已經不想看的漫畫書，對大成的中學生們很新鮮，他們借得很起勁，應該也是看得很入迷，因為漫畫還回來時，裡面的人物往往被畫的「面目已非」。媽媽盡心盡力要讓學生們接觸更廣泛的世界，可是在一個比較偏遠樸實的鄉間學校，學生的程度遠不如她在大城市教的學生，她總是有點無法得英才而教之的感慨。

在苗栗頭份大成中學任教時的沉櫻

　　有一年大成中學來了三個轉學生，長得高高大大，和當地農村子弟很不一樣。他們原本就讀當時亟負盛名的新竹中學，聰明調皮，有點叛逆，有點新潮，被視為「太保」那一類的學生。其實他們都很有自己的思想，不喜歡刻板的管教。無論如何，他們被判定劣跡斑斑，到了高三被新竹中學開除，只好轉到私立大成中學。他們從名校被迫轉到鄉下的私校，頓時覺得前途黯淡，有點自暴自棄。媽媽和他們談過之後簡直像得到寶一樣，覺得他們聰明靈活，是可造之材，一直鼓勵他們，關心他們，不斷告訴他們要相信自己，要愛惜自己。

　　他們的「母語」原本都是日文，因為在日據時代學校

上課都用日文，日本戰敗撤退後上課轉變成用國語，不講國語還得被罰，他們幾個心裡非常不平衡，年輕氣盛就想反抗。媽媽告訴他們，推行國語為的是要有一個共同的語言，但是會一種外國語是很寶貴的，既然他們的日語已經有很好的根基，媽媽提醒他們要繼續精進，絕對不要忘記，學校不讓他們講就要遵從，但在學校之外就可以盡量講，而且一定要多看日文書，外文是很重要的。

　　原本灰頭土臉的幾位學生因為媽媽的鼓勵而找回信心，努力讀書。以他們原本的資質，只要稍微努力，都會有好成績，他們後來果然順利考上大學，一帆風順。這三位後來都事業有成，在各界成就斐然，其中一位是周宜旋，臺大法律系畢業後成了紡織業老闆，一直跟媽媽和我保持聯繫。

　　多少年過去，他們對媽媽的感念從未消失。他們常常對我說，若不是遇到「陳老師」，將他們「再造」成為對社會有用的人，他們可能就此放棄，走上另外一條路。他們對媽媽的感激真是打從心底油然而生，每回我回臺灣，一定要跟我見面吃飯，一再表示媽媽的「感化」對他們有多麼重要。他們的心意難能可貴，但反過來想，媽媽在他們的青少年時期用心用力拉了他們一把，把他們導向正途，其實也是很偉大的。

## 不留書信的習慣

我在中學時就知道媽媽有燒信的習慣,有人來信,她看完就燒掉,應該就是不想留下甚麼痕跡,但當時我沒有多想為甚麼她會這樣,當然也沒問過。後來媽媽到美國探望我們時,在一次閒聊中我才了解事出有因。

1968 年反越戰浪潮在美國大學校園裡風起雲湧,大學生紛紛走上街頭示威,激烈抗議美國參戰,當時媽媽正好住在妹妹家,妹夫看到電視的報導後就大力讚揚美國的民主自由,學生可以遊行表達意見,媽媽聽了就回他:「這有甚麼稀奇,我在十二、三歲時就做過這些事了。」妹夫很驚訝,看似溫和的媽媽怎麼會去參加示威遊行,而且是在早年的中國。之後妹妹跟我說起這件事,因為她不敢相信媽媽也曾經如此「熱血」。

後來我問媽媽是否真有此事,媽媽說:「那時候年紀小嘛,人家一煽動我就跟著去了。」媽媽說妹夫把遊行抗議當成不得了的新鮮事,她早見識過了,所以忍不住提了一下當年勇。媽媽在 1982 年接受訪問時曾說:「我這個人,是有名的沒記性,但在小學裡的愛國遊行卻沒忘」。仔細算算,五四運動那段時間應該是媽媽十一歲時,在那個時代氛圍下,一向冷靜內斂的她也感染了激動情緒,跟著參加遊行、請願。

那次聊天媽媽還提到一件往事，她一直是那種習慣晚睡晚起的人，初中時，有一回大白天她還在宿舍睡覺，被門口兩個人的說話聲吵醒。她的床位靠最裡面，所以那兩個人並不知道有人在裡面。那是一段教官和學生的談話，教官告訴學生不要聲張某件事情，就讓其他學生在不知情之下去做，做了之後再讓他們接受處罰。媽媽聽了之後簡直不敢相信，教官在表面上正義凜然，卻在背後唆使同學算計其他的同學，這對於一向正直單純的媽媽是一個「震撼教育」，她心裡害怕，同時也有了警戒之心，於是慢慢退出學生活動。就是因為這件事，她警惕自己謹言慎行之外，更覺得保留書信或其他紀錄是件危險的事情，很可能被拿來大作文章，成為打擊自己的「罪證」，從此以後就養成習慣，把看完的信燒掉，甚至連自己的日記也燒。我們現在看來，媽媽沒有真正被蛇咬到，卻嚇得十年怕草繩，有點反應過度，但當時社會常有示威遊行、罷課罷工罷市，並不是很平靜，學生被捕的事件時有所聞，只是初中生的媽媽不願惹上麻煩，很早就明白斷捨離的重要。

媽媽就讀中小學時，學校制度因為民國的建立而改變，例如清代的「學堂」變成「學校」，小學修業年限是七年，分「初等小學校」四年，「高等小學校」三年，男女可以同校，但廢止讀經。媽媽在山東老家濰縣讀小學時，下課後還要到私塾聽《論語》、《四書》等，因為外公認為新式的小學教育過於鬆散，堅持媽媽要讀四書五

經。有許多資料說媽媽七歲時入小學就讀,這樣算來她應該是 1921 年畢業進入中學。她中學讀的是濟南的山東女子職業學校,這個學校在 1923 年改為山東第一女子中學,媽媽在 1924 年或 1925 年畢業我也不確定,因為據說當時中學制度有三年和四年兩種[2]。

近期有朋友告知,在網路上讀到舊時的新聞報導,提到媽媽在中學時被造謠「師生戀」,該事件的來龍去脈在顧隨[3]老師寫給友人信中可得知其梗概。整件事情的起因是某位人士圖謀校長之位,故意散布謠言打擊被認為屬於當時校長人馬的顧隨老師。顧隨素有北大才子之稱,畢業後到濟南任教,年輕熱情有理想,很受學生愛戴,因而引發同事的忌妒和「不滿」。媽媽和班上其他兩三位女同學

---

[2] 根據 1912 年教育部的〈學校系統令〉,各級修業年限為:初等小學校四年(義務教育),高等小學校三年。中學校四年。大學本科三或四年,預科三年。此制稱為壬子癸丑學制,乃因 1912 年公布並於次年修訂而得名。該學制共施行十年,然而當時政局動盪,各省區是否完全奉行與落實有疑慮。參見周愚文,〈民國初期學制改革再起:民國 11 年新學制定頒的再探〉(《教育研究集刊》,第 69 輯第 3 期,2023 年 9 月),頁 4。另,在山東女子職業學校任教的顧隨於 1923 年 8 月 4 日寫給盧伯屏的信中,提到該校將改為女中,校長徵求他的建議,顧隨寫了一個簡單的綱要,其中一點為「注重英文。(廢棄各書局之課本,而代之以淺近而富有文學趣味之英文原版書。——此專指三、四年而言)。」由此可見當時女中有四年級。參見《顧隨全集》4,書信日記卷(石家莊:河北教育出版社,2014),頁 165。

[3] 顧隨(1897-1960),本名顧寶隨,字羨季,號苦水、駝庵,詩詞作家、文學批評家。1920 年,北京大學英文系畢業後至山東、河北等地中學任教,1929 年始,任教燕京大學、北京大學、中國大學、輔仁大學。詞學著作有《稼軒詞說》、《東坡詞說》等,其著述後彙編為《顧隨全集》。

因顧老師的鼓勵而嘗試創作,常寄送作品請顧老師指正,因此和老師熟稔,沒想到媽媽被「選中」羅織師生戀「罪名」。不少家長以「洪水猛獸」形容顧老師,奔相走告,警告女兒切勿接近顧老師。顧老師憤而辭職,他在辭職書中寫:「忠而被謗,信而見疑,二三小人,散布流言,欲擠我而去。」1924 年夏天,顧老師轉往他校任教。

媽媽算是受到池魚之殃,是一個無辜的受害者,顧老師被鎖定為目標,媽媽連帶遭殃。顧老師離開後,媽媽的幾位同學依舊和老師通信,也照常寄去作品請老師過目,只有媽媽因此和老師「斷訊」近一年,顧老師曾在信中對友人感慨此事。這件事情媽媽從來沒有對我說過,但我可以想像她受到多大的衝擊,十幾歲的她對這種捕風捉影、無中生有的行為必定感到心寒,一向膽小的她應該又委屈又氣憤,無奈之餘反求諸己,凡事防患未然,阻絕任何「風」、「影」,不讓人有可乘之機。她之所以會有燒信燒日記的習慣,恐怕這個烏龍事件是原因之一。[4]

## 離開大成中學

媽媽離開大成中學的時間是 1957 年夏天。據我所知,離開的近因是她對畢業生的頒獎名次有意見。那一年畢業生中有一位非常優秀的同學,品學兼優,各方面表現很

---

[4] 事件始末參見《顧隨全集》4,書信日記卷,致盧季韶 1924 年 5 月 31 日函,頁 62,及致盧伯屏 1924 年 9 月 19 日函,頁 183-184。

好，媽媽認為他應該是第一名。但校長和教務主任比較偏袒另一位，他比較外向，喜歡打籃球，但是功課不如前一位出色，有人說是這位同學的家長財力豐厚，學校高層買他的帳，其實兩位的家庭背景都很不錯，我不知道是否還有其它因素。媽媽認為公平公正是最重要的，堅持學校不能因為任何因素而對畢業名次妥協，最後以辭職表達她的不滿。

　　其實這件事只是壓垮駱駝的最後一根稻草。媽媽在大成中學的六、七年裡，誠心誠意想要提升學生程度，期望他們有紮實的學習，將來成為社會上真正有用的人，可惜長期下來，她逐漸觀察到一些她認為不對的事情。例如她最不喜歡做華而不實的表面功夫，可是學校為了應付督學視察，總是急就章地做些很「驚人」的展示，表示平日有多麼注重教育均衡。我印象比較深的是有回全校學生集中全力編竹簍子，幾百個大大的竹簍子排列起來非常壯觀，督學看了很滿意，認為全校學生的勞作課非常成功。其實農家子弟編竹簍根本是輕而易舉，而且它的外型大大的，裡面是空的，但數大就是美，看起來很有氣勢，其實那些不是平日課堂習作的成果，根本是臨時抱佛腳的呈現而已。媽媽一向反對這樣類似作假的虛張聲勢，對這樣的虛功非常不以為然。另外，平時學校有一些人士喜歡應酬，熱衷和地方上有錢有地位的人社交，媽媽對這樣的心態無法苟同。更重要的是她好幾度建議圖書館增添書籍，認為

那是在鄉下的學生接觸世界，打開視野的重要管道，但這個意見一直被忽視被冷處理。媽媽覺得那些可以改變學校的人都沒有把心思放在學生上面，沒有認真為自己的子弟辦好學校，沒有思考這些學生的未來，諸如此類的消極、不作為，實在令她心灰意冷。

那段時間，臺北的第一女中已經和媽媽接觸過，江學珠校長請她到校任教，但尚未成定局。媽媽因為畢業生的事，離開大成中學的心更加堅定，以立即辭職表達抗議，接著全家得立刻搬離大成宿舍表示心意已決。我們一家四口只好暫時投靠在竹南的舅舅，一邊等媽媽的聘書。舅舅原本一家七口，加上外婆，臨時又來了我們一大三小，十二個人擠在他的日式宿舍裡。我們搬去之後就是暑假，天氣很熱，有一天我在舅舅家的玄關鋪了草蓆睡午覺，突然有人敲門找媽媽，原來是郵差送來北一女中的聘書。媽媽早先在沒接到聘書的情況下就憤而辭去大成的工作，心裡不免感到忐忑，直到那一刻看到聘書，心裡才踏實了。媽媽在臺北有了工作，我們全家就離開住了七年的斗煥坪。

# 七、我的花樣年華

## 考上臺大護校

1953年6月我進入大成中學高中部,高一放暑假時我到臺北找阿姨,晚上跟表妹同睡一室。表妹那時打算考臺大護校,正在備考階段,每天晚上我躺在床上,她在書桌前咕嚕咕嚕地念書,她讀書的習慣是讀出聲音來,連數學也需要讀出來。我躺在床上無法入睡,閉著眼睛聽著她念書,聽了兩個星期,很像聽廣播一樣,每天定時播放。

阿姨覺得讀護校免學費,畢業後服務三年也有薪水可拿,所以要表妹報考。當時美國很需要護理人員,廣徵國外的護士到美國就業,一些人在臺灣的護校習得一技之長之後到美國醫院服務,是留學深造之外一條不錯的路。阿姨一直遊說媽媽讓我也去考考看,表妹也慫恿我一起去應考,她們把念護校的遠景形容的好遠大。後來我跟著她們去臺大護校報名時,看到護士戴著白帽子穿著白制服,不

但很專業，還很洋氣，有點羨慕，於是跟著報名了。

　　中學時期是我叛逆的階段，媽媽總嫌我不用功，成天責怪我不好好念書，對我從來不說一句好話。我那時候脾氣也很拗，她不讓我看閒書，我就偏要看閒書；她硬逼我讀學校的功課，我就把課本攤開放在桌上，人坐在椅子上，就是不低頭看書，媽媽氣得不知如何是好。有回我聽到她對阿姨抱怨說我很聰明，就是不肯好好念書。我這才知道媽媽覺得我聰明，但她從來不在我面前稱讚我；我從小討人喜歡，常常被說好看，但是她也從不誇我。明明我身材可以，卻總說我太胖。在我中學時期，母女關係特別緊繃，她老是覺得我和爸爸一樣脾氣倔強，可能也擔心我自以為是，自滿自傲，所以對我特別嚴格。雖然我那時候很頑固不服氣，但是很孝順，媽媽罵我，我從沒有回過一句話。

　　我跟著表妹報考臺大護校時，原本沒有甚麼特別的想法，後來想要是考上了，離開家到臺北也好，脫離媽媽的管束，我可以自由一些。雖然有這個念頭，但我完全沒有準備就去應考，不敢抱甚麼希望，考完之後就回斗煥坪，也沒有特別在意。後來阿姨來信說我考取了，不知道是考運佳，還是表妹每天晚上朗讀的內容都進到我腦子裡了，幫了我一個大忙。表妹倒是沒被正式錄取，排在備取第二名，幸好後來也遞補上了。

在臺大護校時，我有時還寫寫詩，記得有回校刊要出版，老師命我寫一篇文章。我拖到最後一天還不知道要如何交差，百般無奈地坐在宿舍桌前搜索枯腸。我咬著筆桿看著窗外，隔著馬路就是臺大醫學院的紅色建築；我呆呆地盯著紅色大樓，突然有隻鳥飛過，靈光一閃，啊，我可以寫一首詩交差，不用費那麼大的力氣寫一大篇文章。我記憶中是這樣寫的：

> 我有一個小窗，它是街景的畫框，
> 畫面有樹有草，還有康莊大道。
> 高聳的紅樓有蔚藍的天空襯托，
> 時有白雲飛鳥飄過。
> 路旁的椰樹月下更顯得柔亮，
> 我雖滿懷妒忌，卻不能把它收藏。

可能還有一兩句或字遺漏，我記不太起來。詩登出來之後，有位醫學院應屆畢業的高材生在醫院值班時翻到，對我這麼一個護校的學生寫詩很有印象。後來我在實習時遇到他，他大大誇獎我一番。其實當時寫詩純粹是交差，不是甚麼浪漫的抒發。

中學以後我常常寫詩寫文章，那時候好像很文思泉湧，常常信手捻來，沒太把它當一回事，也從沒有想過要把稿子留下來。記得有年舉辦全省勞軍徵文比賽，我寫了

一篇〈我做了各地戰士的同鄉〉，因為我在先前兩年的暑假參加勞軍活動，遇到四川來的阿兵哥就跟他講四川話，遇到上海的就講上海話，遇到山東的就講山東話，我的廣東話雖然不很靈光，也可以扯上幾句，那些阿兵哥聽到一個小女生講他們的家鄉話，特別驚喜。那次的徵文比賽我得了獎，但我忘了是第幾名。我記得媽媽還跟別人說我得了獎，似乎有點引以為傲，我特別高興；能得到媽媽的肯定，對我而言真是不容易。原本得獎作品要刊登在某刊物上，第一期登出第一名和第二名的作品，沒想到第二期停刊了，從此就沒下文，我也不太記得文章裡寫了些甚麼。

在護校時，我曾被學校派去參加某個全省論文比賽，得到第三名，第二名是尉天驄[1]，我們在領獎的時候認識，他人很好，借了好多書給我看。當時他住在他的姑姑和姑父家裡，他的姑父是著名的政治理論家任卓宣（筆名葉青），他的姑姑是尉素秋教授[2]，家裡收藏許多書籍。我很感激尉天驄毫不吝惜把那些書借給我，填補護士生活中缺少的知性空白，讓我得以在青春活躍的年華中持續閱讀的愛好。

---

1　尉天驄（1935-2019），作家、文學評論家，曾任政治大學中文系所教授，《筆匯》月刊、《文學季刊》、《中國論壇》等刊物主編。著有《文學扎記》、《到梵林墩去的人》、《回首我們的時代》等。

2　任卓宣（1896-1990），政治理論家，曾任教政治大學、政治作戰學校。主要著作有《三民主義底哲學基礎》、《孔孟學說底真相與辯正》、《新哲學論戰集》。尉素秋（1908-2003），任卓宣夫人，曾任成功大學中文系主任，著有《寶島婦女竹枝詞》、《文學與環境》等。

尉天聰借我看的那些翻譯小說，例如《約翰克里斯多夫》、《塊肉餘生錄》等長篇名作，都是世界級的經典，並非甚麼禁書，只是翻譯者在大陸，當時就有點忌諱。我在護校畢業之後到臺大醫院實習，值班時曾經把那些借來的書帶去看，那位讀過我在校刊上的詩的學霸醫師，看到我在讀的那些「禁書」，驚訝之餘還很佩服，常常過來跟我聊。有回他跟我說，你這些書可不能這樣攤開放在這邊，讓人家看到不好。他這麼一說，嚇得我不知道要將書往甚麼地方擺。回到宿舍後，我和室友討論要把書藏到哪兒才安全，後來想到藏在屋簷上吧，於是我爬到窗外去，伸手將書往屋頂上放。放好回頭一看，外面的車子都停下來看我，嚇得我趕快又把書拿回來，真是欲蓋彌彰。

## 媽媽任教北一女

媽媽在 1957 年轉到北一女中任教，全家搬到臺北，媽媽帶著妹妹和弟弟住進北一女的宿舍，那是由教室改成的宿舍，我記得是在三樓。每一間教室就是一個住宿單位，可隔成兩個房間，浴室廁所是在外面，大家共用，走廊就是廚房，利用洗手台洗菜洗碗盤，非常克難，那時候大家都是這樣住的。

我在護校三年有宿舍可住，1957 年畢業之後在臺大醫院服務也有宿舍住，但北一女和我的宿舍很近，可以經常回家，而且我可以在下課時間，利用學校的游泳池，那是

我感覺身心最舒暢的時刻。我到臺北讀書媽媽還在斗煥坪的那段時間，我們主要以信件聯繫，媽媽很會寫信，我也很會寫信，兩人信來信往，改用文字溝通，感覺格外親近。一方面可能也是因為我長大了，雖然還是很不喜歡讀書，不喜歡功課，但護校裡該學的知識我沒

約1961–1962年，梁思薇攝於北一女中游泳池

有逃避，甚至覺得新鮮有趣。此時媽媽也不像以前那麼焦慮，一直覺得我不肯好好讀書，擔心我的前途，而我也比較能理解媽媽求全責備的心情。

北一女中的學生素質優秀，讓媽媽享受到育才之樂，但她曾經感嘆過，學生花費太多精神在背書上面，頂尖高中的優秀學生在考大學時承受很大的壓力，相對就比較沒有自我發揮的餘力和空間。但媽媽還是盡可能引導學生多讀課本之外的文學作品。我在網路上看到一位媽媽的學生寫的文章，提到媽媽讓她們閱讀名家作品，包括她自己翻譯的《悠遊之歌》，還有《老人與海》、《白鯨記》、《戰爭與和平》等大師級名著，也介紹學生讀林海音、張

秀亞[3]、琦君[4]的作品,媽媽的學生有感而發:「我們在陳老師的指導和廣讀這些名家的作品薰陶之下,不僅強化了寫作的基礎,也養成了寫文章的習慣。」[5]媽媽在教書、改作文、批閱周記之外,剛剛去北一女時,江學珠校長還請她每個月寫一篇文章,提供給廣播節目朗讀,應該是教育性質的節目,這是義務的,大約寫了一年。寫廣播稿和平常的散文寫作有點不同,要適合朗讀,又要配合教育目的,媽媽費了不少心力和時間圓滿完成這個任務。

我不記得媽媽在教室改成的宿舍住了幾年,後來全家搬到寧波西街的北一女宿舍,有一個小院子,共有七、八家,我們分配住樓上,有兩個房間。過了不久,政府在當時的信義路四段和安東街口蓋了國民住宅,保留了一部分提供給北一女的教職員當宿舍,媽媽分配到一間一房一廳的公寓,廚浴兼具,是在三樓。1960年代,臺北多半還是低矮的房屋和違章建築,能夠有一個比較現代化的生活空間非常不容易。媽媽在文章中寫道:「搬進去的第一天,

---

[3] 張秀亞(1919-2001),作家,曾任教靜宜大學、輔仁大學研究所。著作有詩、散文、小說、翻譯、藝術史等八十餘種,以散文最為著稱。作品有《三色堇》、《牧羊女》、《凡妮的手冊》、《水上琴聲》等。

[4] 琦君(1917-2006),本名潘希珍,作家,作品以散文為主,亦包括小說、評論、翻譯、兒童文學。曾任教上海匯中女中、之江大學。來臺後曾任職高檢處、司法行政部編審、科長,之後任教於中國文化學院、中央大學、中興大學。散文多次被選入臺灣高中、國中課本。小說《橘子紅了》曾改編成電視劇。主要著作有《三更有夢書當枕》、《留予他年說夢痕》、《青燈有味似兒時》等。

[5] 曙影,〈自序〉,《卻顧所來徑》(臺北:博思客出版社,2021)。

使用著單獨的廚房和單獨的浴室，回想起幾年來的大雜院生活，真有平步青雲之感」。媽媽把廚房移到走廊盡頭，原本的廚房變成房間，一房一廳的格局變成了兩房一廳，多了一個房間，空間感加大不少，備受來訪親友讚賞，媽媽非常得意。

約 1961 年，在信義路住家，坐者左起：梁思清、沉櫻、梁思薇；立者為梁思明

媽媽到北一女時遇見高一萍老師，兩人成了好同事。高老師的先生是著名的文史學者毛一波[6]。他們應聘到臺灣前，巴金伯伯拜託他們的唯一一件事就是要多照應媽媽。但是當時找人談何容易，更何況媽媽在偏遠的斗煥坪，很少和外界接觸。高老師很高興在北一女「找到」媽媽，她果然不負巴金伯伯所託，從此熱心照顧我們全家。她晚年住在美國時，我帶著兒子去看她，她還是跟我重複強調，巴金伯伯拜託她多照顧沉櫻。

---

6　毛一波 （1901-1996），作家、學者、方志學家，1946 年赴臺灣擔任《和平日報》總編輯，後擔任臺灣省文獻委員會編纂委員，參與修訂《臺灣省通志》，《高雄市志》，另著有《方志新論》。

高老師對我們不但有求必應，而且非常周到。我定居美國後，1976年外子有機會回臺灣半年做研究，我們想住在郊區，好讓孩子能夠和鄉村小朋友打成一片共同生活。高老師很用心，替我們找到了新店溪附近的鄉間，兩個孩子和當地孩子玩在一起，毫無隔閡，他們到鄰居家裡玩，五六個小朋友擠在一張木板床上看電視，隔壁就是豬圈，大豬小豬一大堆，他們也毫不在乎，完全融入。我們很高興看到美國長大的兩個孩子沒有嬌生慣養的氣息，完全可以入境隨俗。高老師就是這樣細心體貼，一切都幫我們打點得好好的。那一年我和外子到香港打探返鄉探視爸爸的手續，兩個孩子也是託給高老師照顧，我非常感激她。

　　媽媽在北一女時有一件趣事。有一天，她有點靦腆地告訴我，有人到學校找沉櫻老師，她出去相見，原來是一位中年男性，他說他當年在上海無緣看媽媽演話劇，但一直很仰慕，聽聞媽媽在北一女中教書，特地到學校求見，一償宿願。

　　其實媽媽在大學時被稱為「復旦才女」，那是因為1927年她從上海大學轉到復旦大學中文系，之後加入話劇社，媽媽容貌氣質俱佳，成了幾齣戲的女主角，被譽為才女。對於有「粉絲」專程來訪，媽媽倒是不勝唏噓，很幽默地自嘲：「為甚麼要等到我五十多歲來才來看啊！」

媽媽講自己的往事總是輕描淡寫，點到為止，我雖然對她的大學生活很好奇，但也很習慣不多問。後來我讀到一些資料才知道，媽媽先是在上海大學中文系[7]就讀，到了 1927 年春天，學校在時局動盪之下被查封，於是轉讀復旦大學。復旦大學的第一批女學生在 1927 年 9 月才入學，媽媽在她們之前就在復旦借讀，因此有些人說媽媽是復旦第一位女生。

　　復旦大學慶祝二十周年校慶的戲劇公演因為五卅慘案延遲一年，於 1926 年春季推出。當時在上海大學的媽媽受邀參加演出，在此之前，復旦的話劇都由男生反串。媽媽進入復旦大學後成為復旦劇社女主角之一，還到其他地方演出。媽媽年輕時很漂亮，金秉英的文章形容媽媽「神采秀逸，丰姿動人」，其實她還曾經被選入「民國美人」之列，只是後來一直為人師表，穿著打扮走端莊嚴肅的路線，看起來中規中矩，樸素簡潔。

---

[7] 坊間許多資料記載沉櫻於 1925 年入上海大學中文系，但根據顧隨在 1925 年 8 月 25 日致盧伯屏信中所言，「陳鍈背疽，未能升學……在齊魯大學補習英文，為來年之計。」1926 年 8 月 21 日，顧隨在信中說：「陳鍈不知受了誰的鼓惑，入了上海大學。」見《顧隨全集》4，書信日記卷，頁 224，頁 290。另外，《濰坊新聞》的〈大師顧隨與濰坊〉一文報導：「1926 年 1 月，沉櫻參加上海大學文藝院插班生招生考試，被錄取為中國文學系插班生」。https://read01.com/2mP8DP.html

## 參加選美

我在護校三年讀書是公費的，畢業後必須服務三年作為回饋，每個月薪水八百元，我記得媽媽在北一女的薪水好像也差不多是八百元，可見在醫院服務的待遇不輸中學教員。那時候妹妹和弟弟都在讀書，我按時把每個月薪水的一半交給媽媽，貼補家用，主要是支持弟妹的學費。

約 1961 年，沉櫻與梁思薇、梁思明合影於陽明山

1958 年我在臺大醫院工作時，有個救國團計畫在南投廬山舉辦學生暑假營隊，救國團的某主任派了一位秘書到我家，遊說我媽媽讓我去那個營隊擔任護士。媽媽不放心我一個人去，剛好妹妹考完聯考，就問秘書說，可否讓妹妹陪我一起，秘書說可以。我們這些工作人員比學生提早一兩天上廬山。上山之後我接到媽媽來信說，甲骨文大師

董作賓[8]的兒子董敏也參加那次活動,董敏當時是中興大學森林系的學生,喜歡攝影。我記得他幫我照相時的細心專注,可惜我嫌他動作太慢,因為他照相的習慣非常講究取景和光線,還要我擺姿勢,這樣站那樣坐,我很不耐煩就會抱怨他,但他是個非常溫和的人,拍出來的照片也果真很棒,後來成了攝影家。妹妹因為那次活動認識與董敏一起來參加活動的朋友,他是東海大學政治系學生,後來成了我的妹夫。

1960年4月,我參加了第一屆中國小姐選美。其實我的個性是個不喜歡出風頭的人,可是當時媽媽身邊的朋友,尤其是林海音阿姨、張明[9]阿姨、鍾梅音[10]阿姨等都一直慫恿我去參加。當時社會上把選美看成是「國民外交」的一環,上台也只要穿三套衣服,旗袍、運動服和晚禮服,不穿暴露身材的泳裝。主辦單位希望兼顧內涵與外在,所以非常看重文學文化界的建議。第一屆和第二屆被

---

8　董作賓(1895-1963),在考古學、殷商史、文字學、書法及篆刻藝術等領域卓有貢獻之著名學者,曾任教福建協和大學、中州大學,廣州中山大學,臺灣大學等。1947年任芝加哥大學中國考古學客座教授,1948年當選中央研究院第一屆院士。1951年至1955年任中央研究院歷史語言研究所所長。

9　張明(1915-2004),記者、主編、散文作家,曾任職貴陽《中央日報》、重慶《中央日報》、上海《申報》、《臺灣新生報》及臺灣省政府新聞處《臺灣畫刊》等。著作有《籠中讀秒》等。

10　鍾梅音(1921-1984),散文家,1948年來台,曾任《婦友》月刊、《大華晚報》副刊主編,電視節目「藝文夜談」主持人。主要著作有《冷泉心影》、《母親的憶念》、《海天遊蹤》等。

當成大事情,是規規矩矩的活動,還蠻受到大眾關心。臺大醫院院長知道我要去參加,很高興地贊助我一點錢,還跟我說,只要有入選我們就值了,果然我就只入圍了初選的二十八名行列,最終沒有得名。

1960 年攝於國立臺灣大學之傅園　　1960 年,選美期間之活動

　　其實我從小很沒自信,媽媽從來不稱讚我。長大後曾有幾次被人家說:「梁思薇,你知不知道你很漂亮?」我還直接回說:「不知道!」媽媽會同意我參加選美這件事,多半出於她身邊的朋友的一直遊說,使得媽媽和我都有被趕鴨子上架的壓力。特別是當時林海音和張明等阿姨都熱心支持主辦單位把活動辦得有內涵,所以到處鼓勵朋友的兒輩參與。我記得鍾梅音阿姨還寫信告訴媽媽說,看了思薇才知道甚麼叫做身材好,可能指我體型高䠷吧。可是我一直是個很低調的人,很怕上台出風頭,怕被人注

意，參加選美弄得眾人皆知，感覺很張揚，不是我喜歡的。多年後回看當時的活動照片，凡是團體照我經常都躲在最後一排，只露出半邊臉而已，從來不曾想過去爭取前排上鏡頭的位置。但我個性中的另一面是願意嘗試，願意勇敢接受新奇事物，就在一堆長輩的勸進聲中參加了。最後沒有入選前五名，我好高興，有種交差了事的輕鬆。我參加之後，覺得多了一個人生經驗也很不錯。

## 赴美之路

選美之後不久，一位伯母介紹我去公路局醫務室，朝九晚五，不用上大夜班，工作輕鬆多了。這時妹妹已經唸完大學到美國，並且結婚了。我對於出國這件事其實沒有甚麼遐想，我向來不愛念屬於功課方面的書，胸無大志，而且也說不上去美國有甚麼特定目標。可是親友每回碰到我就會問，「你怎麼還不出去？」那個年代好像畢業後去美國是個風潮，當時還有一句流行語：「來來來，來臺大，去去去，去美國」，大家認為去美國「深造」是一條理所當然的道路。

此段時間還有一件事讓我一直處於天人交戰之中。媽媽的朋友介紹了一位留美化學博士，在赫赫有名的美國杜邦公司工作，人很好，也有文采。我們認識一段時間後，我感覺他蠻喜歡我，但我總覺得和他沒有很「合拍」。媽媽對這位博士很欣賞，她在文藝界的朋友們也覺得我們很

般配,熱心地敲邊鼓,還積極鼓勵我們「定」下來。我並不討厭那位博士,就只是覺得彼此不夠知心,但那時候又說不出自己究竟喜歡甚麼。於是在親朋好友的「盛情難卻」之下,我們在他返美前訂了婚,對方給我一個很大的鑽戒,媽媽和她的文友們十分滿意,而我卻有一種「應觀眾要求」,硬著頭皮演完戲的感覺。我心裡對這樣的「婚約」始終心存忐忑,對於要和一個「不算知己」的人相守一輩子惶惶不安。但當時身邊長輩們那般熱情的撮合,我自己也沒有積極表達內心的想法,有點半推半就地配合一切。訂婚之後,我理所當然應該赴美完婚,身上肩負長輩們的期待,於是規劃自己先到紐約工作,一邊讀點書,然後靜待在紐澤西的「未婚夫」的進一步發展。

為了「赴美」,我找了一條留學之路,申請了語言學校。一般留學生攻讀碩博士拿的是 F-1 簽證,另外一種簽證我記得是叫 IAP-66,就是那時候給交換留學生或訪問人員的簽證,限制很多,通常的期限是一年,還有一些規定,我記不太清楚。

現在人所周知的托福考試是 1964 年才開始實施的,在此之前想要到美國留學的人必需經過一個英語測驗,正式名稱我已經記不得,考試通過之後才能到美國大使館去接受面試,再通過就能取得簽證。當時我自己也沒有很認真地準備英語考試,倒是常去教會跟修女學英文。

當時計畫赴美的留學生須要到美國大使館面試，一般由美國領事（我不太記得面試的官員是不是稱為領事）親自面試，不過在抵達這一關之前，先得經過幾位在大使館工作的臺灣本地籍僱員嚴格把關。他們手操生殺大權，先把一些英文能力無可救藥的人淘汰掉，免得浪費美國上司的時間幫我們口試。那些年想要出國留學的人都私下流傳，第一關的臺灣「考官」有一位先生非常惡劣，狐假虎威，很會刁難自己同胞，說話非常不客氣。大家還互通訊息，萬一運氣不好碰到這位先生，應該如何見招拆招。我去面試那天，和其他學生一起癡癡地坐著等，如同待宰羔羊，沒想到我就偏偏輪到由這位「閻王」級的某先生進行初審。他拿著我的護照，聲色俱厲地問我：「你知不知道我們這邊每天有多少人要申請簽證？這裡幾乎個個都是考XX分以上才敢提出申請，你知道你自己考多少分嗎？」我說我不知道。這時在場的其他人都抬頭看我，大概覺得我很自不量力，分數差還有膽來面試。這位先生接著就把護照塞給我，頭也不回往辦公室裡面走。我拿了護照不知如何是好，垂頭喪氣地跑到一女中告訴媽媽這個壞消息。

媽媽知道我沒能拿到簽證非常失望，但她沒有說話。倒是我心裡忿忿不平，嘴裡嘀嘀咕咕，認為至少應該給我一個面試的機會。我跟媽媽說，我正是英文不好才要去美國學習的，不是嗎？媽媽是一個不太喜歡和別人爭辯的人，聽我在嘀咕也不置可否。我說著說著，心裡益加不服

氣，打定主意要再去一趟把話說清楚。我忘記有沒有跟媽媽說我會再去試，總之到了下午，我就騎腳踏車又去了位在北門附近的大使館。

這回沒看到那位嚴厲先生，只看到他的秘書，我請她幫忙把我的文件拿進去給領事，好讓我有機會進去面試。秘書小姐早上當然看到我被退件的情景，所以立即拒絕我的要求。我大概跟她說她沒有權力拒絕之類的話，然後說：「麻煩你把我的護照送進去，簽不簽就由領事先生決定吧。」接著面色凝重地一個字一個字說：「請你送進去！」小秘書勉為其難地接過我的護照丟在桌上。回想起來，我還真的很勇敢，一大堆人眼睜睜地看著一個英文不好的人，理直氣壯地爭取自己的權利。

後來輪到我面試時，領事問我，你要去美國，但是你的英文考得不好。我回說，正是因為英文不好所以才要去美國學習，領事一聽就笑了。他說，那你寫個短文給我看。他的題目是中國人口多，應該怎麼辦。我福至心靈地寫中國人口多，應該實行 birth control（節育），另外拉拉雜雜寫了一些。他看了一下就說好。接著要我用英文說一下我最近看了甚麼電影。我剛好看了莎莉・麥克琳（Shirley MacLaine）和奧黛莉赫本（Audrey Hepburn）合演的《雙姝怨》（*The Children's Hour*），最後說到電影中的一個角色自殺了。那時「自殺」的英文（Suicide）我不會，當時還很

機智地說 "She killed herself"。講完之後，領事先生開心地笑著重複我的句子："She killed herself?" 一邊就蓋了章給我簽證。我看他蓋章，高興地跳起來，謝過他之後，轉頭就跑了。我興高采烈地走出來，小秘書應該心知肚明我通過了，其他在外面等候的人個個睜大眼睛，應該是不敢置信吧！

我急忙趕回到北一女，想把這個好消息告訴媽媽，剛好看到她下課，獨自走在走廊上，心事重重的樣子，彷彿連背影都在嘆氣。看到我讓媽媽如此失望，心裡十分難過，趕快跑過去跟她說：「媽，我通過了。」我永遠記得她臉上的表情，原本像枯萎的花一樣懨懨地，馬上有了光彩，我高興得趕緊要拿護照給她看，哪知伸手一摸口袋，啊呀，護照忘了拿回來！於是趕緊轉頭騎車回去拿。我告訴那位小秘書我忘了拿護照，沒想到她官腔十足地回答我說：「我們不幫人家保管護照。」我回她：「我沒有請你保管，我只是請你幫我去拿一下。」我有點不高興，就大聲說：「這樣不行嗎？」大概我的聲音太大了，那位領事在裡面都聽到了，笑嘻嘻地拿著我的護照走出來，用他洋腔洋調的中文說：「你要這個是嗎？」我一把拿過來，鞠個躬說謝謝，拔腿就跑了。

接著一連串的申請手續花了一段時間，拿到入學許可之後又有許多瑣事待辦，我還是沒有很積極，拖拖拉拉地

辦這個辦那個。等一切就緒，我就轟轟烈烈地上飛機，不料到了阿拉斯加入海關檢查時又被卡住了。海關人員對我說：「你的入學期限已經過了，你知道嗎？」我因為一直沒有很想要出國，因此完全忽略了過期問題。這下可怎麼辦？兩個海關官員中的一個小聲地對另一個說：「我們總不能把她送回去吧？」另一個小聲回應：「不行，我們不能這麼做」。我假裝沒聽見，表現出很無辜的樣子，但我放心了，知道不會被遣返臺灣。然後他們告訴我，沒辦法給我交換學生的身分，我聽了也不知道怎麼回事，就說好，然後告訴他們我現在很累。其實我真想告訴他們，我沒有很想來美國，現在累得很，只想回家睡一大覺。他們就在我的護照上蓋了章，簽了字。當我拿回來時，並沒有看懂改成甚麼新的身分簽證，只看到護照上的官章蓋反了。那一刻我真是初生之犢不畏虎，直接指出他們的誤失，然後抱怨，"I had enough problems. This is upside down."（我的麻煩夠多了。這個章蓋顛倒了）。他們嘆了口氣，可能覺得我實在太不懂事，對於他們的幫助，我非但沒有感謝反而還挑三撿四，但還是耐心地把護照拿回去重新蓋章。

接著我從阿拉斯加換飛機到芝加哥，等著在印第安納州的妹妹和妹夫過來重聚。妹妹委託幫忙接機的朋友看了我的護照大吃一驚，說我真是太幸運了，這樣不費吹灰之力就從 IAP-66 改成 F-1 的學生簽證，因為 IAP 是交換簽

證,進入和離開美國的時間都必須遵守嚴格規定,而且離開美國後若干年內不許再度進入美國,但是 F-1 簽證則可以長期居留並且可以改變身份。而我居然就這麼糊里糊塗地拿到大家很想拿到的 F-1,真是感謝阿拉斯加那兩位官員的高抬貴手。回想我一路從臺灣到美國,真是洪福齊天,有如神助。

## 決定結婚

來接機的人是妹夫在東海大學的同學,當時在芝加哥大學唸政治系研究所。我原本計畫是和妹妹相聚兩三日之後飛往紐約,因為那邊有臺大醫學院的舊友答應幫我在當地醫院找工作,或是找學校唸書。我在芝加哥待了幾天,和妹夫的這位同學越來越熟悉,我告訴他我對訂婚的疑慮,以及我到紐約的目的是嘗試和未婚夫相處,他勸我保持距離,冷靜一下。他幫忙找到一家芝加哥醫院的工作,管吃管住,每個月還有幾百元美金的薪水。妹妹向來熟知我內心對訂婚的抗拒,也贊成我暫時先在芝加哥一陣子。

妹夫的這個同學是齊錫生,是個學霸,他大學聯考以第二名成績考進國立臺大經濟系,是當時乙組考試的名列前茅者,同時得到臺大全額獎學金。但是他卻放棄臺大,改唸剛創校而校舍尚未竣工的私立東海大學。他畢業後出國時又拿全額獎學金,連飛機票都由美國大學提供。他出國前的面試是由美國老師親自陪同去大使館,和領事天南

地北談笑風生地話家常，而不是考試。他的赴美之路順風順水，毫無阻礙，跟我的「曲折離奇」完全不同。我開始在醫院工作之後，錫生常常來找我，一起出去吃飯。我和他很談得來，他和我此前認識的男生有一個極大的不同——他很有思想，分析事物都想得很深遠。我們交往不久他就很肯定地告訴我，我們應該結婚。而我卻告訴他說：「不行，我們中心思想不同」，他追問如何不同，我又答不上來。

　　我和錫生很投緣，很快就達到推心置腹無話不談地步，我感覺和他相處既放鬆又愉快，是我前所未有的知心感覺，所以我決定聽從自己內心的聲音，抱著很大的歉意把訂婚鑽戒退回去。到了11月下旬，我們決定在年底結婚，我才趕緊寫信告訴媽媽，也焦急地等待她的同意。外人看起來，我們急著要結婚可能是「先有後婚」，其實我們只是想省點房租錢，申請已婚宿舍，還得配合教堂和牧師的時間。但是我們打點結婚事宜的這段時間，一直等不到媽媽的回信，時間越來越緊迫，只好先把喜帖印好。平時我和媽媽的信件往返都很平順，沒料到偏偏那封重要的信被寄到泰國去了，輾轉一個多月以後媽媽才收到，所以她反而是先從妹妹那邊知道我打算結婚，而且對象是個她從不認識的人，當然極力反對。沒有媽媽首肯，我只好作打退堂鼓的準備，但錫生不想放棄，決定找人向媽媽說明，希望她能理解。經過一番波折，妹妹請阿姨去

勸媽媽，錫生也請妹夫的父母出面幫忙遊說，就在我們結婚前一個星期，我才接到媽媽的電報，上面兩個字：「OK」。於是我在 1963 年 12 月 28 日，步入我人生的另一個階段。

1963 年 12 月 28 日，梁思薇與齊錫生在美國芝加哥結婚

1964 年，梁思薇與齊錫生合影於芝加哥大學校園內

1964 年，梁思薇攝於芝加哥，其後為密西根湖

我出國後跟媽媽保持經常通信，媽媽還將 1963 年給我的一封信收在她的散文集中，名為〈一夜鄉心五處同〉，那時弟弟在當兵，妹妹在印第安納州，我在芝加哥，媽媽在臺北，「五處」或許是形容詞，或許指的第五個人是在廣州的爸爸。媽媽在信裡提到她「感激郵政交通，因為我們用筆談似乎比用口談還痛快，如果不是郵簡有限，每次寫信都像不能停筆」。她真的文采斐然，許多小事經她敘述都活潑生動起來。她還覺得我和妹妹雖然在美國，但是她並沒有孤單寂寞的感覺，因為好像回到年輕時代，「對郵差和信箱又有了熱烈的興趣」，真是喜歡文字溝通勝過語言交談的媽媽啊！

約 1964，沉櫻寄梁思薇之照片與短箋

# 八、媽媽的退休生涯

## 退休之前

我結婚之後,媽媽總會趁著寒暑假赴美,探視我或妹妹。那時她尚未退休,弟弟也在臺灣,所以經常在美國和臺灣來回。她以作家的眼光觀察美國的事物,自然有許多可描寫的,舉凡食衣住行,甚至美國的育樂,她明察秋毫,目光敏銳,寫下許多篇「旅美見聞」。當然她最高興的是有機會在美和幾個好友見面,琦君阿姨、林海音阿姨、羅蘭[1]阿姨都曾與媽媽在美國聚首,留下美好的回憶。

---

1 羅蘭(1919-2015),廣播音樂節目主持人、作家,著有《飄雪的春天》、《詩人之國》等。以《羅蘭小語》、《羅蘭散文》等系列聞名。

沉櫻（右一）與琦君（左二）在美國同遊；左一為琦君丈夫李唐基，右二為梁思薇

　　媽媽在 1960 年代勤於筆耕，散文書寫和翻譯兩管齊下，成績斐然。她翻譯的小說在報紙副刊連載時，讀者反應熱烈，媽媽收到許多來信，受到很大鼓勵。1963 年出版的《迷惑》裡有十二篇小說，多半是媽媽在斗煥坪時期的作品。1964 年的《毛姆小說集》收錄英國著名小說家毛姆的短篇小說十篇，媽媽的譯文評價很高，屬於「長銷書」。1966 年，臺灣《新生報》開始連載《一位陌生女子的來信》，造成轟動，印行三十版，銷售超過十萬冊。

## 「蒲公英譯叢」和「蒲公英叢書」

　　媽媽在 1967 年從北一女退休，這一年媽媽成立「蒲公英」，算是一個出版社，這個緣由是我和妹妹想慶祝媽媽六十歲大壽，但都不在臺灣，於是我們匯了一點錢，讓媽媽買點自己喜歡的東西或請朋友吃飯。想不到媽媽用那筆錢成立出版社，用來出版自己的作品，分「蒲公英譯叢」

和「蒲公英叢書」兩類,前者囊括媽媽大多數的譯作,後者數量較少,是媽媽的散文創作和她編選的散文集。媽媽在寫作之外居然動念成立出版社,而且付諸行動,以一人之力跨入她所陌生的行業,實在令我刮目相看。

媽媽以「蒲公英」為叢書之名,因為她喜歡蒲公英「儘管無人理會,仍然到處盛開⋯⋯ 一方面為了這名字的可愛,另一方面也是為了那卑微地可取」,蒲公英看似低調不起眼,卻有頑強的生命力,這也是媽媽的性格。她的「文字蒲公英」花開處處,非常成功,真是出乎意料,也給她很大的鼓勵,林海音阿姨形容這段時期的媽媽「寫譯豐富,出版旺盛」。

「蒲公英譯叢」出版的書四種

媽媽在生活中尋找小快樂的「本事」,還表現在她處理的讀者劃撥單上。媽媽說她的書原本透過書局販賣,身為作者完全不知道甚麼人買走她的書。等到她自己出版書後,讀者利用郵局的劃撥單直接向她購買,她根據對方所填寫的資料一個一個把書寄過去。原本這是一個繁瑣的過

程,媽媽居然找出樂趣:「現在每天能從劃撥單上認識幾個完全陌生的姓名,在寄書封套上寫些從來不知道的地址,好像自己交遊忽然廣泛,生活也跟著活躍起來;如果再在通訊欄內看到幾句稱讚的話,便像遇到知己,簡直樂不可支。」媽媽還將讀者粗略統計分類,比方說,女性比男性多,南部比北部多,職業分布各界,但學生不多。但媽媽說,她的興趣不是統計分析,而在想像。她看著劃撥單上的地址,想像某個漁村或某個山間的讀者在甚麼樣的環境中讀著她的書。

媽媽喜歡翻譯,她挑選自己喜歡的作品翻譯,並非受他人之託或指定而譯。讀者的熱烈回應讓她覺得自己無形中有了許多「同好」,她很珍惜這種「同好」的感覺,在文章中曾說,這樣的譯者和讀者之間有一種特殊的親切感,不同於一般作者和讀者的關係,是一種「更自然更超然」的連結。她說她的翻譯作品出版就是「公之同好」,與同好分享比起創作者的「著作問世」,蘊含更多的樂趣。

## 與生俱來的藝術品味

媽媽在翻譯和散文寫作方面的成果豐碩,但她的藝術品味渾然天成,很值得一提。她不但獨具慧眼,雙手更是靈巧,往往隨興就能化平凡為精彩。對於針線活兒之類的細工她很在行,織毛衣、縫製衣服、針包、椅墊等都難不

倒她，成品細緻美麗。章靳以[2]伯伯的女兒章潔思曾經寫了一篇文章〈美麗的櫻花〉，提到章伯母對媽媽的手工藝讚美不已。媽媽曾經為章家的新生兒縫製衣袍，還用碎花布做了許多雙嬰兒鞋，章伯母說「排列成行，猶如藝術品一般。」媽媽對美的感知是與生俱來的稟賦。

在斗煥坪時，我們一家四口加上外婆，筷子就是五雙，不會少也不會多，沒有湯匙，要喝湯就拿起碗來喝，更不用說叉子了。媽媽覺得生活用品夠用就行，如果有一點餘錢，她不會去買多餘的生活用品備用，反而會買些地攤上的小瓶小罐，都不是甚麼精緻貴重的東西，但有藝術感，買回家後插個花，感覺家裡多了一份活力。她對顏色和小藝術品有絕佳的眼光，簡單的空間裡擺上一兩件有韻味的小東西，不費甚麼力氣就可以營造出一些特殊的美感。我們在信義路四段的家，原本是很呆板的隔間，媽媽的巧手一揮就改變格局，成了與眾不同的「雅室」。她還在客廳裡放了一個骨董格的櫃子，上面放書，加上小擺飾，點出整個屋子的書卷氣，我們那個小小的客廳常常被形容典雅舒適。

有一回媽媽在芝加哥看到櫥窗裡的紙花，簡單飄逸的

---

[2] 章靳以（1909-1959），作家、編輯，曾任教上海復旦大學、福建師專，滬江大學，編輯《文學季刊》、《文季月刊》、《現代文藝》等刊物。著作有《前夕》、《鳥樹小集》，《熱情的讚歌》等。

美感瞬間點燃她創作紙花的狂熱,從此迷上做紙花。她回臺灣之後,我會幫忙留意,寄給她各式漂亮的皺紙或其他紙材,色彩繽紛多樣。只要有一根細絲,幾張皺紙,她隨意抓個幾下,輕易地拈出美不勝收的花朵。她要求的不是複製,她不要「很像真的」,而是風格寫意,靈妙生動,美感多於「維妙維肖」。張秀亞阿姨的散文描寫媽媽的紙花時特別強調:「平時,大家看慣了她雋逸優美的文章,多半只知道文藝的沉櫻,而忽略了藝術的沉櫻!」紙花是媽媽在美國受到啟發而發展的「專長」,她的妙手生花常常讓許多人驚艷不已。

媽媽喜歡漂亮的小東西,我在美國看到繽紛的紙材或有創意的小玩意兒,就會收集起來寄給她。有回林海音阿姨告訴我,每次媽媽收到包裹就會高興地打電話約幾個文藝界的好朋友來家裡,「那時我就知道,一定又是思薇寄東西過來了。」她喜歡和朋友一起同享打開包裹的驚喜,還會讓每個人帶一點回去。我以前沒特別感覺自己常常寄東西給媽媽,後來重讀媽媽寄給我的信,驚覺自己寄包裹頻率很高。媽媽每接到我的包裹一定寫信,她又那麼會描述,看得我都高興起來,馬上又開始精心挑選下一批禮物寄回臺灣給她。她說過一句很有名的話:「我不是那種找大快樂的人,因為太難了,我只要尋求一些小的快樂。」想來我當年還真的頗用心,大大滿足了她的「小確幸」。

## 在美國定居

媽媽應該是在 1972 年定居美國,那時錫生在北卡羅來納大學教堂山校區(The University of North Carolina at Chapel Hill)任教,我們一家四口就住在北卡,媽媽先和我們同住,過了四、五年,應該是 1977 年,她想要有自己的生活和空間,於是在教堂山校區附近租了一間公寓,生活機能非常便利。我每天開車送孩子們上學、送錫生到學校後,一定會過去看望她。她寫信告訴琦君阿姨她很高興可以在鄰近我家賃屋而居,「既有依靠,又能獨立」。她還描述小公寓附近有迷你市場,隨時可以自己去採買需要的東西,而且公車站就在對面:「興來時跨上車可遊全城,又可去圖書館看書竟日。老來能獨立行動,有說不出的得意……」。媽媽說的很對,老來能夠行動自如,生活自理,的確是很值得慶幸。我相信媽媽那段時間在美國很愉快,身體健康,充分享受自在的生活,同時也能聚天倫之樂,因為錫生和兒女都經常去和她聊天。

## 1982 年返中國之行

1982 年,媽媽動念回大陸定居,但她在事先完全沒有和我們姊弟仔細商量,而是等到獨自把手續大致辦妥後才告知我們。我們再三跟她說,那個時期中國才剛剛開放,各種生活條件可能還是會有很多不便之處,可是她心意已決,堅持退掉承租的公寓,處理掉所有家具,不理會我們

的勸說，一意孤行。那時候我們身為子女的覺得她性格跟以前有點不太一樣了，很自我，很固執，不肯聽我們的意見，有時候約好一起外出用餐，去接她時又變卦不肯出門。林海音阿姨在〈春聲已遠〉一文中提到我告訴她，那段時間媽媽的腦神經出現異狀，這是我後來才意識到的，當時只覺得她有時候脾氣古怪，思慮上不似以往周全，我行我素。

其實從 1970 年代後期開始，錫生常有機會到中國開會，妹夫也因為研究中國人口，赴中國的次數更多，而我和妹妹也回去探望過爸爸，順道參訪了一些地方。返美後我們總免不了在媽媽面前說東說西，她應該是被我們弄得歸心似箭，心心念念遠方的故園和舊友，我們當時沒有從她的角度思考，忽略了她的急切感。我們總是說等兩個女婿中任何一人赴中國時再陪同她回去，這樣安排比較放心，我們的確是考量她的身體狀況。可是偏偏她一心想回去的那兩年，錫生和妹夫兩人都沒有赴中國的行程，可能媽媽心裡認為我們不想讓她回去，於是她私下聯繫規劃，我和妹妹都被蒙在鼓裡，她甚至沒有透露一點訊息給阿姨。等到手續都辦好，中國方面也打點好時才告知我們。她強調自己不需要有人陪伴，再三聲稱：「我回中國還需要你們啊！我以前在那邊生活過的。我認識的人比你們多。」她心裡大概是想著：我認識的人你們連見都沒見過呢！

據我所知，鄧穎超[3]、巴金、趙清閣等人積極鼓勵她回國定居，還替她安排好一切，不但給她一個有薪資的職位，還配了一套房子，地點在開封，應該是考慮到她第一段婚姻的女兒住在開封，可以就近照顧。媽媽想像、期待回國後可以和以前的老友相聚，繼續往日你來我往的情誼，於是在1982年4月獨自上了飛機，那是她離開三十八年之後，一個人的返鄉之行，報紙刊登了相關訊息。因為媽媽原先就已經決定要回國定居，接受一切安排，理所當然辦理中國戶籍，她的美國護照和相關證件自然就被收走了。

媽媽在上海和北京看到一些舊日朋友，但是經過三十多年光陰，昔日說聚就聚，說走就走的情景已經不可能重現，朋友們垂垂老矣，活力、體力、精力已經大不如前。有些已經無法出門，有幾位衰弱到需要兒女或他人扶持才能出來與她短暫見面。浮生悠悠，她原先期待的重溫往日情景，在三十八年的時空流轉中已然褪色。隨後她到開封和那位我稱為大姊姊的馬家女兒相處，也產生困難，因為媽媽的生活起居究竟已經適應某種方式，培養出許多根深蒂固的習慣，大姊姊無法配合，母女之間產生許多衝突。更糟糕的是大姊姊以媽媽的需要為名，寫信向美國的親人們要求一些東西，大家在不知情之下以為是媽媽所需，當

---

[3] 鄧穎超（1904-1992），政治家，馬克思主義者，前中華人民共和國國務院總理周恩來的夫人。

然盡可能滿足要求，媽媽知道後非常生氣，母女的嫌隙日增。另一方面，媽媽熟悉的朋友都不在開封，沒有人可以分擔她的喜怒。當然最重要的一點是她自己的健康狀況不如理想。這一切因素加起來，她後悔當初的決定，告訴我們她想回美國。問題是她的美國護照已經交出去了，媽媽想要回美國非常棘手。

在美國的親人們決定派一個人到中國，想辦法幫她辦妥手續，帶她回美國。這是一個不可能的任務，因為媽媽已經放棄美國護照，成為中國居民。依照規定，沒有美國簽證或護照的國民根本不可能隨意買票搭機離開中國進入美國。我在電話裡問她，三個子女，兩個女婿，外加一大堆表侄表姪女，你要誰去接妳？結果她選擇錫生。這個選擇非常明智，可見媽媽蠻有識人之明，因為我們這幾個人中就屬錫生最有耐性，他最大的本領就是不氣餒，遇到困難總是不會灰心，不會輕易放棄，總是會想方設法找到解決之道。

為了不讓開封的大姊姊知道媽媽想離開中國的意圖，錫生先飛到濟南田舅舅家，請媽媽找個藉口單獨到山東。田舅舅熟知中國規定，很早就坦白告訴錫生此事絕不可能成功，要錫生勸慰媽媽接受現實。但是錫生沒有放棄，他先到美國大使館詢問，對方回應媽媽已經入中國籍，放棄美國護照，一旦沒有美國公民身分，美國就沒有立場做任

何事，也沒有立場說甚麼話，真的就是愛莫能助。接著錫生到各相關單位解釋媽媽的情況，為她爭取出境的機會，得到的答案都是不可能。錫生對這件事真是用盡心思，「鑽牛角尖」，到處跑，到處找人細談，想盡辦法遊說，可惜就是寸步難行。在那個時代，一般人要以中國居民身分申請赴美非常困難，所有知道此事的人都表示無計可施，並且反過來要錫生勸媽媽安於現狀。

就在山窮水盡的當頭，有一天錫生心血來潮，要求媽媽把她的錢包給他看看，真是得天之助，錫生居然在夾層裡看到媽媽以前的綠卡，這真的是絕處的一線生機。之後錫生費了一點唇舌，說服美國大使館重新發給媽媽美國護照。同時錫生不斷對中國相關單位強調，媽媽純粹是健康的原因需要回美國，方便讓她一向親近的子女就近照顧。最後錫生特別說了一句比較重的話：媽媽回國之事上了報紙，大家都知道知名女作家返國，如果因為健康問題而有甚麼差錯就不好了。錫生耐心分析給承辦人員聽，那段時間媽媽心情非常低落，不太願意開口講話，身體也很差，錫生告訴他們，萬一媽媽出了狀況，對中國其實是得不償失。

之後媽媽獲准出境，錫生在一周之內辦完所有手續，訂好機票，帶著媽媽返回美國。那一個星期錫生帶著媽媽住在北京旅館，此時媽媽體弱身虛，整個人神經緊繃，一

天二十四小時待在旅館，足不出戶，擔心萬一中途生變。她連三餐都不肯出門吃，錫生陪她聊天勸她寬心，但她依舊惶惶不安，幾乎不太言語。我很能理解媽媽的緊張害怕，其實她很膽小，所以特別佩服爸爸的勇敢，佩服他面對千夫所指的無畏無懼。

錫生帶著她飛到紐約，一大家子的人在紐約阿姨家迎接她，大家紛紛稱許錫生圓滿完成不可能的任務，媽媽長時間緊繃的精神一下子放鬆了，對於自己選擇要錫生到中國接她這件事頗為得意，對著大家說：「這都是因為我識人吧？！」我想到結婚前媽媽極力反對，對於我短短時間就跟一個她不認識的人論及婚嫁很不能認同，於是我回媽媽：「應該是我識人吧！」

## 餘波盪漾

趙清閣姑姑在她的文章〈哀思夢沉櫻〉中提到，媽媽去濟南和錫生會合之前，特地到上海向趙姑姑辭別，趙姑姑覺得媽媽心事重重，臉上有病容，神態頗疲憊。媽媽告訴她，那次回到中國的收穫是「看到了巴金和你，不過我不想再去看巴金了，我對不起他，你代我向他轉達我的歉意吧。」有人看到趙姑姑這麼寫就有了疑問：沉櫻為甚麼對不起巴金？其實中間並沒有甚麼玄機，媽媽返中國之事，巴金伯伯出了很多力，最後卻又離開了中國，辜負他的安排和美意，媽媽心裡當然很歉疚。

趙清閣姑姑是媽媽一生的至交，那回也是她們最後一次見面，她說媽媽離開北京前匆匆寫了一封信給她道別，字體歪歪斜斜。媽媽回到美國後健康狀況急轉直下，她和趙姑

1982年，沉櫻與趙清閣合影

姑就斷了音訊。1980年代我曾到上海看趙姑姑，一見面，我們之間三十多年歲月隔閡瞬間消失，我眼前的依舊是那個熟悉的趙姑姑，親切如故。之後我在1999年再訪上海，就住在她家，那時媽媽已經去世十一年，我和趙姑姑朝夕相處，看到她寫字時的神態和某些緩慢的動作，跟媽媽那麼相似，有時和她談著話，我都恍惚起來。

1999年10月12日，趙清閣與梁思薇合影

1996年，趙清閣將手繪「踏雪訪梅」贈予梁思薇

媽媽的返鄉之行見了不少朋友,但卻沒有答應和爸爸見面。此事也不免引起了一些揣測。有人說這是因為媽媽在1948年離開上海時,曾留下「永世不見梁宗岱」的話。我沒有問過媽媽是否說過那樣的話,但媽媽是個理性而堅定的人,很多事情她自己了然於心,拿捏很有分寸。

1948年媽媽到臺灣後還跟爸爸通信,1949年臺灣戒嚴之後兩岸不能通信,我們透過一位住香港的李伯伯居間傳信,1966年文革開始後中斷了好一陣子。這位李伯伯是爸爸在培正中學時的好友,爸爸在文革時期被批鬥,經歷各種折磨,李伯伯無視外界的種種禁忌和壓力,不顧一切從香港去探視他,真的很講義氣。我後來到香港也會去看李伯伯,我真是打從心裡感激他為朋友兩肋插刀。

我和妹妹定居美國後,美國就成為媽媽的收信和發信地點。爸媽早期通信時我比較小,媽媽偶爾給我看爸爸的信,後來在美國時,如果媽媽住我家或是住在她租的房子,她給爸爸的信會先拿給我看,她接到爸爸的信也會讓我看。看完之後,她會說:「看過了?」然後依照老習慣隨手就撕掉。我手上留有幾封,應該是她叫我撕而我沒撕的。

爸爸和媽媽之間有六封信在1991年12月透過林海音阿姨,在《聯合報》公布,五封是媽媽寫給爸爸的,一封是爸爸給媽媽的,這六封信見報之後流傳甚廣,大概是因

為有關爸媽之間的具體資訊太少，這幾封晚年真情流露的信函就成了許多研究的佐證。林阿姨寫了一篇文章說明這些信來自彭燕郊[4]教授，他就是協助甘少蘇完成《宗岱和我》一書的人，彭教授因此從甘少蘇手邊取得一些資料。彭教授後來告訴我他要寫一本關於媽媽的書來「平衡報導」，可惜他在 2008 年過世。

林阿姨寫信告訴我她接到彭教授寄去的爸媽信件影本，想要發表。當時我不太清楚她拿到的是哪幾封信。爸媽兩人的信我不是每一封都讀過。另外一方面，林阿姨在文章中引用我給她的信說，媽媽和爸爸通信的事，「我們一點都不知道」，我指的是她在 1982 年返回中國前後和爸爸之間是否有書信往來，我們三個孩子都不清楚，那段時間她的性格有點偏執，不太願意和我們分享任何事情。事實上，在我長大懂事之後，媽媽比較會將她的信拿給我看，林阿姨公布的那幾封信媽媽都給我看過。

爸媽的信我看過的不少，兩人誠摯地互道近況，但爸爸對於媽媽把三個孩子都帶到臺灣，心裡終究有點不滿，而且我們失去爸爸的金援，好像也過得不差，好勝心強的他偶爾會在字裡行間故意挑起媽媽的情緒。例如爸爸回應

---

4  彭燕郊（1920-2008），詩人、作家，曾任教湖南大學、湘潭大學。著有《彭燕郊詩選》、《高原行腳》、《和亮亮談詩》；主編《詩苑譯林》、《現代散文詩名著譯叢》、《外國詩辭典》等。

媽媽的「怨藕」那封信時說：「少蘇讀到『怨藕』兩字竟流起淚來了，自疚破壞了你我的幸福⋯⋯」，我還記得媽媽看到的時候對著我說：「瞧你爸爸，現在還嘴巴硬⋯⋯」媽媽太了解爸爸了，爸爸說甘少蘇愧疚流淚應該不是事實，爸爸只是藉機表示甘少蘇有自知之明，一直是這樣的低姿態，並未想和媽媽爭甚麼，可能也要暗示是媽媽當初多心，不肯跟著他回百色。

爸爸曾在信中說他身體越來越差，媽媽在美國回信說她眼睛還可以看書看風景，感慨地說「可惜你不能同遊」，信末媽媽寫：「望多保重，還能再見」。或許媽媽是看到爸爸提到身體欠佳，情緒低落，為了鼓勵他才說出希望再見云云。也或許媽媽曾經有過去探望爸爸的念頭，但後來打消念頭。

媽媽很清楚，她和爸爸最值得懷念的是兩人相愛到結婚前期的美好時光，媽媽在爸爸身上看到許多令她折服的特質，那時候爸爸自信滿滿，甚至有點自大，但不至於過度膨脹自我，知道要尊重和體貼媽媽。後來爸爸「享受」了被阿諛奉承的滋味後，越來越強勢，甚至很一意孤行，不太能夠聽媽媽的意見，而媽媽是個很有原則的人，不輕易妥協。個性的差異成了相處，甚至相守的障礙。兩人在上海一別就是漫漫長長的三十四年，彼此各得其所，各安其心，再相見有何意義？更重要的一點是，媽媽返中國前

爸爸已經行動不便，我看到他寫的信裡告訴媽媽說，如果願意見面，甘少蘇會幫他推輪椅去相見。媽媽看到這句話，想到這樣的見面場景不如不見，因此就拒絕了。爸媽兩人在信中有時候還可以說一點心裡的感觸，抒發感懷，多了一個人的「重逢」顯然多此一舉。

很想見媽媽的還有她第一段婚姻的對象馬彥祥，他也透過大姊姊表示想與媽媽見面，但媽媽沒有接受。媽媽當年為何與馬彥祥離婚？林海音阿姨在〈春聲已遠〉中說馬彥祥的妹妹馬琰怪哥哥不專情，坊間也頗多有關馬彥祥移情別戀的傳言。不過，馬彥祥再婚後的兒子馬思猛，也就是我的馬弟弟告訴我，馬彥祥隨劇團巡演經常不在家，他在成長過程也很少見到自己的爸爸。媽媽和馬彥祥結婚時剛剛在文壇上初露頭角，常有文人之間類似青年會的聚會，但夫家婆婆是傳統女性，覺得媳婦在外拋頭露面屬於不安分守己，因而限制媽媽出去參加那些她不認可的應酬。婆婆無法理解媳婦的新觀念，媳婦無力說服她，而可以幫助雙方溝通的管道卻又長期不在場，婆媳的觀念差異找不到解方，最後媽媽選擇離去。無論分手原因是甚麼，媽媽從此一生絕口不提馬彥祥。

## 晚年在美國

媽媽從大陸回到美國不久，寫了一封信給田仲濟舅舅，感傷地說：「我這個處處為家的人，已不知何處是

家。我特別愛走路,大概就是因為無家。可是此後走路也難了」。這些話真是一語成讖,或許是媽媽心裡有數,自己的健康大不如昔。她此次回到美國,先跟著妹妹住在密西根的安娜堡(Ann Arbor),不久後住到附近的老人公寓。她原本就罹患帕金森症(Parkinson's Disease),有手抖的毛病,另外也有高血壓的毛病,雖然血壓的狀況後來控制得比較好,但手抖的情況越來越嚴重,行動也變得比較慢。手抖對她是很大的打擊,寫字寫得很慢,不能跟朋友寫信,自然也比較少收到信。她告訴田舅舅:「我成了不會寫信之人,也成了無信可讀之人。」後來又說:「我的公寓房間正對一排郵箱,但我的信件越來越少,近來幾乎總是空空如也。」愛寫信的媽媽在晚年時被疾病剝奪她的最愛,心情的沮喪和落寞可想而知。

她在老人公寓沒多久,因為病況需要醫務人員協助,所以就住進弟弟家附近的老人療養院。此時她的視力模糊,已經不太能看書,腦筋有時清楚有時又很糊塗,手抖的狀況更嚴重,但和田舅舅仍有通信,主要是田舅舅幫忙處理中國出版她的作品的相關事務。田舅舅在1984年曾到紐約,那次媽媽特地到紐約和他見面。

琦君阿姨曾在1985年到弟弟思明那邊和媽媽見面,琦君阿姨說他們要合照時,媽媽不要坐輪椅上,她要琦君阿姨坐輪椅,她要站著在旁邊,而且要戴上眼鏡照,媽媽

總是要大家看到她好的一面。1986年8月,林海音阿姨號召幾位媽媽的好友寫文章,打算慶賀媽媽隔一年的八十大壽。我告訴林阿姨,媽媽不太能看字了,林阿姨說沒關係,不能看就錄音,她要每個人把自己的文章唸出來,然後寄到美國給媽媽。媽媽這些好朋友盛情可感[5],文章唸給她聽時,不知道她到底懂多少,但我知道她很感動。

1988年3月,沉櫻(中坐者)在梁思薇家與子女和女婿合影,左起:齊錫生、梁思明、梁思薇、梁思清、陳必照

　　1988年4月14日,媽媽安詳地離開人世。先前我曾問過她,是否要和爸爸合葬,她很明確地回答說不要。

---

5　《中國時報》的「人間副刊」在「寫我友人」專欄刊登六篇文章包括:林海音〈念遠方的沉櫻〉、琦君〈一回相見一回老〉、張秀亞〈藝術的沉櫻〉、羅蘭〈天之涯,地之角〉、劉枋〈糊塗的老鄉長〉,司馬秀媛〈柚子花開時〉。

她走到人生盡頭，病痛纏身，但依舊是那個堅強獨立的媽媽。

## 沈從文的贈書

媽媽在 1982 年回中國時，沈伯伯因為生病沒能和媽媽見到面，這是媽媽的一個遺憾，但沈伯伯寄了親筆簽名的《沈從文小說選》和《沈從文散文選》到開封給媽媽。沈從文一直是錫生和我最景仰最推崇的文學家，我們佩服他的自然樸實的文字，細膩深入的觀察，更可貴的是他沒有優越感，能深刻體會底層人物的悲苦。其實沈伯伯在北京社科院歷史研究所擔任研究員時，我有一回到北京曾動念要去拜訪他，但當時有點擔心他受到我的海外身分影響，所以打消念頭。後來情勢開放，錫生有回單獨到北京開會，試著打電話表明拜訪之意，之後就得到許可前往。

錫生說進門後先在客廳見到沈伯母張兆和，她問了一些爸爸和媽媽的事，之後他被帶進房間，看到躺在床上的沈從文，他說話不太清楚，但腦筋清楚。沈伯母告訴他，這是梁宗岱和沉櫻的女婿，解釋一下我們的狀況，沈伯伯點頭說了一些話。他的話只有沈伯母聽得懂，後來沈伯母說，沈伯伯要送書給錫生。於是沈伯母拿出兩本書，接著從抽屜裡取出沈伯伯的章，很鄭重的蓋好，然後沈伯母在旁邊簽名。錫生說，雖然沈伯伯不太能清楚表達，但還是非常善體人意地送了他的書，圓了錫生見偶像的夢。

沈伯伯在 1988 年 5 月 10 日過世，和媽媽過世的時間相差不到一個月。我心裡一直很後悔沒有親自去看沈伯伯，在 1990 年代的初期，有回我去湖南長沙，先去了張家界，然後到鳳凰，主要就是想去看看沈伯伯的出生地，到他的墳上致意。我在張家界時爬山走坡已經導致腿腳疼痛，但還是堅持繼續轉往鳳凰。下了車後我先找了一個人攙扶著我，走到沈從文故居。我看到沈伯伯的書桌和太師椅型的書椅，好生羨慕，感覺特別有書卷氣，心中默默記住它們的樣子，打定主意要如法泡製。看完故居後我找到一個緊鄰沱江的住處，請旅店一位大約十八、九歲的小伙子陪我去沈從文墓地。小伙子個子不高但看起來很壯，勉為其難地權充我的專屬導遊兼人肉拐杖。我的小腿那時已經僵硬到寸步難行，可是我下定決心一定要去看沈伯伯的長眠之地。一路上我整個人幾乎是癱靠在小伙子身上，使他必須用盡全力才能撐住我。我們走去坐船，下船再走一段狹窄的小路，爬上階梯。整個墓地頗符合沈伯伯簡單素雅的風格，沒有傳統的墓碑墓塚墓園，只有一塊五彩石靜靜佇立著，我在心中默默跟沈伯伯道別。

　　從墓地回旅店的回程無船可坐，只好走路，而我的腳在經過這一番折騰後更是舉步維艱。我問小伙子此處可否有人按摩，因為此時我的小腳已經硬如棒槌，每走一步都很痛，心想找人按摩一下鬆開筋骨應該可以改善。小伙子回我說：「我們這裡有個很厲害的人，費用一次二十五

元。」我問是怎麼樣的人,他回:「是個理髮師。」怎麼會呢?我明明需要一位按摩師,他卻推薦一位理髮師?但是小伙子解釋此人平時雖然以理髮為業,但精通氣功,曾有香港影星在此地拍片時中暑暈倒,找他來按一按人就醒過來。於是我們走到一個理髮廳,更切實地說應該是一個剃頭店,我看見靠裡面的地方有兩張理髮椅,靠外面的廳堂空無一物,敞開面對大街。師傅從裡面走出來,小伙子向他敘述我的狀況,我聽得懂湖南話,知道他在抱怨我整個人都甩靠在他身上,他花很大力氣頂住我,等於扛著我走路之類的。

　　師傅拿了一個椅凳讓我坐下,就正對著大門和大街。我感覺他在我背上和頭上摸來點去,談不上是按摩,只是輕輕敲,而且手法非常輕柔。我心想我要按摩的部位是腳部,何以他點揉上身?所以再次提醒他我是腳痛,他說他知道,但依舊在我背部上上下下輕敲。我不禁閉著眼睛心裡想,或許是碰上了江湖郎中?繼而想,既來之則安之,姑且死馬當活馬醫吧!這個想法反而讓我整個人放鬆了。過了好一段時間,他突然將我整個人往前推又往後拉,如此前後來回推拉幾次後,他才走過來點了幾下我的腿,然後宣佈說:「好了!」我一聽就本能反應地站了起來,那一剎那我才發現我居然可以站了,腿不痛了,小腿沒有僵硬的感覺了,也可以自由動彈。我在高興之餘一轉身,才發現師傅垂著頭,很像虛脫的樣子,臉上豆大的汗水直直

往下滴，我知道他必定是出了很大的力氣才會那麼疲累。我忍不住讚美他，問他這是甚麼功夫，師傅停了一會兒才回說：「一指禪功」，我說：「你功夫太好了，二十五元不行，我太感激你了，一定要給你五十元才行。」師傅原本不肯收，在我十分堅持之下才收下。後來我請師傅將他的名字、電話寫在我的筆記本上，我還記得他在旁邊寫上一指禪功四個大字。我心心念念要過來看沈伯伯的墓，想不到卻有了這麼一段插曲，算是我人生中的奇遇。

# 九、靜水深流的媽媽

## 從小喜愛閱讀

　　媽媽說她小時候喜歡聽人說書，識字之後稍懂閱讀就迫不急待地半讀半猜，翻讀手邊可以取得的書，不畏一知半解的懵懂，越讀越起勁。她在小學高年級到初中階段所讀的是中國舊小說，她回憶：「當一個總是央求大人講故事的孩子，一旦粗通文字之後，自己摸索進了小說世界，那種驚喜實在是無可比擬的。」她說因為小時候功課不多，娛樂也不多，讀書成了最佳的課餘活動。媽媽曾在文章中形容她在年少時「求書若渴」的熱切，強調那個年紀不辨好壞，來者不拒地一本接著一本狂讀：「少年人讀書的胃口正和吃飯的胃口一樣健壯，狼吞虎嚥地甚麼都要吃，也都好吃。」若是遇到無書可借的時候，她就重複閱讀《紅樓夢》、《三國演義》等舊小說，「所謂百讀不厭的趣味也是在那時才深切領受到。」媽媽真是不折不扣的小書痴，只要有書，讀它千遍也不厭倦。

媽媽上中學後，幸運地遇到北京大學英文系畢業的顧隨老師。當時顧老師教國文也教英文，在課堂上鼓勵學生閱讀翻譯小說，有時甚至帶著英文短篇小說在課堂一邊朗讀一邊講解，媽媽對翻譯小說的喜愛一發不可收拾：「由於顧老師的影響，使我對魯迅、周作人等語絲派作家群特別崇拜。那時我廢寢忘食地閱讀各種翻譯小說，尤其周氏兄弟譯的現代日本小說及世界小說譯叢，更是愛不釋手，我了解西洋小說，接觸俄國進步作品，就在那個時候。」[1] 顧老師為媽媽打開翻譯小說的那扇窗，讓她在中學讀到各國名家締造的繽紛世界，媽媽後來走上翻譯的路和顧老師的啟蒙有很大的關係。

　　顧隨老師的舊詩詞學養豐厚，被譽為「隱藏的大師」，他的光芒沒有被埋沒，原本在中學任教的顧老師在 1929 年之後受邀在大學任教，門生中有多位著名的學者，如古典詩詞研究專家葉嘉瑩，《紅樓夢》的考證派專家周汝昌。顧老師大多數弟子深受他在古典詩詞方面的影響，而媽媽一生受用的是顧老師引介的翻譯小說。媽媽算是顧老師最早期的學生，他的教導對媽媽的影響非常深遠。

　　中學時期的媽媽把對傳統小說的熱愛轉化成對翻譯小說的癡迷，自此踏上翻譯小說的「不歸路」。她形容自

---

[1] 閻純德，〈沉櫻──文壇的蒲公英〉，《二十世紀中國女作家研究》（北京：北京語文文化大學出版社，2000），頁 198。

己用那同樣的熱切尋求翻譯小說，只要是能夠接觸到的中譯本，照單全收，從來不會因為詰屈聱牙的翻譯文體而捨棄不讀。她說自己會為那些精采的段落而著迷，反覆熟讀到可以背誦：「儘管有的那些長長的人物譯名是多麼難記，那些直譯硬譯的文句是多麼難懂，我也一樣津津有味地讀著，覺得名家傑作，即使譯得粗糙，挑去砂粒總還是營養可口的米飯」。她的慧眼總是能夠穿透那些障礙，去蕪存菁，找到優點。

媽媽進大學後依舊貪婪地閱讀翻譯小說，等到無書可讀時，「只好轉向英文本搜尋，用當年初讀小說的方法，半猜半度地去摸索欣賞。」她讀的第一本英文小說是《莫泊桑短篇小說集》，她的英文就是由閱讀小說開始的。她在讀英文方面下過苦功，勤查字典，一定要把字義和句義弄得一清二楚才肯罷休。媽媽長時間大量閱讀的累積，豐厚了她的視野，也讓她對文學理解更深，對人生的體悟更透徹，對文字的掌握更見功力，閱讀是她一生中最珍貴的寶藏。

各個時期的沉櫻（國立臺灣文學館惠予提供左上與左下兩張照片副本，謹致謝忱）

## 出版五本小說集

顧隨老師對媽媽的影響不只在翻譯小說，還開啟她對新文學的熱愛，因為顧老師「一有機會就給學生講解五四運動後湧現的新作家及其作品……」[2]。其實年輕的顧老師受到當時風起雲湧的新文學運動的影響，最初立志成為

---

2 閻純德，〈沉櫻——文壇的蒲公英〉，《二十世紀中國女作家研究》，頁 198。

小說家:「我在十歲前,已經養成了讀小說的嗜好……這一嗜好,到了我十五歲以後,竟發展到渴望自己成為一個小說家。」³ 他寫的小說留存下來的僅有十多篇,北京大學季劍青教授給予頗高的評價:「他擅長刻畫人物心理,烘托環境氣氛,語言也清新活潑,剛健有力,沒有早期新文學作家浮華輕率的毛病。」⁴ 顧老師在寫給好友信中提到媽媽是他「最得意的弟子」,十多歲的媽媽鍾愛新文學,憂心老師把時間和精力放在填詞上面,居然寫信直言填詞一事「甚有妨於 K 師〔顧師〕之創作」,顧老師在信中告訴友人說:「此子真弟之畏友也」⁵。媽媽日後走上創作之路,多半也是因為顧老師灑下的新文學種籽,在她年輕的心裡生了根。

有趣的是,錫生在香港科技大學執教期間,偶然在書店發現了葉嘉瑩關於詩詞的論著,大為激賞,此後凡是葉嘉瑩的著作必定購買閱讀,其間自然多次看到顧隨的名字,但是沒有產生特別聯想。直到近年多看有關媽媽的資料,才猛然發現原來陳鍈和葉嘉瑩竟然師出同門,而且還是葉嘉瑩的師姐。錫生也慶幸顧隨堅持了在詩詞方面的努

---

3 顧隨,〈自傳〉(1985),引自顧之京,《女兒眼中的父親:大師顧隨》(北京:中國工人出版社,2007),頁 57。
4 李劍青,〈顧隨與新文學的離合〉,收於張清華、葉嘉瑩主編,《顧隨研究》(天津:南開大學出版社,2011),頁 72-73。
5 《顧隨全集》4,書信日記卷,1924 年 9 月 19 日信函,頁 183,及 1925 年 12 月 2 日信函,頁 243。

力,日後啟發了葉嘉瑩,為詩詞研究做出重大貢獻。

　　媽媽在大學時,又一次幸運地遇上第二位對她的創作有深刻影響的老師,是陳望道[6]老師。陳老師對修辭學有獨到的見解,他的《修辭學發凡》被譽為中國第一部系統性的修辭學巨作,媽媽聆聽他對修辭的闡釋,受益無窮:「在藝術形式上,尤其是文字上,我很講究,追求它的明快、簡潔。這一點,我是深深受益於陳望道先生的修辭學的,而且是影響了我的一生」[7]。我記得小學六年級時,媽媽看到我的作文,很罕見地說:「呦,思薇會修辭了。」她看我的作文一向是默不作聲,沒有任何評語,只有那次脫了口說了這麼一句,我記得很清楚,感覺有點稱讚的意思,但又不敢問修辭是甚麼。我相信媽媽對修辭學必定很有心得,也領悟到陳老師對文字的嚴謹,她的課業習作〈回家〉才會得到陳老師的認可,拿去刊登在他所主編的《大江月刊》(1928年11月)。媽媽在文壇上能夠露出頭角,第一個伯樂就是陳望道老師。

　　當時媽媽的作品署名「陳因」,引起茅盾的注意,他問陳老師,這個「陳因」是「新進作家乎?抑老作家乎?」

---

[6] 陳望道(1891-1977),學者、修辭學家、語言學家,曾參與中國共產黨的建立。著有《修辭學發凡》,被譽為中國現代修辭學的里程碑。另著有《作文法講義》、《美學概論》等。曾主編《辭海》。

[7] 閻純德,〈沉櫻——文壇的蒲公英〉,《二十世紀中國女作家研究》,頁199。

一個初出茅廬的新手能夠引起大作家這樣的疑問，應該是很不容易的。茅盾認為二十一歲的媽媽寫出來的作品有「詩的風格，動作發展抑是詩的發展」，並讚美這種風格是文壇少見的，沒有茅盾的「慧眼」，媽媽可能不會那麼迅速引起注意。

沈從文也是媽媽的伯樂，他在1931年發表的〈論中國創作小說〉中提到，當時頗多作家喜歡用諷刺的手法，但是他發現年輕的新秀如施蟄存[8]、沉櫻，沒有依循這種嘲諷的路線，反而以誠懇的態度「把作品從瑣碎的牢騷裡拖出，不拘囿到積習裡，作品卻純粹多了」。沈從文評論施蟄存的作品時特別提到媽媽：「與施蟄存筆致有相似處，明朗細致，氣派因生活與年齡拘束，無從展開，略嫌窄狹，然而能使每一個作品成為一個完美好作品，在組織文字方面皆十分注意，還有一個女作家沉櫻。」沈伯伯形容媽媽筆致「明朗細致」，真是一語道出媽媽的文字特色。

媽媽到臺灣時，並未攜帶自己的任何作品，家裡見不到那些小說的蹤影，而且媽媽從來不提當年勇，所以我不

---

8 施蟄存（1905-2003），小說家、詩人、學者、翻譯家、編輯，曾任教廈門大學、暨南大學、滬江大學、華東師範大學。著作有《上元燈》、《梅雨之夕》（1933年）、《善女人行品》、《小珍集》，翻譯外國文學作品一千餘萬字。

但沒有機會讀到,甚至也不太清楚媽媽寫過這麼多小說。一直到我結婚多年後,有回跟錫生去哈佛大學燕京圖書館時,才看到書架上有媽媽的小說作品。她在 1929 年 6 月出版第一本短篇小說集《喜筵之後》,同年 8 月出版書信體中篇小說《某少女》,隔年出版《夜闌》。換句話說,當時才二十三歲的媽媽已經有三本小說作品面世,創作能量實在很可觀。這樣的「產量」看起來很驚人,感覺她在那個時期靈感豐沛,創作力大爆發。或許她的創作意念潛伏已久,等待發掘,陳望道老師在最佳時機拉了媽媽一把,讓她對自己有了信心,才能在思緒與情感飛揚的年輕歲月裡盡情書寫。

媽媽在 1934 和 1935 年出版兩本小說集後,似乎走到創作的低谷,只發表了兩篇短篇〈在監獄裡〉(1939)和〈洋娃娃〉(1947),我倒是對〈洋娃娃〉有點印象,知道故事裡那個四歲的小女孩是以妹妹為原型,小說刊登前我似懂非懂地讀過。另外有七篇散文或隨筆之類[9]和一篇翻譯,都是 1947 年之前的作品。

媽媽對自己早年的小說作品並不滿意,她在 1982 年

---

9 〈鄉居日記抄〉(《宇宙風》,1936)、〈我們的海〉(《文藝春秋》,1940)、〈給朋友〉(《文藝先鋒》,1943)、〈致編者函〉(《風雨談》,1944)、〈英藝術愛好者為國購畫〉(《文潮月刊》,1945)、〈「鵲巢鳩居」引〉(《野草》,1946)、〈蹉跎——新年偶感〉(《文潮月刊》,1947)。

接受閻純德教授訪談時,坦白地表示「深悔少作」:「請別把我二十出頭的幼稚時期作為研究。雖然凡個不同的時期都是我,但我總認為成熟以後的才算數。」許多人說媽媽的小說創作不如散文,散文的成就不如翻譯,閻教授當面問媽媽是否同意此觀點,媽媽點頭表示贊同,但閻教授覺得這個說法不夠全面:「如果認真閱讀她的小說,就會發現其中某些閃光的東西」[10]。以前我讀媽媽的小說沒有很認真,這些年細讀之後,非常同意閻教授的觀點,媽媽的故事觸探人性的幽微,反覆思量後就會有所啟發,非常耐人尋味。

媽媽的小說以題材來看,通常被分成婚戀和社會兩類,有些人進一步把社會題材細分成社會和革命兩類。蘭州大學的李之凡出版了一本研究媽媽小說的專書,以宏觀和微觀的兩種視角深度挖掘小說文本,解讀故事的互文性,剖析時代的印記,甚至對照媽媽的個人經歷,研究頗為全面而且相當有系統。一般人對媽媽婚戀題材關注較多,但李之凡特別指出媽媽創作的小說共有三十六篇,屬社會與革命的題材有十六篇,占 44%,[11] 顯然媽媽關懷的層面並沒有侷限在女性或是婚戀。我覺得媽媽的小說有其可貴之處,不是她謙稱的充其量「只能算是歷史資料」,

---

10 閻純德,〈沉櫻——文壇的蒲公英〉,《二十世紀中國女作家研究》,頁 200、206。
11 李之凡,《沉櫻小說創作述論》,頁 69-70。

那是一個二十多歲的年輕女性面臨社會和文化的蛻變時的所思所感,正是時代的映照。

媽媽的小說中,故事情節或許不夠出奇制勝,但她的文字清麗淡雅,敘事不落俗套,尤其描寫角色面對內在的渴求和現實的衝突時,心境的曲折和掙扎特別細膩,蠻能夠發人深省。雖然小說的格局不算太大,但的確有獨到之處。

## 散文優雅有情

曾經有人問我,媽媽為何不再寫小說,我沒有向媽媽轉問這個問題,但我相信她結婚之後忙於家務和孩子,心境與往日大不同,這是很重要的原因。她的小說作品幾乎都是我出生之前寫的,我出生兩天之後發生盧溝橋事變,我們從天津回百色,又從百色到重慶,妹妹和弟弟相繼出生之後,媽媽的擔子更重了,她的寫作時間更是受到擠壓,應該比較少有完整的時間好好構思小說。

媽媽在日本時寫過幾篇關於日本生活的散文,第一篇〈我們的小狗〉發表在《大公報》時(1935年10月13日)還有副標題「葉山雜憶之一」。她答應巴金和章靳以兩位伯伯寫一系列的「葉山雜記」,卻遲遲沒有完成,在1937年4月20日寫信向兩位致歉,那是我出生前三個月,很可能懷孕後期讓她頗不舒服:「一天有大半天是

不舒服的,文章的事雖然時刻惦記在心裡,但幾次勉強去寫,身心都不允許寫下去……我的文章不能交卷,現在是定了,並且在最近三、四個月內因為我自己身體的關係,也無再寫的希望,萬分的對不起,請接受我的道歉吧。」我出生之後,媽媽只有零星寫了六、七篇散文和兩篇短篇小說,1946年還有她的第一篇翻譯小說,我想這些應該都是被認識的朋友「逼」出來的,至少我確知裡面有幾篇都是趙清閣姑姑力邀之下,媽媽不得不動筆。

媽媽的散文作品不算多,但她的題材總能給人一種親切感,溫煦如暖陽,而她的文字清澈剔透,有種從容不迫的舒適感,讀起來很有韻味。《往事並不如煙》的作者章詒和[12]曾經在受訪時談到前人的傑作優於今人,接著說:「我正在閱讀沉櫻,她的散文簡約純樸,感情真摯,不眩惑於奇巧華麗,不刻意追求藝術特色。我能學到她的一半,便滿足了。可能一半也學不到。」[13] 章詒和自己的文筆優美有內蘊,常被形容細膩如畫筆,層次豐富,她對媽媽的散文有如此高的評價真教人驚喜,也顯現了她的謙虛。但仔細想想,媽媽寫文章從來不會刻意雕章繪句,

---

12 章詒和(1942- ),作家、戲曲研究學者、中國民主同盟成員,曾任中國藝術研究院研究員。著有《往事並不如煙》、《伶人往事》、《雲山幾盤江流幾灣》,以及女囚系列小說《劉氏女》、《楊氏女》等。

13 章詒和、王培元,〈(但洗鉛華不洗愁——寫者、編者談《往事並不如煙》〉(2003年12月12日-2004年1月22日,於北京),引自 xys.org/xys/ebooks/others/history/contemporary/wangshi2.txt

「簡約純樸」四個字的確非常適合媽媽。

媽媽的《沉櫻散文集》，收有小品十四篇，信札八篇，序文十六篇，算是媽媽覺得可以分享同好的「自選集」，她在該書的「自序」中說她「對散文一直懷著敝帚自珍的感情」，雖然她的散文數量不如她的小說和翻譯，但她對散文情有獨鍾，那是她真情感的流露，心靈的映照。另外媽媽也編選過三本《散文欣賞》，集結世界名家的翻譯和中國作家的作品。她在序文中說自己選的文章所談都是關於身邊瑣事，看起來「難登大雅之堂」，「但自己喜愛的既是這種閒情逸趣，人有偏好，實在是沒有辦法的事。」媽媽挑選的散文篇篇動人，有情有趣，也是她對散文的理想。

## 行文流暢，不像翻譯

我們在斗煥坪安頓下來後媽媽開始翻譯小說，獲得許多讚美，邀稿次數持續增加。到臺北任教之後，我們姊弟都長大成人，媽媽沒有「後顧之憂」，能夠投入更多時間去翻譯她喜歡的小說。更重要的是她的作品越來越受歡迎。1957年林海音阿姨主編的《聯合報》副刊開始連載她翻譯的小說，之後她的譯作也在不同的報刊連載。《毛姆小說集》是她翻譯的「名作」之一，散文家董橋[14]曾提

---

14 董橋（1942- ），作家，曾任《明報月刊》及《明報》總編輯、壹傳媒董事，《香港蘋果日報》社長。其散文備受推崇，著有《回家的感覺真好》、《保住那一髮青山》、《沒有童謠的年代》、《小

到他的朋友把媽媽翻譯的毛姆一句一句對照原文，發現「沉櫻譯得頂真，句子跟著英文走，一點不拗口」。董橋說他自己對媽媽翻譯的《毛姆小說集》的印象是「行文流暢，不像譯文」。

我自己覺得媽媽翻譯的特點是先將作品「吃透」，融會貫通之後再根據她的修辭功夫，以中文娓娓道來。她曾在文章中強調文言文小說對她的文字有長遠的影響：「使我能用簡短的文言處理英文複句中的子句，譯文念起來不致過分冗長拗口。」鍾梅音阿姨形容媽媽的翻譯：「既能體會入微，又能曲盡其妙」。媽媽的敏銳和感性讓她有一種洞察秋毫的能力，能夠充分領略原作的精隨，她的理性和執著又驅使她反覆推敲，確實掌握原作字詞的深義，然後以最自然流暢的中文娓娓道來，就是羅蘭阿姨說的「恰如其分」。

媽媽翻譯的小說集成單行本共有十五本[15]，這些成品

---

風景》、《白描》等。
15 十五本出版單行本的譯作有：《青春夢》（1952）、《婀婷》（1956）、《迷惑》（1963）、《毛姆小說集》（1965）、《一位陌生女子的來信》（1967）、《怕》（1967）、《斷夢》（1967）、《同情的罪》（1967）、《愛絲雅》（1968）、《車輪下》（1972）、《悠遊之歌》（1972）、《拉丁學生》（1974）、《一個女人的二十四小時》（1975）、《瑪娜的房子》（1976）、《他和我》（1976）。其中《車輪下》與司馬秀媛合譯，《拉丁學生》、《一個女人的二十四小時》兩書各有一部分由梁思清翻譯。另外，《女性三部曲》為《斷夢》、《婀婷》、《愛絲雅》三部合集。

都是在 1976 年之前出版，此後媽媽零星翻譯了幾篇沒有輯成書的譯作，也為那些再版的單行本寫了不少序言或後記，表達她對翻譯的看法。媽媽的最後一篇翻譯〈開著的落地窗〉（The French Window），於 1978 年 12 月 4 日發表在《聯合報》，原作者是英國小說家 Hector Hugh Munro。

## 《一位陌生女子的來信》

媽媽最出名的翻譯就是奧地利作家褚威格（Stefan Zweig）的中篇小說〈一位陌生女子的來信〉（Letter from an Unknown Woman），敘述一名女子在生命即將終結之時，提筆寫信給她一生癡戀的風流才子，「你這位從不認識我而我不停地在愛著的人」，女子傾訴其無怨無悔的深情，伴著她的是她與才子春風一度所生的兒子的冰冷屍體，最令人痛心的是男子讀完信後仍想不起這位女子。褚威格把女子的情到深處無怨尤和男子的玩世不恭，刻劃得絲絲入扣，動人心弦。媽媽說她特別喜歡褚威格的小說，因為他淋漓盡致地探索人性，筆鋒總是充滿悲天憫人的同理心：「他那不動聲色的描寫，有著使人同聲一哭的感動力，和時下一般作品中殘忍離奇的分析，冷酷無情的暴露，截然不同。」

後來媽媽將此中篇和褚威格的另外五個短篇合集出版，書名就是《一位陌生女子的來信》，迴響熱烈，超出她的預期，直到現在，我認識的新朋友知道我是沉櫻的

女兒,絕大多數都會提到他們看過《一位陌生女子的來信》。媽媽在重慶時曾讀過中文譯本的《一位陌生女子的來信》,印象深刻,也因此對褚威格心生好奇。媽媽有這本書的英文版,是美國的 Rose 姑媽寄來給她的,就是那位把女兒穿過的衣服寄來給我的、二姑丈的嫂嫂。1950年代,臺灣的原文書取得不易,而且很貴,Rose 姑媽時不時會寄一些英文書給媽媽,褚威格的幾本書都是她寄來給媽媽的。她寄的書都會簽上名字和註明日期。幾年前我的女兒翻到一本,上面寫著「1957 年」,女兒說:「哇,真是好久以前啊」。Rose 姑媽寄來的書成了愛讀小說的媽媽最佳的精神寄託,反覆翻讀,愛不釋手。

## 《同情的罪》

《一位陌生女子的來信》帶給媽媽的「黃金時代」,碰巧是我在美國的時候,沒有能夠躬逢其盛。但是她所翻譯的作品中,我感觸最深的是褚威格《同情的罪》(*Beware of Pity*),媽媽在序裡面說,開始翻譯這本書是 1966 年左右,當時剛好《中國時報》人間副刊積極邀稿,她心中想著這本書,於是就答應。

我很清楚記得在斗煥坪時,媽媽曾經跟我談到書名 *Beware of Pity* [16] 中文應該怎麼翻才好。因為 beware 這個字

---

16 此書名為英文版之譯名,褚威格的德文原名為 *Ungeduld des Herzens*,字面之意為焦灼不耐的心(Impatience of the Heart)。

指的是要提防和注意，它含有擔心某件事造成壞的結果，書名就是個提醒，要大家對於憐憫這件事保持警戒之心。但是如果翻成《警戒憐憫》、《提防同情》之類的，總覺得不太像書名，我們推敲了很久，最後兩人都覺得媽媽原本想出來的《同情的罪》，還是一個比較貼切的書名，一語點破因為同情而陷自己於無可挽回的良心上的罪愆。我特別記得這件事，因為媽媽翻譯時如果遇到甚麼困擾，很少跟我討論，《同情的罪》應該是極少數的例外。

媽媽對這本書應該是感慨良多，動念要翻譯應該是在搬到臺北之前，因為我很確定我們討論題目的翻譯時，是在斗煥坪的宿舍裡。可能一直沒有找到適當的時機，或者是她醞釀很久。她答應《中國時報》約稿後，又擔心《同情的罪》裡面有關心理的描寫過多，不適合報紙連載，最後決定以「節譯」的方式刊登。登出來時已經是1969年了，佳評如潮，許多讀者寫信表示想看完整的故事，於是媽媽在1971年出版此書時，將刪節部分補齊。

我讀《同情的罪》有特殊的感受，禁不住會聯想到媽媽面對爸爸當年的「韻事」時的心情。書中最有名的一段話被擷取放置在書最前面的扉頁，足以顯示其重要意義：

同情是把兩面有刃的利刀，不會使用的人，最好別動手。同情有點像嗎啡，它起初對于痛苦確是最有效

的解救和治療的靈藥，但如果不知道使用的分量和停止的界限，它就會變成最可怕的毒物。

《同情的罪》故事本身並不複雜，一個年輕的軍官遇見富豪的女兒薏迪，對跛腳的她心生同情，常去探望，但薏迪卻熱烈愛上他。薏迪的父親和醫生為了鼓勵她接受手術治療，強力請託軍官讓薏迪繼續懷抱愛的希望，軍官雖天人交戰，深感不安，但仍繼續敷衍周旋。敏感的薏迪慢慢察覺真相，最後選擇結束自己的生命，軍官因此終生內疚。故事的重點在描繪軍官的心路歷程，媽媽說褚威格洞察人類的靈魂，是「靈魂的獵者」，書裡對於軍官因為憐憫而讓自己一步一步越陷越深，有非常細膩的描述，很深入的自我探索。

軍官在不知情下邀請枯坐在角落的薏迪跳舞，繼而驚覺她腳癱不良於行，軍官心生歉意，隔日送花致意。之後每天按時到訪陪伴，彷彿欲罷不能，他覺得「自己的憐憫心腸不但能使自己得到助人之樂，而且對於別人也有益處，便立刻產生一種奇異的變態心理。這好像毒素進入了血液，使那血液流動得更熱更紅更快……」。我常常在想，爭強好勝的爸爸當初在百色看戲後知道甘少蘇的遭遇，衝冠一怒為紅顏是否也是一股路見不平的俠義之心在作祟，把自己當成了英雄？他那股助人、救人的念頭是不是「好像毒素進入血液」，把自己弄到欲罷不能的地步，

連自己都不知道如何善了,只能好人做到底,將錯就錯地成全自己的同情心帶來的結果。

我一直相信爸爸和媽媽兩人深刻了解對方,並且愛慕對方的才華。我小時候雖然懵懂,但他們之間的溫馨甜蜜我都可以感覺到,等到長大後我才明白,那是一種知心的默契,兩人共同倘佯在書中乾坤,品詩論藝。媽媽懂得爸爸的思想和內心,也懂他的性格,甚至懂得他後來的「外遇」是如何造成的。

對於外界所形容的「第三者」,我相信爸爸的同情成分多過其他,相信媽媽心裡也是這樣想,所以她從來沒有述說過甘少蘇的不是,也從未把她當成「情敵」,因為媽媽非常清楚能夠讓爸爸真正動心動情的是甚麼。有人說爸爸的《蘆笛風》是他和甘少蘇之間的定情詩,後來媽媽曾有意要將它印行出版,許多人以此稱許媽媽大度量。我認為定情詩之說並非事實,《蘆笛風》有些經驗牽涉到媽媽的,有些就是托物言志,借用藉某個角色發揮感懷,還有些是許多經驗交疊的感慨。爸爸在〈試論直覺與表現〉一文解釋他創作《蘆笛風》的理念時強調:「一切文藝底目的固不是純粹外界的描寫,也不是客觀的情感底表現,而是無數的景象和情思交融和提煉出來的。」可見這本詞集並不是單為某個人而寫的。1976年爸爸和我重逢之後,將此集的手稿親手交給我。如果真的是他寫給甘少蘇的情

詩，他怎會讓我帶回美國？他會想讓媽媽閱讀他的出軌和背叛嗎？

我常常揣想媽媽翻譯《同情的罪》時心裡的五味雜陳，她讀到褚威格那麼細膩地描述男主角由同情而深陷愛情的迷障，最後釀成悲劇而深懷罪惡感，應該感慨萬千吧！褚威格說，女人如果向男人坦白她的情感，男人就很難拒絕，因為「男人拒絕女人的追求，等於損傷她的最高貴的自尊」。或許男人有傳統的角色壓力，被期待有擔當，要保護弱者。如果男人拒絕女人示愛，終究會有「良心的歉疚，不管你是多麼無辜，一副可憎的桎梏將永遠鎖在你身上。」媽媽是不是也這樣看待爸爸的面臨弱者要求他有擔當？她是不是了解爸爸因為同情而越陷越深，卻又因好強好勝最終只能將桎梏鎖在身上？甘少蘇說她向爸爸表白，決意一輩子跟著他，爸爸聽了之後回答：「現在只好這樣了」，這樣的口氣裡有多少無奈，大概連爸爸自己都分不清楚吧！

## 堅定走自己的路

媽媽在 1907 年出生，是清朝末年，雖然已經出現反對纏足的聲音，但許多女孩還是被家裡逼著裹小腳，媽媽也短暫地受到這個陋習的束縛，幸好時間不長，但她的腳因此偏小，也因此對於強制綑綁或是違反自然一類的事情非常不以為然。我們小時候穿的皮鞋是訂製的，當時普遍

穿的是圓頭鞋,我和妹妹穿的是方頭鞋,顯得很異類,但媽媽就是執意要我們解放腳趾頭。我沒有把這件事放在心上,但妹妹長得比我高,腳比較大,對於穿方頭鞋耿耿於懷,覺得方頭鞋讓雙腳顯得奇大無比。妹妹長大後告訴我說,小時候總是想盡辦法把自己穿著方頭鞋的大腳丫子藏起來,全班同學集合時,如果有草地,她就會把腳放在草叢中。

媽媽受過纏足的苦,所以反其道而行,對女兒們的雙腳特別「寬容」。她在第一段婚姻中深受到婆婆嚴厲約束之苦,限制她外出和交友,這對她而言應該是很難忍受的。媽媽並不畏懼生活的困難,但她不喜歡受到限制,對於有形的框架或無形的教條她都無法妥協,因為她不會委屈或扭曲自己。

媽媽是個外柔內剛的人,她接受閻純德教授訪談時提到爸爸分開的原因「既簡單,又複雜。他很有錢,是個有雙重性格的人」,一語點破爸爸感情豐富,但任性急躁,加上家境富裕,養成他的我行我素的作風,但媽媽不會忍氣吞聲,對於爸爸的強詞奪理或是一意孤行,總是會據理力爭,不會退讓。媽媽說:「我只有離開他,才能得到解放,否則,我是很難脫身的。我是一個不馴服的太太,決

不順著他！大概這也算是山東人的脾氣吧……」[17] 這應該是媽媽最直接的表白，她受的教育，閱讀的中外書籍，長期和許多具有理想的文人和學者來往，這些經驗一點一滴奠定她的思想，增強她的自信。當她和爸爸的婚姻已經變了質，尤其面對爸爸性格中的負面情緒變本加厲時，她怎麼可能委曲求全？

但媽媽畢竟是三個孩子的母親，現實的經濟情況曾經讓她卻步，她的新女性意識曾經動搖，曾經想要屈服現實。周立民教授[18]分析媽媽當時的處境時，提到新文化運動論述中的「新女性」指的是人格獨立、經濟獨立、戀愛婚姻自由等三個要素。他說：「無論接受的教育，還是個人的姿態，沉櫻無疑都屬於『新女性』行列中的一員。」[19]在我看來，在新女性應該具備的這三點中，經濟獨立是媽媽最大的挑戰，她最後決定面對經濟難題，完整她的人格獨立，義無反顧地朝向新女性之路邁進，也是經過一番掙扎。

爸爸堅持不離婚，而媽媽也沒有堅持要離婚，一來她

---

17 閻純德，〈沉櫻──文壇的蒲公英〉，《二十世紀中國女作家研究》，頁 206。
18 周立民（1973- ），作家，學者，現為巴金故居副館長、巴金研究會副會長。主要研究領域為中國現代文學和當代文學批評，兼及散文隨筆寫作。著有《另一個巴金》、《巴金的似水流年》、《精神探索與文學敘述》、《翻閱時光》等。
19 周立民，〈一個「新女性」的人生斷片── 女作家沉櫻素描〉，《傳記文學》（北京），2020 年第 7 期，頁 106-120。

顧慮到孩子們的心理，二來她對自己是否能夠獨力養育三個孩子很有疑慮。媽媽帶著我們「逃離」復旦的嘉陵村之後，爸爸依舊只答應分居，甚至曾經以切斷「金援」逼迫媽媽接受他的安排。我記得在上海時，媽媽有次開口說了一句：「你看你爸爸都不管」。因為那段日子我們只能天天喝稀飯，但媽媽並沒有慍色，只是輕描淡寫說了那麼一句，那是我聽過的唯一的一次「抱怨」。而我當時完全不懂那是家用不夠的警訊，還覺得稀飯也沒有甚麼不好，照吃不誤。

　　我相信媽媽初到臺灣那段時間的壓力很大，即使在斗煥坪時媽媽有教書的工作，但那時候教員薪水並不高，我們日子過的還是很辛苦。我記得有回吃到黃豆芽，姊弟三人突然像大人般討論起來，好像吃到甚麼津津有味的大菜。我們平日都吃便宜的綠豆芽，能吃到黃豆芽算是不容易，肉大概一星期只吃到一兩次。我們吃到黃豆芽，頓時「齒頰留香」，學起大人說得口沫橫飛。還有一回舅舅生日時，人家多送了蛋糕，於是舅舅轉送我們一個，我們是多不容易才能有蛋糕可以吃啊！我們用家裡唯一的一把菜刀切蛋糕，家裡沒有湯匙更沒有叉子，我們就用筷子吃蛋糕，當然絲毫沒有減損我們吃到蛋糕的心滿意足，媽媽還自我解嘲地說，用筷子吃蛋糕蠻有趣的，有個這樣的經驗也不錯。回想起來，媽媽真是看得很開，苦中作樂，不知道那一刻媽媽有沒有想起從前在上海、北平那段比較闊綽

的日子？

　　媽媽是一個很能適應環境的人，而且很能正面思考，在逆境或困境中總能處之泰然。對於家用有限的景況她從來沒有任何怨言，也從來沒有聽她嚷嚷說沒錢，更從來沒說過要我們省點錢之類的話。她當時獨自一人面臨省吃儉用的壓力，單打獨鬥，沒有人分擔她的憂慮和心情。但她無怨無尤，默默精打細算，量入為出，很少有負面情緒，一直保持堅定平靜，偶爾還能幽默面對生活裡的因陋就簡。她晚年胃不好，應該跟她把焦慮藏在心裡有很大的關係。媽媽的價值觀對我有很深的影響，我知道金錢的重要性，但我不曾貪婪，也不會羨慕虛榮奢華，有山珍海味時我會吃得津津有味，如果是粗茶淡飯我還是吃得興味十足。

　　我讀護校時是公費，媽媽的負擔減少，那時候媽媽的翻譯頗受矚目，也開始認識一些文友，等到我開始工作，媽媽轉到北一女任教後，經濟狀況穩定，更重要的是她和幾位女作家互動頻仍，情誼深厚，這對媽媽來說是一件幸福的事。尤其在我和妹妹赴美，弟弟念書或當兵那段時間，她和阿姨們常相聚首，用現代詞彙形容就是她們「頻率相近」，成了聲氣相投的莫逆。

　　媽媽的人生像倒吃甘蔗般，越來越怡然自得，一如周立民教授說的，媽媽的後半生在臺灣獲得滿足和樂趣，

「讓她的人生變得飽滿。她以踏踏實實的人生腳步和嫻雅自若的品格為『新女性』注入了真實的內涵。」媽媽的人生有如靜水深流，以恰如其分的自尊與自信面對人生的起伏曲折，以堅強的心志，踏出堅定的步伐，堅持自己的信念。她的每一步都很踏實，照著她自己的節奏，不急不徐地尋找沿途的小快樂，同時她自己也很能創造小快樂，就這麼自帶能量與光芒，走出自己的路。

# 十、重新認識父親

## 陌生的父親

我對爸爸的印象主要是十歲以前留下的,我不知道他是做甚麼的,雖然常常看到他讀書寫字唸詩,但是我那個年紀不懂那代表甚麼意思。在重慶的後期,若是聽到有人提起爸爸名字時,多半是在述說他的不對。媽媽也不提爸爸的事。在那般氣氛下,我們三個小孩自然知道不要問爸爸的事。

臺灣在 1949 年開始戒嚴,1987 年解嚴。也就是說從我到臺灣的第二年開始,一直到 1963 年我離臺赴美的十四年中,兩岸在政治上彼此敵意很深,人民很忌諱提及對岸的家人或事情。在臺灣,完全沒有人會提到爸爸在文學上的表現,他的名字或著作都是禁忌,所以我從來不曾將爸爸和著書立說之事情聯想在一起。到了美國之後,接觸的環境以英語為主,更不會有人提到父親的名字。父親對

我而言，是一個很空泛的概念，也是一個疏遠的名詞，一種若有似無的存在，我沒有真正想過他和我有甚麼連結。

應該是在 1970 年代，有回在香港旅遊，趁機去逛書店，一排一排書瀏覽而過，突然看到書架上的「梁宗岱」三個字，一時之間覺得這名字有點熟，繼之一想，這不是我的爸爸嗎？在我腦中空白了二十多年的三個字突然現蹤，有點驚訝，有點恍惚，又有點激動，霎那間好像和失散多年的爸爸有了一點連結。我立刻買了一本《梁宗岱選集》，這是我平生第一次讀爸爸寫的書，真是大吃一驚，文章旁徵博引，有條有理，可以看出爸爸必定是學貫中西。我心裡想，原來我的爸爸是那麼有學問的人。但當時也僅止於此，沒有繼續探索。或許是因為那個時候生活忙碌，壓力比較大，更或許是旅遊之後回到與爸爸已經失聯許久的現實環境，返回美國就再也沒想到這件事，甚至沒有告訴當時與我同住的母親。

其實在我和妹妹都結婚生子後，媽媽似乎不再那麼嚴苛地封閉有關爸爸的訊息，漸漸變得比較願意談論爸爸，但多半侷限在敘述他讀書的認真和做學問的紮實，有關她和爸爸之間的感情則隻字不提。1970 年代之後，我試著慢慢累積關於爸爸的一點一滴，知道得越多，就更加想要多方面了解他的一切。

## 首次返鄉探視父親

妹妹在1975年趁著妹夫到中國開會的機會,夫妻兩人直接從美國飛抵中國,特別去廣州探視爸爸。1976年,錫生有個機會回臺灣半年做研究,我們全家四口返臺住在新店。那時候臺灣尚未開放到大陸探親或旅遊,但我很想就近帶丈夫和孩子們去廣州看爸爸。暑假期間,錫生先陪我到香港打聽赴廣州的相關細節。我記得香港中國旅行社的一位陸先生非常熱心接待我們,服裝筆挺整齊,待人客氣有禮。當時我們申請赴中國探親抵觸臺灣法令,這位先生很體貼地問,如果批准的話,如何通知在臺灣的我們。我想到一個方法,請他寄信到臺灣時,落款日期寫單號表示沒有被批准,雙號則表示獲准。我們回臺灣不久就接到來信,前面講了一些無關痛癢的事,落款日期是雙號,我們知道獲得中國官方批准了,於是帶著兩個孩子到香港,再由澳門經拱北到廣州。

媽媽一生讓我最佩服的一點就是她寬大的心胸。從小到大,我們姊弟三人從來沒有聽過媽媽提起甘少蘇三個字,也沒說過任何爸爸和她的事。我所知道的一些關於爸爸的「外遇」事件,都是從阿姨或其他長輩口中得知,因為他們常常為媽媽打抱不平,總是不免會說幾句。我長大之後也看過一些報導,但媽媽真的對甘少蘇沒有任何評論,所以我們對她沒有任何先入為主的想法。

爸爸在 1956 年到中山大學任教，該校外語系在 1970 年併入廣州外國語學院（簡稱廣外），爸爸隨之轉入法文系。爸爸被安排住住在廣外在白雲山黃婆洞的宿舍，是一個兩層樓的小房子。我們到達之後敲門，有個大約十八歲左右的男孩子來開門（後來得知是爸爸和甘少蘇領養的孩子），問我找誰，我說找我爸爸。爸爸當時在二樓，我聽到他大聲詢問：「誰啊？」我高聲回道：「爸爸，我是思薇。」他已經是七十多歲的人，行動比較慢，我先聽到有個女人的聲音：「啊，思薇來了。」然後樓上傳來砰砰砰的腳步聲，感覺很急迫，接著就看到一個女人衝下樓，身形略為臃腫，大約五十多歲，我心想這位應該就是甘少蘇了。

1957 年，梁宗岱任教於廣州中山大學時所攝

大約離我三五步的時候，她開口的第一句話就是非常急切的：「錶呢？錶呢？」我一頭霧水，聽不懂她在問甚麼，只好不作聲。她接著說：「思清說過要帶一個梅花錶給我。」原來是妹妹前一年來的時候，甘少蘇吩咐她幫忙帶手錶過來。這時爸爸下來了，我就說了一句我完全不知道這回事，就跟著爸爸上樓。

我原本對甘少蘇沒有任何成見，可是她這個舉動實在令我吃驚，我們一家四口和她第一次見面，她沒有任何肢體或語言的打招呼，直截了當地索取她想要的東西，毫不掩飾，好像我理所當然應該先滿足她的希望。即便是妹妹真的託我帶錶給她，是不是也應該先讓我們和爸爸見到面打過招呼後，再開口要她的東西？這樣的初見面當然給我很壞的印象。我後來才知道，那段時期，瑞士產 TITONI 手錶被當地人稱為「梅花錶」，是他們想像中非常珍貴的名錶。據說當時在香港也買不到，要從美國帶過去。但是思清到廣州探視爸爸後回到美國，對媽媽和我詳細描述所有的點點滴滴，卻從未提過手錶這回事。

　　在我印象中，最後見到爸爸就是從復旦宿舍和媽媽一起「逃走」那一天。媽媽在 1948 年 2 月離開上海之前，曾經和爸爸見過幾次面，但是都沒有帶我同去，所以我最後見到爸爸的時間應該是 1947 年。我們父女闊別將近三十年，眼前的爸爸穿著短褲和背心內衣，滿腮鬍鬚，一頭亂髮，和我印象中爸爸有很大的差距，不再風度翩翩神采奕奕了。我們在屋裡聊天，爸爸不再像以前那樣高談闊論，而是壓低聲音，似乎隔牆有耳或是在偷偷交換甚麼秘密，我們也很快受到那種氣氛的感染，收起大嗓門，輕聲低語。那是很奇怪的談話氛圍，連兩個孩子也受到影響，交談時開始咬起耳朵，好似在說悄悄話。

或許爸爸看到美國生長的外孫外孫女，想要說一點他們熟悉的英文，或許他有了甚麼感觸，反正他就在我們坐著閒聊當中，走到書架前，挑了一本英文詩集，隨手翻開就唸了起來，我記得是 Robert Browning 一首寫愛情的詩。爸爸就坐在外孫女身旁，唸著唸著，當場潸然淚下。十歲的小女孩看著七十多歲的外公，唸著英文詩唸到流淚，有點不知所措。她哪裡會知道她的外公本來就是這樣的性情中人，寫詩讀詩譯詩論詩都是他澎湃的情感投射。爸爸唸詩時情緒依舊飽滿豐富，聲律起伏有節奏，聲調時而婉轉柔緩，時而慷慨激昂，動人心弦。

就在那一刻，我體會到爸爸的感情豐富超過我的想像，即使經過那麼多的折磨，他的體態外表有那麼大的改變，但他內心深處的感性沒有被磨損。他唸詩的時候必定百感交集吧！我相信他心中一定回想到從前，那個乖乖地跟著他出入文化界聚會，跟著他去上課，跟著他唸詩的女兒已經長大成人，帶著丈夫和孩子們回來看他。一晃眼就三十年，我們父女彼此都錯過許多，怎不令人感傷？

1976 年梁思薇返鄉探親時，唯一拍攝的照片，左起：梁宗岱、梁思薇、冼子龍

## 緊迫盯人的甘少蘇

很多人問我,爸爸有沒有談到媽媽?在幾天的相聚當中,「媽媽」這兩個字提都沒提過,因為我等於是在甘少蘇全場緊迫盯人的狀況下和爸爸談話。甘少蘇分秒都不離開我,走到哪兒跟到哪兒,很像怕爸爸跟我會趁機交換甚麼祕密似的。她只有在爸爸和我家兩個孩子講話時才會離開一下下,之後火速回場。錫生後來到中國參加學術會議時,曾經幾度單獨繞道廣州探視爸爸,據說甘少蘇起先也是寸步不離,後來發現錫生和爸爸都談學術的事情,「警戒心」就放鬆了些,但時不時還是會過來尾隨「監聽」。

爸爸家裡有個白瓷的觀音像,他很得意地告訴我,他最先看到的雕像外面敷著厚厚一層灰土,於是用口水沾一下,發現裡面是白瓷觀音,毫不考慮就買回家,爸爸眉飛色舞地敘述,聽在我耳裡立刻明白他的重點在「炫耀」他很識貨。可是爸爸的話聽在甘少蘇耳裡卻另有解讀,她或許怕我開口向爸爸索求,也或許怕爸爸會主動送給我,所以她等爸爸一說完就迫不急待地先發制人,立刻表態說:「這是國家的古董,不能帶出去的。」我冷冷地回她:「我沒有想要帶回去」。甘少蘇喜歡說三道四,東拉西扯說個不停。我記得她囉囉嗦嗦扯了一些事,解釋一大堆,然後面有慍色地說:「他們都說我拿了錢,我哪裡拿了錢!」我也是冷冷地回她:「有沒有拿錢,大家心裡明

白。」我會這樣回她,也是因為曾經聽過一些親人轉述的事情,我比較驚訝的是爸爸對我這樣當面直接反駁甘少蘇時,完全沒有作聲。

廣西百色有位親戚在十來歲時曾經在爸爸家住過一兩個月,想不到卻被甘少蘇當成佣人使喚,要她去打掃廚房,還沒掃完就吩咐她去擦窗子,人在擦窗子時又命她去抹地,一樁活兒緊接著一樁活兒,不讓她喘息。最後這位親戚體力不支,差一點昏倒,這才驚動大家,細問之下才知道中飯沒讓她吃飽。我聽了她的故事後,不但為自己慶幸,更感激媽媽,還好她當年沒讓我跟著爸爸回百色,否則我的命運將會如何?想起來真是讓人不寒而慄。

甘少蘇總是說爸爸是她的「貴人」,就是她求得上好籤裡面所說的那個人。她一心認定爸爸有能力幫她擺脫舊生活的牢籠,當然會極盡奉承之能事,處心積慮地諂媚,以便爭取到上好的「歸宿」。1942 年甘少蘇跟著爸爸住到百色老家後,同住百色的親人寫信給巴黎的六叔談到這件事,以不以為然的語氣描述她如何低聲下氣,一昧討好爸爸和長輩。仔細想想,爸爸在二十一歲時赴歐洲,目睹歐洲社會裡紳士對「女性優先」的尊重。他在 1931 年回國時,滿腦子裝的是洋派思想,和男女平等相對的生活型態。照理說,他嚮往的兩性關係應該是平起平坐,相知相惜。趙清閣姑姑有回提到她在北碚和爸媽同住時,某一天

夜裡看到有人在院子裡走動,並且一邊唸著詩,走過去一看,原來是爸爸。習慣把詩朗讀出聲的爸爸說,他怕吵到正在睡覺的媽媽,所以到樓下院子讀詩。趙姑姑說爸爸就是這麼認真,令人佩服,我聯想到的是這樣的爸爸多麼紳士,多麼體貼。

才不過幾年光景,爸爸遇上了一個用盡心力萬般討好、事事逢迎的順從者,或許讓他的高傲自負得到極大滿足。可是「你尊我卑」的日子如何天長地久地過?當然是「尊」者頤指氣使,「卑」者屈意承歡。百色一位長輩曾經親口對我說過,他替甘少蘇感到非常「不值」,因為他目睹爸爸對她的態度,非常霸道、毫不客氣,在親人面前不留情面。幸好甘少蘇很懂得迎合,對於爸爸喝斥怒罵從不回應,總是很知趣地默默離開。與他們同住過的親人也說,爸爸的日子過得很孤獨,很少與甘少蘇談話互動,他不是躲在書房裡就是在院子裡獨坐深思,一坐就是一個下午。

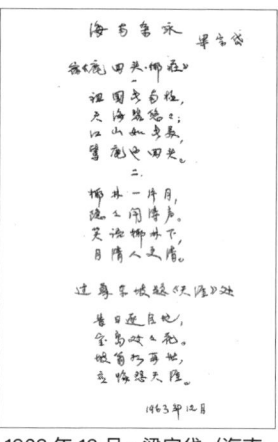

1963 年 12 月，梁宗岱〈海南雜詠〉手稿

1972 年 4 月 2 日，梁宗岱獨照

甘少蘇在 1991 年署名出版《宗岱和我》，幫這本書寫序的彭燕郊教授告訴我，爸爸過世後她應甘少蘇之請，協助她「寫」回憶錄。彭教授在他寫給田仲濟舅舅的信中（1992 年 12 月 17 日）很坦白地說：「甘少蘇女士發願寫回憶錄，惜文化程度低，沒人協助，我先後按她的要求介紹兩位女青年作她的助手，結果都不夠理想。」[1] 彭教授後來在一篇文章中指出，甘少蘇無法成為爸爸在文學上的知音，無法進入爸爸的學術世界，只能在中藥熬製上努力融入，成為不可或缺的助手。[2] 這個分析言之有理，媽媽

---

[1] 易彬，〈田仲濟與彭燕郊交往屑談——圍繞四封信的一些話題〉，《海南師範大學學報》（社會科學版），第 35 卷第 4 期（2022 年 8 月），頁 29。

[2] 彭燕郊，〈詩人的靈藥——梁宗岱先生製藥記〉，《新文學史料》，1994 年 2 期，頁 131。

帶走我們三姊弟之後，甘少蘇毫無「後顧」之憂地沉溺在她和爸爸的中藥世界，我的突然出現增強她的戒備心，她應該很害怕萬一她稍不留神，讓我有機可乘，破壞了她苦苦經營的、專屬於她和爸爸的天地，所以嚴密監視我和爸爸的重逢。

## 離開廣州前的波折

我們原本計畫是去廣州探視爸爸後，前往北京訪友，然後再回廣州，多留一點時間陪爸爸。沒想到就在我們要去北京的 7 月 28 日那天早上，在廣州的旅館準備出發前被突然告知，歡迎我們去中國任何地方，而且全數由政府招待，就是不能去北京。我們去北京並不是要觀光旅遊，而是想探訪故舊。我們一直探問為何不能去北京，但是來通知我們的人堅持不肯透露半點理由。這突如其來的「通知」讓我們非常錯愕，不肯說明原因更叫人生氣，於是告訴他們，如果不能去北京，我們就直接回香港，於是買好當天下午的火車票，不明所以地離開廣州。到了香港打開報紙，原來當天凌晨唐山發生七點五級大地震，這個消息被封鎖，過了十多天之後才釋出。

1976 年時，中國的交通並不方便，廣外在黃婆洞的宿舍算是偏遠地區，離我們住的廣州市區很遠，公車班次很少，好像一天只有一兩班，一般都雇用一種碰碰車過去，開車的師傅在回程很可能載不到客人，所以承接的意願很

低。我們晚上要回旅館時也很不容易，不能太晚離開，否則也找不到人過來載。但我們在廣州期間，只要有時間就儘量克服問題，找時間回去陪爸爸。有一天我們在爸爸家碰到冼子龍伯伯，他是爸爸在培正中學的同學，每周六他會到家裡找爸爸喝酒，數十年如一日。錫生和冼伯一見如故，後來有一次他單獨去看爸爸，和冼伯聊到欲罷不能，離開爸爸家之後，兩人走到江邊又繼續聊了兩三小時。

初次返鄉時爸爸把手中唯一的一本法譯《陶潛詩選》交給我，那一冊原本是要送給爺爺的，書名頁上有爸爸寫的「給阿爸」，精裝本的紅色布面已經磨損褪色。另外爸爸還給我一本羅曼·羅蘭親筆簽名的《歌德與貝多汶》，還有一本爸爸手寫的詩集。爸爸的親筆詩集很珍貴，那裡面不只有爸爸的心情，他的詩意，還有他一筆一畫書寫的字跡。遺憾的是在廣州過海關時，詩集的手稿被攔截下來，或許他們不放心親筆書寫的詩裡可能隱藏甚麼吧，我當場翻給他們看，告訴他們就只是詩而已，但他們還是不肯放行，他們說可以幫忙寄回給爸爸，就是不准帶出國。那是1976年7月，政治氛圍還不算很明朗，我擔心留下「後遺症」，只能選擇當著海關的面，親手將手稿撕毀。

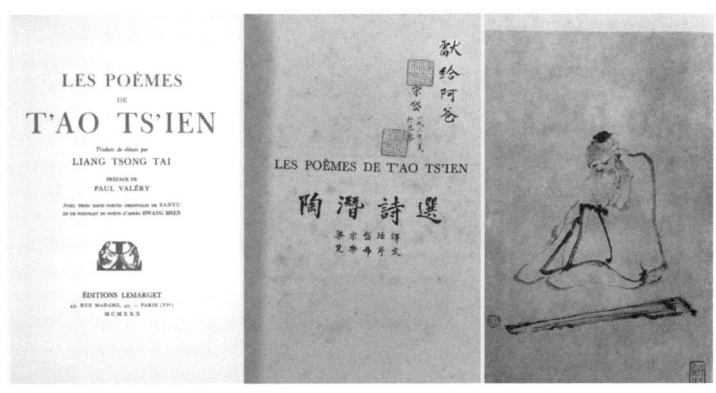

梁宗岱法譯《陶潛詩集》，梵樂希作序

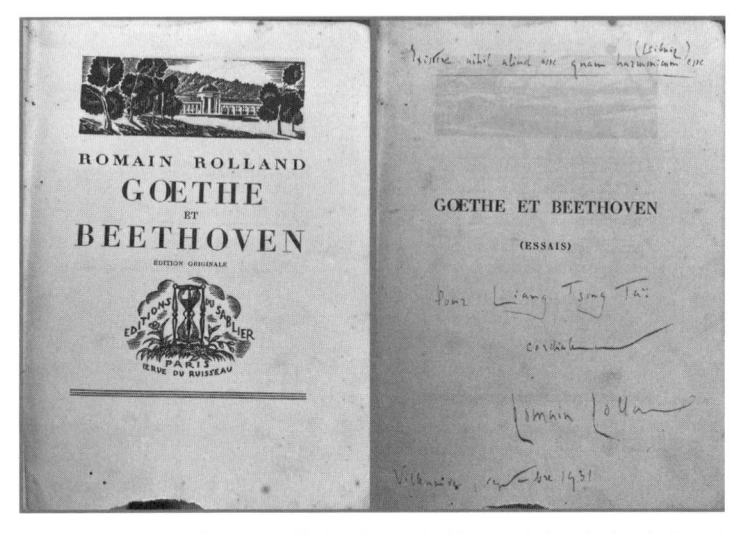

1931年，羅曼羅蘭贈予梁宗岱的《歌德與貝多汶》，題在書頁上端一行字乃引自 Leibniz 的話：生存不過是一片大和諧。

# 爸爸在我的夢中告別

錫生和爸爸首次見面後，相談甚歡，後來只要時間許可，他到中國開會時必定繞道到廣州探視爸爸。有回他到

北京開會前先到廣州，爸爸寫了一封信要他轉交給胡喬木[3]。當時爸爸因腦動脈硬化，身體狀況江河日下，手腳力不從心，想要到廣東著名的從化溫泉療養院，試試溫泉和按摩的療效，希望胡喬木能安排。錫生到北京後將信交給一個他很信任的朋友，由這位朋友親手將爸爸的信轉給胡喬木。

1983年9月，我再度和錫生回廣州，那時爸爸已經躺在醫院的病床上不太能動了，他的腦筋很清楚，但是氣很虛。我還記得爸爸有氣無力地跟我們解釋，胡喬木後來的確安排他到從化溫泉，但是他覺得效果不如預期，一段時間後轉往中山醫院。此後爸爸幾度進出醫院，每況愈下。我去看他之後兩個月，11月6日，爸爸走完他八十歲的人生。

爸爸過世時，遠在美國北卡羅萊納州的我，有一段很奇特的經歷。那夜我在睡夢中驚醒，因為我夢到一個白髮老人來敲門，那個白髮老人的倒是很像六叔，但不知道為甚麼，我認定他就是爸爸。夢中我開門喊了爸爸，他卻轉身跑了，我追出去時一輛馬車正好駛過來，剛好翻倒在我面前，擋住我的視線，而爸爸就在這一瞬間不見了。我心

---

[3] 胡喬木（1912-1992），中華人民共和國政治人物，馬克思主義理論家。1941年至1969年任毛澤東秘書。曾任中國社會科學院院長、新華社社長、中共中央書記處候補書記、中共中央政治局委員、中共中央顧問委員會常委等職。

知這個夢很不尋常，先搖醒身旁的錫生，告訴他我夢到爸爸，然後很肯定地說爸爸一定是走了。之後我起身打電話給妹妹和弟弟。幾個鐘頭之後，妹妹接到甘少蘇的電報證實爸爸走了。我原本不太相信魂靈感應之說，但這個夢對我有某種特殊的意義，爸爸在他離開這個世界時，沒有忘記過來跟他最疼愛的女兒道別。

1982 年 7 月 14 日梁宗岱獨照

甘少蘇在何時過世我不清楚，我只記得接到姑姑來信說，爸爸的墓碑上刻著甘少蘇的名字，孝子孝女刻著弟弟妹妹和我三個人的名字，換言之，我們姊弟變成是甘少蘇的子女。姑姑說百色老家的親戚認為應該改正。其實如果沒有我們三人的名字，我完全不介意爸爸跟誰合葬。但這樣的墓碑完全無視媽媽的存在，媽媽養育我們的事實被銷聲匿跡，我們的生母悄悄地被代換掉，這種做法實在有失厚道，更何況爸爸和媽媽並沒有離婚！我實在無法接受我們三人莫名其妙地成了別人生的兒女，因此趁著一次到廣州的機會，央求墓園將我們的名字磨掉。墓園的人原本很忌諱，可是我堅持自己名字不能這樣任人擺布，他們只好

同意修掉。

說也奇怪，約定好要磨掉墓碑子女姓名的那天，突然風雨大作，無法施工作業，我心裡想，或許是天意吧，只好作罷。到了 2013 年，墓園管理人員通知我們說，墓地的地基下沉，墓體破損嚴重，需要修繕，於是我又回廣州一趟。這回百色的兩位叔叔及表弟表妹陪著我去，大家都主張趁著修繕工程還原事實。於是我在爸爸的墓地附近另外買了墓地，依原規格形狀重築新墓，將甘少蘇的骨灰罈遷移到新處，將媽媽的一本書放在爸爸的骨灰罈旁邊，算是媽媽的另類「衣冠塚」，但願他們兩人在另一個世界仍舊是讀書談心的知音。

有些人對於甘少蘇晚年不離不棄地照顧爸爸大加讚揚，說爸爸如果沒有甘少蘇，可能熬不過種種折磨。我的想法是，如果沒有甘少蘇，爸爸當年是不是可能選擇和我們全家團聚一起？是不是可以避開此後半生的折磨？他對中西跨文化交流的理想是不是得以持續發揮？

爸爸不願意到臺灣的因素，一般直指他不喜歡蔣介石，認為國民黨有許多缺失，不願意為國民黨所用。我認為除了那些理由之外，爸爸當年花三萬元為甘少蘇贖身，為了她與流氓大打出手，成了人們茶餘飯後議論的話題，當時文化界人士幾乎都是站在媽媽這一邊，認為爸爸不可

理喻,為了一個在外表和內涵都遠遠不如媽媽的甘少蘇,弄到妻離子散的地步。當時學術界和文化界中有不少人選擇跟著蔣介石到臺灣,而爸爸是那麼好勝的人,這回他自知理虧,無法像先前打「離婚官司」那樣無愧於心。他在顏面盡失的狀況下,更不可能選擇與他素來不喜歡、甚至有點瞧不起的學者、文人為伍,一起赴臺灣。

爸爸退隱百色,之後在接二連三的政治風暴下改頭換面,穿著「萬人一式」的舊衣粗服,學習工農兵的生活,拋卻原本的習性與理想,把自己從知識分子變成布衣芒屩的平民百姓。如果不是因為他屢屢被批鬥被「改革」,原本個性風流倜儻,灑脫不羈的爸爸,能夠壓抑內心的波瀾,若無其事地和甘少蘇共同生活四十年嗎?

## 棄文從藥的抉擇

北京大學英文系教授溫源寧[4]形容爸爸對文學的狂熱有如宗教般:「渴望著對心靈作深入的探險」,我相信文學是爸爸永遠的最愛,後來棄文從藥是情勢使然。一來爸爸身負繼承梁家祖業之責,再者,他和甘少蘇的事情把自

---

4 溫源寧(1899-1984),曾任教北京大學、清華大學等。1934 年擔任《中國評論周報》(*The China Critic Weekly*)編輯,並為專欄「Unedited Biographies」(人物誌稿)」撰稿,1935 年將專欄文章挑選十七篇結集出版,名為 *Imperfect Understanding*,其中包括〈梁宗岱〉一文。1935 年擔任英文雜誌《天下月刊》(*T'ien Hsia Monthly*)主編。1947 年任駐希臘大使。

己逼到無路可走，只好回百色接下西江學院教務長之職。起初爸爸有他的繼母協助，可以兼顧教學與家業，但抗戰勝利後西江學院由百色遷到南寧，不久後繼母過世，爸爸回到百色之後就沒有重返南寧的西江學院任職了。

留在百色老家的爸爸面對鄉親到梁全泰找藥的習慣，只好開始採藥、施藥，進而自己研究藥方。其實中藥對爸爸而言也算是家學淵源，因為梁家的「梁全泰」不只是商鋪，也是藥材鋪。我爺爺喜歡讀醫藥書籍研究中草藥，手邊收集了一些治療各種疾病的藥方，不但免費給窮人看病，還免費給藥。爸爸從小跟著爺爺，多少也學到辨識各種藥草的能力。爺爺過世後，百色的人們有了病痛還是到梁全泰看診抓藥，爸爸對藥材藥方並不陌生，加上他做學問所培養出來的毅力和深稽博考的功夫，對於施藥看病之事並不生疏，更何況他可以參考爺爺留下的藥方，因此爸爸繼續為百色鄉親族人看病開藥，也開始製藥。

爸爸研製出一種類似抗生素的新藥，叫做「綠素酊」，據稱沒有任何副作用。1950年，爸爸決定「擴大製藥」，把家業中的煙絲廠和商行改建為化工廠提煉中藥，還獲得最高限額貸款。可惜爸爸在1951年被羅織四百八十條罪名，被關押到1954年。十二叔梁宗翰說，當時他得知有百色官員要置爸爸於死地，急忙寫信給爸爸在北京的朋友，請他幫忙救爸爸，後來爸爸獲判無罪釋放。

原本計畫量產的綠素酊因爸爸坐牢而停頓，貸款無法償還，甘少蘇將化工廠的廠房、設備、原料賣掉。出獄後爸爸以極低的薪水加入廣西人民醫院的臨床實驗隊伍，他只希望能以科學的實驗檢驗綠素酊的療效。根據黃建華[5]教授的書所說，可惜天不從人願，「1956年初第一期試驗的結論出來了：醫療效果不顯著」[6]。

幸好此時中山大學籌辦法語系，爸爸受邀加入，但重回校園的爸爸依舊不改其直言不諱的性格，明裡暗裡留下許多「說者無心，聽者在意」的事證。黃建華教授對此有詳細的描述[7]，例如有回爸爸看到壁報上的標語：「因為我們是為人民服務的，所以我們如果有缺點，就不怕別人批評指出。」爸爸對旁邊的人說，把「所以」兩字刪除，句子就會簡潔些。那句話出自毛澤東，爸爸只是從修辭學觀點提出意見，日後就成了反毛澤東思想的罪證。此類例子不少，爸爸不吐不快的個性為他惹上許多的麻煩。

文革時爸爸幾度被殘酷拷打到皮開肉爛，甚至兩度誤傳死訊。有一次連媽媽也接到惡訊，我還記得她呆坐在沙

---

5　黃建華（1936- ），1961年畢業於中山大學外國語言文學系，畢業後留校任教。1978年初至1981年中任職聯合國科教文組織。1995年任廣東外語外貿大學校長。代表作包括翻譯《蒙田隨筆》（與梁宗岱合作）、《愛經》全譯本，散文集《花都異彩》，詩集《遺珠拾撿》等。2014年完成《漢法大詞典》，獲第四屆中國出版政府獎圖書獎。
6　黃建華，趙守仁，《梁宗岱》，頁227。
7　黃建華，趙守仁，《梁宗岱》，頁261-292。

發上，久久無語。爸爸經歷一次次慘無人道的鞭打，遍體鱗傷，回家後靠綠素酊把自己救回來，也因此對它的功效深信不疑。但這個被他視為神藥的綠素酊一直沒有得到官方認可。對於受過科學訓練的醫生而言，病人的病歷史和精確的藥物成分都是判定療效的重要關鍵。爸爸以一人之力看病施藥，病歷之事並沒有精確記錄，而綠素酊成分在他沒有找到十足可信賴的合作對象之前，又不敢輕易示人。缺少大量而精準的醫學驗證，自然得不到核可，這應該是爸爸很大的遺憾吧。

爸爸走上製藥有其客觀和主觀因素，但甘少蘇順勢力推是一股不容忽視的驅動力，她無法和爸爸在文學上交流，努力想進入爸爸的文學世界卻不得其門而入，但她可以認真而忠實執行製藥的工作。彭燕郊教授在《詩人的靈藥》一文中檢視爸爸的製藥「事業」，語重心長地指出，甘少蘇知道巴金、田漢、曹禺等名字，甚至也知道梵樂希，羅曼・羅蘭等大名，但這種只知其名的狀況，「大概和一般京戲觀眾知道梅、程、荀、尚，……卻說不出一點所以然那樣」。彭教授認為，對於甘少蘇而言，「這是一種不能忍受的痛苦，她必須努力創造一個共同的精神世界，在這個世界裡和梁先生共享同一個追求，同一個歡樂和苦惱。」甘少蘇用盡全力推動製藥的工作，因為那是她和爸爸生活中唯一共通的話題和焦點。

彭教授說:「我們甚至可以認為,如果宗岱先生晚年不是和甘女士生活在一起,他或許不會把製藥擺在文學事業之上,而僅僅只把它當作一種調劑的『副業』,事情就不會朝這個方向發展。」[8] 彭教授曾主編湖南人民出版社的「詩苑譯林」叢書,其中有爸爸的《梁宗岱譯詩集》,為此彭教授在 1982 年曾到廣外拜訪過爸爸,書在 1983 年 3 月出版,就在爸爸過世前八個月。爸爸走了之後甘少蘇寄了許多爸爸的資料給彭教授,他手中因此有許多第一手資料,其中包括了爸爸和媽媽的信件。彭教授告訴我,他到廣外住了三個月,協助甘少蘇寫回憶錄。彭教授仔細研讀爸爸自己印製的《我學製藥的經過》之後感慨如果不是甘少蘇,爸爸或許會將文學放在製藥之上,我很認同他的看法。

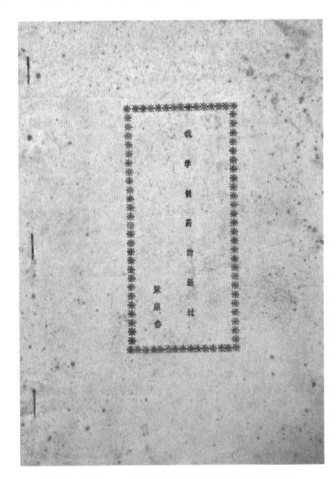

梁宗岱,《我學製藥的經過》

2018 年年底,我曾應中央電視台之邀,回百色拍攝相關影片。不知道一些人如何知道我的身分,他們特地過來告訴我,爸爸以前如何看病,如何免費給藥。這些人有的

---

8　黃建華,趙守仁,《梁宗岱》,頁 131。

是小時候自己親身的經歷,有的是轉述親朋好友的經歷,由這些純樸的人簡單的敘述中,我可以感受他們心中的感謝。我手邊那本《我學製藥的經過》記錄許多病患痊癒的案例,我也相信爸爸的藥方有某種程度的治療效果,但爸爸一心只想著成功的案例,製藥的野心和信心越來越大。他對文學的豪情萬丈轉到中藥的研製,同樣地雄心勃勃,志不可擋。

我曾問過九叔梁宗巨對綠素酊的看法,他是個實事求是的學者,頭腦冷靜,治學嚴謹,我非常相信他的判斷。他說綠素酊對某些疾病因發炎而引起的毛病,例如胃痛、皮肉傷痛等,有它一定的療效,但對其他的病症並不適用。可惜爸爸卻一心一意相信它可以治百病,真的是太一廂情願了。

## 我的九叔和六叔

爸爸的兄弟姊妹中,我最熟悉的是九叔梁宗巨,他的原本名字是梁宗鉅,我倒是沒有問過他為甚麼改名。爸媽從日本回到北平時,九叔跟著他們在北平讀書,之後爸爸在南開大學教書,他就跟著爸媽在天津讀南開中學,所以九叔等於是看著我出生的。九一八事變後他和我們回到百色,之後爸媽到重慶時,他和二姑兩人跟著我們一起到重慶念書。爸爸對九叔很嚴厲,大概因為他認為九叔是可造之材,一心想磨練他,覺得男孩必須經過「苦其心志,勞

其筋骨」的過程。我記得媽媽常為九叔的事和爸爸爭論，九叔一直感念媽媽無微不至的照顧，他對我說：「我的二嫂只有一個，就是你媽媽。」

九叔是個數學天才，而且也擅長繪畫，完全自學的。1947年，趙清閣姑姑主編的《無題集》收錄媽媽寫的〈洋娃娃〉以及其他十二位女作家從未發表過的作品，每篇作品前面都有作家的小傳和照片，媽媽沒用照片，代之以九叔所描繪的媽媽的側面畫像，她戴著眼鏡直視遠方，堅毅篤定的神韻躍然紙上。這件事我記得很清楚，因為那一次一次大家傳閱九叔的畫，畫紙的右上方有四個字「老當益壯」，大概表示媽媽越來越能寫的意思。不過那時候我認得的字很有限，當場唸出「老當益忙」，成為笑談。我不知道為甚麼後來出版的時候把「老當益壯」去掉了，但我很確定九叔的畫像上原本有這四個字。

梁宗鉅於 1937 年 9 月 17 日親繪的沉櫻畫像

九叔在1942年進入復旦化學系，因為當時復旦理學院沒有數學系，但是他沒有放棄對數學的鑽研，完全靠著自己探索研究，後來在數學領域上卓然有成。九叔在大學時

認識了讀外文系的九嬸陳善魂，兩人畢業後就結婚。九嬸的爸爸是嶺南畫派的創始人之一陳樹人，是個事業非常成功的華僑，我記得去過他們在上海的家，富麗堂皇，非常氣派。九叔後來在遼寧和大連教書，還寫了一部《世界數學史簡編》，據說是了解世界數學史的重要工具書。

我六叔梁宗恆在1935年離開中國到法國留學，之後定居法國。我在1997年有機會到法國習畫兩年，和六叔時常見面，也因此對梁家的點點滴滴有更清楚的脈絡。六叔說他小時候最崇拜爸爸，「吃飯時，我一定坐在二哥旁邊」，可是六叔和爸爸都是個性鮮明的人，都是不服輸的死硬派。他說他和爸爸曾在船上打過架，我想應該是1931年爸爸從歐洲返國，經過香港將當時在香港讀書的六叔接回國。六叔在法國攻讀電機工程和數學，後來和一位法國女士結婚生子，1945年在法國的中華民國大使館工作十九年，直到1964年，1974年接手經營中國餐館十四年，後來生活並不如意。

約 1997 年，齊錫生（右一）與梁宗恆（左一）於法國合影

　　我在法國學畫期間常約六叔吃飯，聽他講述往事。他人不在百色時，爺爺常常寫信給他，敘述國事家事。我在六叔的住處看過爺爺的那些寫信，信中常對六叔說起「你二哥」如何如何，包括爸爸打離婚官司的事情，爺爺在信中詳告進展。抗戰爆發後爸媽帶我回百色時，爺爺在信中告訴六叔，媽媽在中學謀得教職，月薪多少。爺爺一手好字，敘述時人事時地物都交代得很精確，六叔也保存的很好，後來他還將爺爺的來信集成一冊，是梁家非常珍貴的家族史料，六叔特地給我一份留念。

1937 年 4 月 11 日，梁星坡寫給梁宗恆的信

六叔曾和法國作家侯芷明（Marie Holzman）合寫《花都華人》（*Chinois de Paris, 1989*），敘述法國華僑的歷程，其中一章講述梁家的歷史，後來九叔以這一章為基礎，寫了一本《阿公的故事》，追溯梁家祖輩的事蹟，也是沒有公開發行，只送給親戚朋友。原本六叔想寫梁家一百年的故事，可惜沒有完成。

1989年出版的《花都華人》中的梁家家族合照

　　抗戰爆發後,我們一家三口在百色住的那一年中,幾個年紀比較大的姑姑和叔叔跟媽媽相處得很好,媽媽的個性平易近人,他們都很喜歡媽媽,跟媽媽很親近。我的五姑聰明又漂亮,很年輕就結婚了,後來跟著五姑父到了臺灣。五姑從未因為爸媽分開就把媽媽當外人,我們一家四口在臺灣的年夜飯都是和五姑一家人吃的。我和十一叔梁宗標、十二叔梁宗翰應該就是我周歲的時候在百色「見過面」,1980年代我們開始通信,他們常常告訴我各家發生的事情,所以我人雖然不在百色,家族裡的很多事情並不陌生。

# 十一、爸爸的光與熱

## 學生的引介和發揚

　　在我心目中，爸爸是一個生錯了時代的人。他自歐洲返國後，外表洋氣，喜歡穿筆挺的西裝，西裝褲有長褲也有短褲，短西褲就是現在的五分褲，穿短褲時他一定會配上長筒襪和白皮鞋，在那個多數人穿著深色長袍的時代，這身打扮多麼標新立異！而爸爸的腦袋裡想的都是如何將西方文化譯介給中國的讀者，期許中西文化激盪出更燦爛的火花，在那個時代氛圍中屬於比較先進的文化人。更特別的是他打破文弱書生的刻板形象，不但有強健的體魄，還是出了名的愛秀手臂肌肉，顯得獨樹一幟。他平日喜歡游泳、爬山、健走，這不就是現代人再三強調的健身養生之道嗎？

梁宗岱攝於廣州白雲山

　　爸爸過世之後，我更想多了解他，除了看他留下的著作，幾度回百色探訪親人，聽他們細說梁家的故事和爸爸的往事，我聽得愈多，感慨愈深。除了親友之外，我也很想從他的學生和朋友知道他的過去。我最先認識的是黃建華教授，他是爸爸在中山大學法文系成立後的第一屆學生。黃教授在畢業後留校任教，成了爸爸的同事，兩人在1970年隨中山大學併入廣州外語學院。黃教授與爸爸有二十六年的情誼，是一段可貴的緣分。

　　爸爸轉到製藥領域後創作量漸少，後來他的名字在中國文壇逐漸沉寂下來，黃教授在1980年代開始研究爸爸的作品和事蹟，並發表相關文章，慢慢地引發一些迴響和注意，我是在拜讀了黃教授文章才後知道他和爸爸有很深的淵源。我很感謝他將已經逐漸被遺忘的梁宗岱，重新推到

讀者面前，讓新一代的讀者認識他。

爸爸在巴黎時和當時法國最受矚目的詩人兼思想家梵樂希認識後，成了忘年之交，著手翻譯他的《水仙辭》，還得到大師親自指點。另一方面，爸爸把陶淵明的詩翻成法文，向西方人展現東方的文學境界，法譯陶詩出版時，梵樂希特地為他作序。爸爸返國後和梵樂希繼續通信，可惜他手上十幾封梵樂希寫給他的信在文革時期被毀，所幸有兩封短信夾在字典裡逃過一劫。

1978年初黃教授前往巴黎的聯合國教科文組織任職，後來在某個機緣下認識梵樂希的兒子，黃教授聯繫爸爸，將他手中留存的梵樂希親筆信影印後交到故人兒子手中，對方在1980年元旦回了一信給爸爸，爸爸看到信時非常感動。另外，黃教授也找到爸爸在法國時非常親近的友人普雷沃（Jean Prévost）[1]的兒子和前妻。爸爸翻譯的《陶潛詩選》出版時，第一頁就寫著：題獻給普雷沃，因為普雷沃是當年爸爸的法譯陶詩的第一個「聽者」，普雷沃不懂中文，爸爸朗讀法文版的陶淵明詩句給他聽，普雷沃從一個法國人的角度提出建議。普雷沃是作家，也是記者，

---

1　普雷沃（Jean Prévost, 1901-1944），法國作家、新聞工作者，二次大戰之抵抗運動成員。作品有文學評論《法國伊壁鳩魯主義者》（*Les Épicuriens français*）、《論斯丹達爾的創作》（*La Création chez Stendhal*）、隨筆《體育活動的樂趣》（*Plaisirs des Sports*），小說《布坎康弟兄們》（*Les Frères Bouquinquant*）等。1943年獲法蘭西學院的文學大獎。

更有名的身分是反納粹鬥士，1944 年過世。普雷沃的前妻是作家奧克萊（Marcelle Auclair）[2]，黃教授前去拜訪時，奧克萊告訴他，爸爸當年總是拿著他翻譯好的陶詩到他們家和普雷沃討論，兩人字斟句酌，每每到深夜還不罷休。

奧克萊說她曾於 1955 年曾到中國訪問，試圖尋找爸爸未果，但在 1960 年初期兩人通信聯繫上。爸爸曾託人帶了綠素酊到法國給奧克萊，她來信告訴爸爸，1965 年歐洲流感橫行時，綠素酊讓她安然度過危機。奧克萊和女兒 Françoise Prévost 在 1978 年出版了一本以母女的對話形式說談往事的《對話回憶錄》（Mémoires à deux voix），奧克萊提到爸爸對法國文學有深入的了解。我回廣州探視爸爸時，爸爸曾要我帶一瓶綠素酊去法國給奧克萊，我還千里迢迢把它拎到巴黎，可惜時間不湊巧，奧克萊當時不在，我只好交給她的管家。她於 1983 年去世，我們緣慳一面，我再也沒有機會和她當面談爸爸了。

2004 年時，黃建華教授和趙守仁教授合寫了一本《梁宗岱》，趙教授是九叔梁宗巨在遼寧師範大學的同事，是

---

[2] 奧克萊（Marcelle Auclair, 1899-1983），法國小說家、傳記作家、詩人、新聞記者。七歲至二十四歲在智利成長、受教育，因此精通西班牙文。1923 年與普雷沃結婚，1938 年離婚。1937 年與 Jean Prouvost 聯合創立時尚雜誌 Marie Claire（《美麗佳人》）並開始寫專欄。代表作包括西班牙詩人兼劇作家洛爾迦之傳記 Enfances et mort de Garcia Lorca、Saint Teresa of Avila《亞維拉的德蘭》等。1978 年與女兒 Françoise Prévost 合著 Mémoires à deux voix（《對話回憶錄》）。

歷史學家，這本書脈絡清晰，對爸爸一生的際遇和作品有詳細的描述，並輔以史料佐證，其中爸爸被整肅被批鬥的歷程令我讀來特別感傷，另一方面，書中敘述學生回憶爸爸上課情形，爸爸對課程和教學方法的堅持，以及爸爸和學校同事的互動，這些點點滴滴幫我把離開上海之後的爸爸接續起來。

黃建華教授介紹我認識晚他一屆的盧嵐和劉志俠，他們夫妻兩人畢業後也留在中山外文系，1968年同赴法國留學，之後在法國定居。盧嵐在校時很得爸爸的賞識，她對爸爸上課自有章法的教學風格印象深刻：「他從來不照本宣科，一站到講台上，打開講義，便天地經緯，隨意抒放。一節課下來，生動活潑，智慧事理，都在無意中得到啟迪。」[3] 她的形容讓我聯想到爸爸帶我到復旦大學上課的情形，我乖乖地站在黑板角落畫圖，根本不知道他在講甚麼，只記得他整個人神采飛揚。回想起來，學生們似乎都聽得津津有味，臉上絕對不是無聊乏味的「厭世」表情。

不過她說有些學生很怕爸爸，因為他太嚴格，抓到學生犯基本錯誤時完全不留情面，學生常常被罵哭。爸爸一絲不苟的作風讓學生就不敢「混」，寧可犧牲其他課程的準備，花多一點力氣在爸爸交代的功課上。爸爸相信嚴師

---

3　盧嵐，〈心靈長青〉，收於劉志俠、盧嵐，《梁宗岱文蹤》（廣州：廣東人民出版社，2019）。

出高徒,和媽媽因材施教,循循善誘的風格迥然不同。爸爸好勝好強,而且他的資質不錯,下足功夫就有很好的成果,難免就把他人表現不好歸咎於不夠努力用功。

劉志俠說:「在芸芸教授中,宗岱師鶴出白雲,他的法文固然好(還有英文、德文和義大利文),而他的詩人氣質、文學修養、特立獨行的個性更是獨一無二。四年門下,六年同事,雖然有一段時間囿於環境,接觸不多,但是耳濡目染,潛移默化,再沒有第二位老師給過我們那麼大的影響。」[4] 這段話讓我想到去探望楊絳的時候,她也說當年旁聽爸爸的課,學得比其他正式課程多很多,一輩子受用。

## 《青年梁宗岱》

劉志俠和盧嵐合寫了《青年梁宗岱》,他們在香港、法國、瑞士、日本等地的圖書館和檔案館找尋文獻,檢索手稿原件,不但將爸爸的童年時期,以及就讀培正中學和嶺南大學時期的學習軌跡建構起來,並且清楚勾勒爸爸的留學足跡,把爸爸在歐洲的學思歷程有條不紊地串連起來。他們耗費很多時間和精力找尋有關爸爸的第一手資料,仔細爬梳資料來源,考核其真實性,然後才下筆撰寫。

---

4 劉志俠,〈詩人教授梁宗岱〉,收於《梁宗岱文蹤》。

最讓我感動的是他們找到爸爸給梵樂希的十七封信，以及寄給羅曼‧羅蘭的六封信和一張明信片，另外還找到羅曼‧羅蘭的日記中四處關於爸爸的記載，這都是非常重要的文獻，有重要的歷史價值，對我而言更是珍貴無比。媽媽以前描述爸爸年輕時如何求知若渴，如何親炙大師，如今有了具體的事實依據，我心中的爸爸熠熠生輝。

根據劉、盧二人的查證，爸爸在 1924 年冬季抵達歐洲，先在日內瓦大學學法文，隔年進入巴黎大學文學院，也就是通稱的索邦大學。爸爸在巴黎六年，前五年按部就班上課，他的創作和翻譯都是在寒暑假中進行，並沒有借留學之名到處旅遊。志俠和盧嵐找到爸爸在索邦大學的註冊卡，確定爸爸是正式就學，而且依照學校的規定參加考試。當時索邦大學規定，只要通過四門自選的學科考試就可拿到文憑。爸爸在 1925 年的兩個學期通過英國文學和當代哲學兩門考試，1926 年通過法國文學考試。1927 年爸爸在註冊卡上填寫的科目是語言文字學（la philologie），但爸爸放棄應考。

爸爸在「我的簡史」中曾經解釋，自己不想為了學位的考試「窮年累月埋頭鑽研一些專門但狹隘的科目」，他想要把難能可貴的留學時光放在「多結交外國朋友，儘可能汲取西方文化的『菁華』……」他在〈憶羅曼‧羅蘭〉一文中說得更清楚，因為他到歐洲兩年之後，興奮感逐漸

退去,「我找不出留歐有什麼意義」。爸爸對自己為考試而埋頭在限定的科目取得知識感到焦慮,對未來產生疑慮,直到他認識梵樂希之後,聆聽他的言論,受到極大的啟發。梵樂希鼓勵爸爸善用在歐洲的機會,廣結文化界人士,拓展自己的視野和思考深度才是應該追求的目標,而不是一紙文憑。

爸爸決定不要勉強自己為文憑而讀書,在 1927 年開始翻譯《水仙辭》,1928 年把陶淵明的詩翻譯成法文。就在 1929 年,爸爸寄了幾首他所翻譯的陶詩給羅曼·羅蘭,之後就有了親炙大師的機緣。1930 年他到德國的柏林大學和海德堡大學苦學德文,隔年到義大利翡冷翠大學學習義大利文。

爸爸以一個外國留學生的身分出入巴黎文藝沙龍,還得到幾位名家的指點,確實是可遇不可求的機緣,他決定放棄學位的心情應該可以理解。就在只差一門考試就可取得文憑的時候,爸爸選擇一條不算「政治正確」的路,想要自由地追隨大師們的腳步精進自己,這很合乎我所認識的爸爸,不在乎虛名,只在乎自己的實力。爸爸在回國時並沒拿到學位,有人因此說他到歐洲只是喝喝洋水,其實到處晃蕩,並沒有認真上課。劉、盧兩人找到的註冊卡是官方紀錄,證明爸爸紮紮實實苦讀,而且通過幾科考試,他的學問不是浪得虛名。

## 爸爸的畫像

劉、盧兩人不但建構了爸爸留學的足跡，還幫忙找到了收藏在巴黎的爸爸的畫像。我回廣州時爸爸告訴我，有個法國畫家為他畫了一張全身像，速寫的原稿送給爸爸，一丈長的油畫放在巴黎博物館，但爸爸手中的速寫畫稿在文革時被燒毀。稍後我到巴黎學畫，總想著要找那幅爸爸的畫像，然而遍尋無果。我問長期在法國的劉志俠和盧嵐，他們不曾在巴黎看過爸爸的畫像。我問了許多法國朋友和同學，轉告他們有關我爸爸的故事，請他們多留意，就是沒人見過什麼中國人的油畫肖像。

爸爸跟很多人提起過畫像這件事，很多人都聽聞此傳說，但沒人見過實物，我相信很多人心裡認為這根本是天方夜譚，怎麼可能有個中國作家的畫像會放在巴黎的美術館展覽，一定是爸爸自我膨脹。爸爸在歐洲和梵樂希、普雷沃的交往已經夠叫人羨慕了，還認識了羅曼‧羅蘭，當時能夠有這種際遇的人不多。爸爸每每談起這些事都是得意洋洋，眉飛色舞。我想可能有許多人覺得爸爸在吹牛或言過其實，未必是撒謊，而確實太不可思議。他們很可能認為爸爸只是見過這些名人，但被他誇大、過度渲染。我多年來四處詢問爸爸的畫像得不到任何線索，一度還真的懷疑是不是他在說大話。

2017年，劉、盧二人在整理羅曼・羅蘭與中國留學生的通信文獻，他們注意到盛成[5]所著《一九六六年至一九七九年詩集》，書的封面是女畫家穆特（Mela Muter）[6]為他畫的油畫肖像，由此聯想到是否有可能是她為爸爸作畫。志俠鍥而不捨地搜索，找到1932年出版的藝術刊物《家具與裝飾》（Mobilier et Décoration），裡面真的有爸爸的畫像，油畫的右上角還有爸爸親筆簽的「梁宗岱」三個中文字。畫像的說明寫著，原畫在阿爾及爾美術館。阿爾及利亞是法國屬地，他們在新美術館落成之後，積極在法國蒐羅各美術館藏品，爸爸的畫像就名列在其中，應該就是這個原因，我在法國各美術館遍尋不到爸爸的畫像，原來已經轉到阿爾及爾了。

　　阿爾及爾在1962年獨立之前發生武裝衝突，美術館被放置炸彈，館方將三百多件藏品送到法國「避難」，之後法國歸還給阿爾及爾時並非按照原先送來的作品送回，所以爸爸的肖像現在畫落何處，還有待繼續追查。值得安慰的是，劉、盧二人在德國買到那一期的《家具與裝飾》，清清楚楚地看到一個手握古書，側頭凝望的爸爸，年輕熱

---

5　盛成（1899-1996），學者、詩人、作家。1919年留學法國，獲碩士學位。1918年以法文自傳體小說《我的母親》（Ma mère）得到法國文壇高度評價。梵樂希為該書撰寫一篇長達十六頁的萬言長序，盛讚此書改變西方人對中國的偏見和誤解。

6　穆特（1876-1967），猶太裔波蘭女畫家。1901年到法國習畫，並為富有或知名人士畫像，其肖像畫風格獨特，頗受歡迎。

情的神采氣度躍然紙上。

畫家穆特所繪之梁宗岱畫像

## 聽楊絳談往事

楊絳[7]在1933年進入清華研究院專修外國文學,當時爸爸在清華大學部兼課,對前來旁聽的她讚譽有加。2010年我們去北京時,楊絳已經九十九歲,此前多年就已經宣布不見客人了。我透過蕭乾的太太文潔若詢問到她的電話,試著打過去,先表明我是梁宗岱女兒梁思薇。楊絳頭

---

7 楊絳(1911-2016),作家、翻譯家,曾任教震旦女子文理學院、清華大學。主要作品有《幹校六記》、《將飲茶》、《我們仨》、《走到人生邊上:自問自答》等。

腦機伶地問我幾個問題，包括你媽媽叫甚麼名字、住在哪裡、你有幾個弟弟幾個妹妹。我猜想可能有很多人假冒她的故交舊友的後代，藉機要接近她或訪問她，所以她需要先確定對方所言是否屬實。她問完之後，我解釋自己想要知道一些爸爸的事，她說她原則上已經不見人了，需要考慮一下，看看有沒有體力見客等等，於是向我要了旅館的電話，說她會再打電話告知。沒多久她就打來答應見我和錫生，給了我們她的地址。

我們依約到達，一進門楊絳就告訴我們，她沒有正式修過梁宗岱老師的課，但是她旁聽好幾門課：「我旁聽的那些課，對我一輩子的影響，比我正式選的課更重要」。我們原本以為她可能只會撥出一、二十分鐘跟我們談一下，沒想到她對我們十分親切，感覺一談就停不下來，大約談了三、四個小時。

楊絳問我出生年月，她的女兒在 1937 年 5 月出生，和我的生日相隔大約兩個月，我感覺她把我當作女兒一樣，一直看著我。她跟我們話起家常，談了許多她的心情，尤其是面對女兒和錢鍾書同時臥病，她需要兩頭跑，兩邊隱瞞病況的辛苦。後來女兒先離世，過了一年錢鍾書也走了，楊絳說：「我一個人思念我們仨」。看著她小小的身軀裡藏著如此深刻的痛，實在很不捨，但她的堅強又多麼令人敬佩。

我們談了許久,後來她搬出許多書,挑了幾本簽名送給我們。她簽字時非常認真專注,一筆一畫,工整仔細。我們臨走前想跟她合影一張作為留念,她很熱絡地要我們這樣照那樣照,有時還說我剛剛姿勢不好,再多照一張,真是和藹可親。她年事已高,但與我們對談如流,腦筋清楚,心明眼亮,真是了不起;走起路來非常輕巧,不需要人攙扶。我們一直覺得不可以太打擾她,幾度起身告辭,她一聽就立刻換上一個新話題,於是我們又從頭開始,顯然是捨不得我們離開。最後我們不得不告辭時,我可以看出她的失落,我們走的時候她還送我們到門口,依依不捨。

2010年,楊絳端坐書桌簽名,一絲不苟

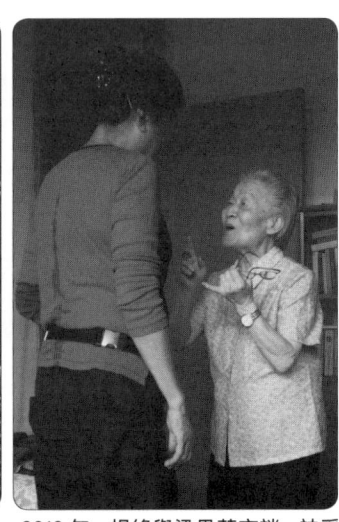

2010年,楊絳與梁思薇交談,神采奕奕

## 有情有義的羅念生和朱光潛

羅念生和爸爸在 1935 年 11 月一起主編天津《大公報・詩特刊》，羅伯伯說他和爸爸在北平第二次見面時，因為新詩的節奏問題而爭論，互不相讓，最後打起架來，這件事很多人知道，但即使如此，羅伯伯和爸爸之間的情誼依舊。爸爸晚年在病中勉力翻譯《浮士德》上卷，羅伯伯出面幫忙聯繫出版事宜。爸爸在 1979 年 10 月底到北京參加第四次文代會時，羅伯伯一大早就趕去探望爸爸，可見羅伯伯多麼珍惜兩人將近半世紀的情誼。

近期我讀到中山大學首任外語系主任戴鎦齡教授悼念爸爸的文章，提到爸爸 1956 年到中山大學任教是出自羅念生伯伯的創議：「羅念生先生，在成天伏案搞古希臘文學的繁忙工作中，寫信提醒我，要我把梁先生請到廣州，這是 1956 年夏天他到廣州中山大學法語專業執教的來由」[8]。黃建華教授在《梁宗岱》中也說，當時中大的黨委書記兼副校長馮乃超對於羅伯伯的這個提議「正中下懷」[9]，爸爸被定為二級教授，每月的工資是年輕教師的五、六倍。

---

8　戴鎦齡，〈憶梁宗岱先生〉，《隨筆》，1988 年第 6 期。
9　黃建華，趙守仁，《梁宗岱》，頁 228。

羅伯伯不但關心爸爸，也很掛念我們在臺灣的生活。他曾寫信給媽媽，熱心地幫媽媽在中國出書，書出版之後，還有兩千元人民幣的稿費或版稅之類的。我看過羅伯伯的來信，鼓勵媽媽繼續發展自己，還說媽媽將來的成就會比爸爸高。

羅念生伯伯是中國古希臘文學翻譯家，翻譯過荷馬（Homer）的史詩《伊里亞德》（*The Illiad*），1987年時獲得希臘政府的「希臘最高文學藝術獎勳章」，那是很大的榮耀。我每到北京時就去拜訪他，有回錫生陪著我去看他，他告訴錫生，梁宗岱在美學上的論述精闢，值得推廣。錫生研究的領域不是文學，他聽了羅伯伯如此肯定爸爸，立刻明白爸爸在文學界的分量。羅伯伯還意味深長地跟我說，一定要讓爸爸的作品流傳下去。羅伯伯已經垂垂老矣，還不忘叮嚀我們延續爸爸的文字創作，那份情意很教人難忘。

朱光潛和爸爸在法國就認識，兩人對美學和詩學的看法非常分歧，爸爸說他們一見面就辯論、吵架，但兩人情誼不減，爸爸說朱伯伯是值得敬重的「畏友」，其實他也是爸爸的「摯友」，1933年爸爸和何氏打離婚官司時，爸爸搬去和朱伯伯同住。爸爸過世時，朱伯伯的輓聯形容爸爸是他的「畢生至親」，令人感動。有回我去羅念生伯伯家時，得知朱伯伯住在附近，特地過去拜訪，不巧他出

門了。朱伯母看到我說：「你是思薇啊？」朱伯母應該記得我小時候的模樣，臉上盡是久別重逢的驚喜。

## 感受爸爸的影響力

從我稍微懂事以來，親戚朋友沒有一個不批評爸爸，唯一沒有罵過他的人就是媽媽，所以爸爸在我心目中就是一個脾氣暴躁，蠻橫不講理的人。1970年代我在香港偶然買到爸爸的選集，讀了之後佩服他的學問好，但也僅只於此，那時候沒有網際網路可以查閱資料，訊息交流的管道很有限，我並不清楚爸爸到底在文學上有甚麼重要性。後來兩度回廣州看他，也沒有特別覺得他有甚麼特殊之處。

1990年，錫生應聘到香港科大任教，我有了較多機會接觸各種中文書籍和學術討論活動。有回讀了陸鍵東[10]寫的《陳寅恪的最後二十年》，赫然發現裡面足足有五頁的篇幅敘述爸爸，這讓我很驚訝，因為陳寅恪[11]在我心目中是一位了不起的思想家，為他撰寫晚年事蹟的著作居然花費那麼多篇幅談論爸爸，可見爸爸應該也是蠻重要的人。

---

10 陸鍵東（1960- ），作家、學者，主要致力於中國知識分子歷史、明末清初史事，近代南嶺文化演進史等研究。
11 陳寅恪（1890-1969），現代歷史學家、古典文學研究家、東方史學家，通曉二十餘種語言，曾任教清華大學、西南聯合大學、燕京大學、中山大學。其史學脫胎於乾嘉考據學，著有《柳如是傳》、《隋唐制度淵源略論稿》、《唐代政治史述論稿》等。

這本書提到爸爸在五十二歲之後只服兩個人,一個是中山大學副校長陳序經[12],一個就是陳寅恪。1952年陳寅恪隨著任教的嶺南大學併入中山大學,而爸爸在1956年到中山大學時,宿舍就離陳寅恪住處不遠。1961年,陳寅恪的好友吳宓[13]到廣州,中山大學設宴款待,陪宴者的名單由陳寅恪擬定,爸爸名列其中。因為陳寅恪,我才約略了解爸爸的學術成就可能不是我想像中的凡常無奇。

2000年高行健得諾貝爾文學獎,他的《靈山》以「你」、「我」、「他」表達內心的不同視角,引發許多討論,香港舉辦了一場研討會,我特地去參加。會中有兩位學者過來跟我打招呼,我不知道他們怎麼得知我是梁宗岱的女兒,但他們很熱切地告訴我:「我們讀老爺子的書時,都是這樣捧著讀的……」,他們將雙手舉在胸前做出畢恭畢敬捧書的樣子。我心裡想,原來我的爸爸在別人眼中是如此值得尊敬的。

劉志俠和盧嵐熟讀爸爸作品,鍥而不捨地追溯爸爸在

---

12 陳序經(1903-1967),歷史學家、社會學家、民族學家,曾任嶺南大學校長,中山大學副校長,廣州暨南大學校長、南開大學副校長。主要著作有《中國文化史略》、《疍民的研究》、《文化學概觀》、《南洋與中國》、《匈奴史稿》等。
13 吳宓(1894-1978),西洋文學家、國學大師、詩人,清華大學國學院創辦人之一。曾任教北京大學、燕京大學、武漢大學、重慶大學等。吳宓與陳寅恪、湯用彤並稱「哈佛三傑」。著作有《吳宓詩集》、《文學與人生》、《吳宓日記》等。

歐洲的點點滴滴，他們不為名利也不為升等，一心想要如實呈現爸爸在文壇上的重要性和影響，對爸爸的敬重溢於言表，真教我這個做女兒的汗顏。我在法國學畫畫時，曾經去劉、盧兩人家中作客，2005年4月，劉、盧二人回上海時，特別到我在浦東的家裡來看我，臨走之前，志俠隨口問了爸爸那本法譯《陶潛詩選》。

據說爸爸的這本法譯《陶潛詩選》在中國各大圖書館找不到，也沒有書店出售。2001年劉志俠在法國國家圖書館找到這本收藏在「珍本部」的書，他和盧嵐將全書逐字抄錄，後來收入他們編輯的《梁宗岱文集》。從此以後，爸爸翻譯的法文版陶淵明詩不再是轉述或傳說，而是透過他們兩人的抄寫，一首一首法文版的陶詩才得以呈現在中國讀者眼前。但是劉、盧二人一直很好奇，爸爸理當應該保存著他自己翻譯的法文《陶潛詩選》，為何不見蹤影？爸爸過世後，他的三千六百餘多本中外藏書全部捐給廣東外語外貿大學，之後成立了「梁宗岱紀念室」，但藏書中就是沒有這本書，志俠一度懷疑是否有人「順手牽羊」拿走了。沒想到，爸爸手中僅有的孤本就在我手裡，那是我在1976年返鄉時爸爸交給我的，那時候我不太理解它如此稀有。

我把手中那本法譯《陶潛詩選》拿出來給志俠看，他兩眼發光，像是見到甚麼奇珍異品，那種如獲至寶的驚艷

讓我印象很深刻。他要翻開來看的時候，頻頻催促的出租汽車司機已經不耐等候，他們只好匆匆離去。雖然只是那麼驚鴻一瞥，卻讓志俠興起要收藏一本的念頭。此書在法國出版時只印了三百零六本，志俠開始注意是否有人釋出，在網上拍賣。2006年時，他發現這本書在巴黎一個藝術品的拍賣會中出現，可能因為書中有常玉[14]「蝕刻版」原作三幅，叫價超過志俠的預算很多，最終放棄，但他心裡始終放不下，「因為曾師從梁宗岱，有感情成分在裡面」。志俠這麼說，我的感動實在無法形容，爸爸在他們心目中舉足輕重，意義非凡。幸好皇天不負苦心人，過了幾年，志俠終於如願以償地買到一本了。

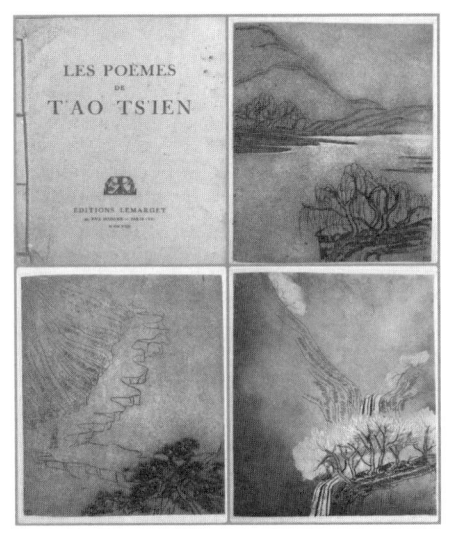

《陶潛詩集》中收有畫家常玉的三幅畫

---

14 常玉（1895-1966），法國華裔畫家，畫風中西融合，裸女、花卉、動物為其創作之三大主題。

法國文學專家羅大岡[15]說他選擇研究法國文學，部分原因是爸爸所翻譯的梵樂希《水仙辭》給他的啟發。爸爸發表《水仙辭》時不過二十五歲，當時西洋文學中譯作品並不多，水準不佳，但爸爸得到作者的親自解說，心領神會，「不少地方使用了增添或意譯的手法，某些句子幾乎是再創作，比他後來謹守原文的風格自由瀟灑得多⋯⋯譯到恰到好處時，中法文渾然一體」，[16]爸爸譯不厭精的錘鍊所造成的影響就如羅大岡形容：「在當時中國文藝界也是一件引起廣泛注意的事。從此梁宗岱的名字漸漸地為國內愛好外國文學的青年們所企慕。」[17]

　　爸爸的《詩與真》和《詩與真二集》論理說義詳實明確，而且情文並茂，是他在翻譯之外很重要的理論闡述，他比較中西詩學的異同，可以說非常早就對跨文化交流有深刻的思考和見解。詩人卞之琳[18]說爸爸在「譯述論評」四方面著力甚深，對中國新詩的現代化有其貢獻。北京師範大學陳太勝教授在 2004 年指出，爸爸在中國學術史上

---

15 羅大岡（1909-1998），翻譯家、文學評論家，曾擔任北京清華大學、北京大學教授，中國科學院哲學社會部研究員。著有《我們最美好的日子》、《羅曼・羅蘭日記選頁》、《論羅曼・羅蘭》、《羅大岡文集》等。
16 劉志俠、盧嵐，《青年梁宗岱》，頁 205-206。
17 羅大岡，〈梁宗岱印象記〉，引自《青年梁宗岱》，頁 206。
18 卞之琳（1910-2000），詩人、評論家、翻譯家，著有《斷章》、《山山水水，小說片斷》、《滄桑集 1936-1946》等，譯作有《莎士比亞悲劇四種》、《英國詩選》等。

的地位應該被重估[19]。近二十年來，中國出現一些與梁宗岱的詩學理論或象徵主義相關的研究，包括專書、學術論文和碩博士論文，雖然我能力有限無法讀懂，但內心既佩服又感動。

我一直以為在臺灣沒有人會認識爸爸，遑論研究他的作品。近來接到朋友傳來幾篇學術論文，其中有中央研究院院士鄭毓瑜[20]教授的兩篇鴻文，有一篇討論爸爸的詩學理論，另有一篇由爸爸詮釋孔子的「逝者如斯」談到直覺觀如何突破物質科學論，這是爸爸一直強調的，足以撼動心靈的「宇宙意識」。哈佛大學王德威[21]教授也是中央研究院院士，他在探討中國現代文學理論的發展時，提到爸爸的「過人之處」是將象徵主義拿來和《詩經》的「興」相比，透過這個連結擴展了中國的現代性。

看到這些立論精闢，言之有物的大作在爸爸不曾踏過

---

19 陳太勝，〈中國文學經典的重構—梁宗岱的中西比較詩學研究〉《中國文化研究》，2004年第4期，頁155-163。

20 鄭毓瑜（1959-），中央研究院院士，國立臺灣大學中國文學系講座教授。著有《六朝文氣論探究》、《性別與家國—漢晉辭賦的楚騷論述》、《文本風景—自我與空間的相互定義》、《引譬連類—文學研究的關鍵詞》等專書。文中所提兩論文收於《顛倒世界：古典詩畫論與唯科學主義》（臺北：政大出版社，2024）。

21 王德威（1954-），比較文學及文學評論學者，哈佛大學東亞語言與文明系講座教授，中央研究院院士，長江學者。著有《史詩時代的抒情聲音》等專書。文中所提論文為〈現代中國文論芻議：以「詩」、「興」、「詩史」為題〉，《中國文化研究所學報》，65期（2017年7月），頁258-309。

的土地上出現，我深感詫異，不禁想起媽媽在1971年出版《一切的峰頂》[22]時曾經對我說：「雖然在臺灣沒有人知道你父親，但現在還是有些熟朋友問起他的作品，我出版這本書是想讓他們看看。」當年媽媽深知爸爸在臺灣默默無聞，印行爸爸的書只求與朋友分享，當時的她應該有些知才惜才的慨嘆吧，幸好爸爸的光芒還是讓身在臺灣的教授學者們看到了。

　　爸爸任教的廣州外國語學院現在是廣東外語外貿大學，爸爸過世後曾數度舉辦紀念活動和研討會，我受邀參加過2003年的誕辰百年和2013年的一百一十周年研討會和活動。學校圖書館裡也特別設立「梁宗岱紀念室」，裡面的照片、手稿、書信和爸爸個人藏書整理的有條有理。2023年的一百二十周年活動中有「梁宗岱舊居」落成典禮，看到照片裡爸爸住了十三年的房子煥然一新，非常感動。更令我意外的是「梁宗岱翻譯獎」，分翻譯實踐和翻譯研究兩大類，第一等的獎勵金為人民幣十萬元，2025年底將公布第二屆得獎名單。爸爸對中西文化交流的理想有這些實際行動延續，激勵新世代的學者專家接力，必然能有豐美的成果。

---

22　沉櫻編，《一切的峰頂：名詩欣賞》（臺北：林白出版社，1971）。

設於廣東外語外貿大學的梁宗岱紀念室。

廣東外語外貿大學校園內的梁宗岱舊居。

## 凡事盡百分百之力

媽媽說過，爸爸窮究事理，不屈不撓的精神最讓她折服；他對在乎的事情必定用盡百分之百的心力，不遺餘力。爸爸的百分百哲學體現在許多方面，最有名的就是年少時練就「毽王」的好本領，而他在留歐時期對法文所下的功夫最讓人瞠目結舌，勤學苦練到連法國人都刮目相看。羅曼・羅蘭在日記中讚揚爸爸的法文「說得很出色。甚至完全沒有口音……梁宗岱做到像巴黎人那樣以小舌發出顫音」[23]；梵樂希也說爸爸「操一口十分清晰的法語，有時比習慣用法稍稍嫌精練」[24]。他的過人之處不是憑空而來的，是他投注百分之百心力才取得的成果。

其實爸爸在初中之前沒有學過英文，考入以英文授課的培正中學後，僅以一年迎頭趕上所有課業，不但能閱讀英文書籍，還加入學校的英文研究會。爸爸對西洋語文的領悟力特別高，這一點我望塵莫及，我學英文只求日常運用，讀讀報章和小說，從來沒想過要精通。爸爸做任何事都是求好心切，不學則已，一學就要達到「精湛」的境界。他不但寫英文詩，翻譯英文詩，唸起英詩特別動聽，真的有如珠落玉盤。

---

23 劉志俠、盧嵐，《梁宗岱文蹤》，頁 314。
24 劉志俠、盧嵐，《梁宗岱文蹤》，頁 177。

爸爸一直認為詩需要唸出聲音，才能感受到文字的韻律。他對自己的詩詞朗讀頗為自豪，我小的時候常常看他單隻手捧持著書，另一隻手插在褲袋中，邊走邊唸，非常投入，非常陶醉，那是我對他最深刻的印象。他的姿勢，他的神情，到現在依然歷歷在目。當時我對他唸的詩完全不理解，但那些字從他的嘴裡唸出來，有強有弱、有輕有重，加上爸爸收放自如的節奏感，抑揚頓挫，音韻有致，聽他唸著唸著，感覺自己好像都懂了那些詩在表達甚麼。

爸爸將莎士比亞（William Shakespeare）的一百五十四首商籟（sonnet）全部翻譯出來，這個過程頗為坎坷，從1937年開始陸續翻譯發表，到1944年登出四十餘首，之後爸爸將一百五十四首全數翻譯完，可惜出版單行本的計畫一直沒有成功。最想不到的是詩稿在1967年紅衛兵抄家時毀於一炬。文革結束後爸爸再接再厲，終告完成。詩人余光中[25]評介爸爸的翻譯時說，譯詩的人如果「強入而弱出，就會失之西化」，如果「弱入而強出，又會失之簡化」，余教授認為爸爸在這方面分寸拿捏得當，他總結爸爸的譯筆兼顧暢達和風雅，「看得出所入頗深，所出也頗

---

25 余光中（1928-2017）詩人、散文家、翻譯家、評論家，曾任教臺灣師範大學、政治大學、臺灣大學、中山大學、香港中文大學。著有《白玉苦瓜》、《掌上雨》、《分水嶺上》、《龔自珍與雪萊》等。

純」²⁶，這應該是很高的讚美。

　　爸爸翻譯英國的莎士比亞，法國的羅曼・羅蘭、梵樂希、波德萊爾（Charles Baudelaire）、蒙田（Michel de Montaigne），也翻譯了德國的歌德（Goethe）、里爾克（Rainer Rilke）、尼采（Friedrich Nietzsche）。事實上，爸爸不只是法文精湛，他在德文的學習上也下過苦功。據詩人邵洵美²⁷回憶，爸爸1925年讀歌德的《浮士德》（*Faust*）是以法文譯本對照德文的原文來讀的，到了1930年，爸爸到柏林和海德堡學德文。寧波大學德語系陳巍教授指出，梵樂希和羅曼・羅蘭兩位大師對歌德的推崇激發爸爸的對歌德的熱情：「梁宗岱認識歌德與研究歌德，是從法國起步，到德國切身感受到歌德文學作品的強大影響力。這種身歷其境，完全有別於郭沫若、周學普在日本，張蔭麟留學美國對歌德及其《浮士德》的了解。」²⁸詩人王家新²⁹讚美爸爸翻譯的《浮士德》，「給我們帶來了德國抒

---

26　余光中，〈繡鎖難開的金鑰匙──序梁宗岱譯《莎士比亞十四行詩》〉，收於余幼珊編，《翻譯乃大道，譯者獨憔悴：余光中翻譯論集》（臺北：九歌出版社，2021），頁348。

27　邵洵美（1906-1968），詩人、出版家、翻譯家。譯作有泰戈爾的《兩姐妹》、雪萊的詩劇《解放了的《普羅米修斯》》、拜倫的長詩《青銅時代》。

28　陳巍，〈踐行獨特的詩歌翻譯美學原則──梁宗岱譯歌德《浮士德》中的譯者主體性問題〉，《文藝報》，2017年1月11日，第7版。

29　王家新（1957- ），詩人、詩歌評論家、翻譯家，任教於北京教育學院、中國人民大學。著有《未完成的詩》、《人與世界的相遇》、《夜鶯在它自己的時代》等。

情詩中那種深沉、肅穆的音質，使我們真正進入到生命與語言的嚴肅領域」，並且強調爸爸「賦予了這首譯作以不朽的生命......」[30]。

爸爸翻譯西方大師之作，但也不忘將中國文化的精華輸出，有了爸爸的翻譯，陶淵明的詩呈現在法國讀者面前，讓西方人見識中國文學的高深，對於中法的比較文學有一定的貢獻和意義。除此之外，他還翻譯莊子、屈原、陶潛、李白。羅曼·羅蘭在他的日記中提到他和托爾斯泰（Leo Tolstoy）[31]都覺得中國人很少去接觸外國人，外國人也少有機會接觸中國的文化：「在所有文明土地中，中國有識之士於我始終最遙遠。在我聽到的聲浪中，缺少他們的聲音......」[32]，中國人極少與世界大師交流，中國文化的西傳亟待耕耘。爸爸吸取西方文化後，也藉著翻譯讓西方人了解中國文學和思想，正如南京大學法語系黃荭教授所說的：「用一種比較文學和世界文學的眼光，去發現、去鋪設中西文化對話可能的途徑。」[33]我覺得這是爸爸很重要的貢獻，他不是一昧崇拜西方，他嚮往的是雙向的交流。

---

30 王家新，〈翻譯與中國新詩的語言問題〉，《文藝研究》，2011 年第 10 期，頁 24-34；王家新，〈漢語的容器〉，《讀書》，2010 年第 3 期。
31 托爾斯泰（1828-1910），俄國小說家、哲學家、政治思想家。著有《戰爭與和平》、《安娜·卡列尼娜》和《復活》，被視為經典的長篇小說。
32 劉志俠、盧嵐，《梁宗岱文蹤》，頁 155。
33 黃荭，〈梁宗岱——一生追求完美主義的翻譯〉，《文匯報》，2016 年 12 月 6 日。

## 熱情、沸情、激情

邵洵美在《儒林新史》中提到 1926 年與爸爸在巴黎相識，充分感受到爸爸的熱血和熱情，他覺得爸爸的熱情與眾不同，應該稱作「沸情」。溫源寧教授說他一輩子也沒見過任何人像爸爸那麼「朝氣蓬蓬，生氣勃勃，對這個色、生、香、味、觸的榮華世界那麼充滿了激情」。[34] 爸爸那股澎湃滾燙的熱切之情充分體現在他和徐志摩的互動，兩人曾在巴黎談了三天三夜，之後爸爸又花了三天四夜寫了一篇〈論詩〉給徐志摩創辦的《詩刊》，徐志摩在〈前言〉說該篇文章「詞意的謹嚴是近今所僅見」。我可以想像那時候的爸爸多麼想將歐洲文化帶給中國的同好，想要借鏡西洋文化和思想，在中文的詩歌和相關的論述迸出絢爛的火花。

羅曼・羅蘭在 1931 年 9 月 19 日的日記上描述前一天爸爸向他辭行：「梁宗岱來向我道別，……今天，他飽賞西方，幾乎到了飽和的程度。他想念故土，想念能夠帶給故土的幫助。」[35] 羅曼・羅蘭知道眼前這位青年蓄勢待發，一心要為東西文化建構互通的橋樑。爸爸在返國後朝著這個方向努力留下耀眼的成果，之後爸爸潛心製藥，但他依

---

34 溫源寧，*Imperfect Understanding*, 南星譯，《一知半解》（長沙：岳麓書社，1988），頁 56。

35 劉志俠、盧嵐，《梁宗岱文蹤》，頁 321。

然全力以赴。

　　爸爸面對人生的挑戰不畏不懼，堅定有力的足跡斑斑可考。曾經有人說，對生活失去信心的人都應該看看梁宗岱，看看他多麼興致勃勃地過生活。即使經歷慘痛的磨難，他依然抱持希望，這正是現代人強調的「正能量」。他的一生無論順境逆境，高潮低潮，無論從文從藥，都是用盡所有的力氣，竭盡所能發揮自己。這就是我所重新認識的，一心貫徹百分百人生哲學的爸爸。

# 十二、梁沉難再

## 相愛容易相處難

　　爸爸和媽媽相知相守的時光應該有八年左右，佔了他們約莫八十年人生旅程的十分之一。十分之一的時間看似短矣，但我相信在他們各自的生命歷程中應該有重要的意義。

　　1942年爸爸和甘少蘇的事情檯面化，爸爸花了六年時間「善後」，想方設法挽回媽媽的心。那段時間，偶爾過來看我們的爸爸總是帶著禮物出現，堆滿笑容，可是一兩天之後，媽媽和爸爸兩人明顯變得心事重重。我猜想，一向自矜自是的爸爸必定使出渾身解數，巧言令色，想盡辦法說服媽媽將就「現況」，而媽媽一定是一番天人交戰，左右為難。

　　爸爸個性衝動、好鬥、不服輸，喜歡和人家辯論，一

言不合就打起架來。很難想像他為了媽媽,「忍氣吞聲」和舅舅幾度「談判」,最後一次兩人以握手角力戰對峙,十幾分鐘後平手收場,只留下舅舅的警告:「不要無理糾纏」。這個過程戲劇性十足,但這個結果對爸爸應該是悲劇吧,從此妻離子散不相見。1976 年錫生和我帶著兒子女兒回廣州看他,爸爸捧讀 Robert Browning 的詩忍不住潸然淚下的那幕,他感慨的應該不只是歲月如流,人事已非,他內心澎湃洶湧的必然還有對媽媽的愛怨情愁,三十年來深埋在心底的情緒,在詩的情意中浮出表面,滾滾翻騰。

　　爸爸和媽媽都是內心堅強、意志堅定,而且十分有原則的人,但兩人性格同中有異,形之於外的表達方式差異更大。媽媽溫婉謙遜,有如皎潔沉靜的月光,有種安定溫馨的吸引力,善於傾聽,許多人喜歡與她親近。爸爸滿腔熱血,但高傲急躁,講起道理咄咄逼人,有時得理不饒人,他就像太陽般熱力四射,但太強烈的光芒可能讓人灼傷,讓人敬而遠之。

　　媽媽和爸爸原本甜如蜜的兩人世界變成一家五口後,柴米油鹽的現實變得五味雜陳。對於沒有餘裕創作,媽媽不免煩悶苦惱,而爸爸此時沒有體會她的感受,沒有體諒她的付出,更沒有體察自己應該為其他四口做一些改變,反而失去原本的紳士風度,變得更強勢、更霸道。趙清閣姑姑當年見證媽媽的辛苦,有感而發:「為了家務之累,

她不能寫作了,心裡不免煩惱,常和宗岱鬧脾氣。宗岱性情耿直,也不謙讓。」爸爸性情剛中有柔,媽媽柔中有剛,兩人在春光明媚時可以剛柔並濟,互補共融,一旦有風有雨,如果不能以柔克剛,以剛化柔,自然就漸行漸遠了。

田仲濟舅舅寫媽媽時,說她自尊心強,我覺得媽媽的自尊砥礪了她內心的堅強,讓她堅持平起平坐的婚姻關係。當爸爸選擇一個曲從討好的仰望者伴著他同行,不肯被「馴服」的媽媽和爸爸的距離就越來越遠,堅強的媽媽最後決定不為情所困,堅定地走自己的路,解放自己,成全自己的自尊。

## 雖斷猶連牽

爸爸的真才實學最讓媽媽佩服,這一點從未改變,她晚年在信中對爸爸說:「在文學方面,你卻是影響我最深的老師。至今在讀和寫兩方面的趣味,還是不脫當年的落籬(重讀〈直覺與表現〉更有此感)」[1]。這是非常誠摯懇切的表述。臺灣師範大學的賴慈芸[2]教授以「兩岸分飛的譯壇怨偶」形容爸爸媽媽,直指他們「分手後分隔兩岸,沒有再

---

1 此章所引梁沉往來信函,請參見〈沉櫻、梁宗岱的最後通信〉,收於林海音,《隔著竹簾兒看見她》(臺北:九歌出版社,1992),頁 214-223。

2 賴慈芸,翻譯家,任教於臺灣師範大學翻譯研究所,著有《當古典遇到經典:文言格林童話選》、《譯者的養成:翻譯教學、評量與批評》、《翻譯偵探事務所》等書。曾任《翻譯學研究集刊》及《編譯論叢》主編。

見過面,但卻也沒有忘情」。

賴教授指出,爸爸翻譯蒙田的〈論說誑的人〉被媽媽收錄在她所編選的《散文欣賞》(1968年)中,雖然沒有掛出譯者的名字,媽媽將該文置於第一篇,而身為編選者的媽媽將〈我們的海〉放在最後,賴教授指出媽媽身為編者,如此一首一尾的安排別有深意:「以梁宗岱翻譯的蒙田為首,以自己的散文居尾,正像西餐宴客一般,男女主人各坐一端。此集中還收了一篇歌德的散文詩〈自然頌〉,文末綴了一個小括號『岱譯』,知者自知,簡直像愛情密碼」。賴教授明察秋毫,解碼媽媽潛藏的小心思,洞察媽媽的深情。

媽媽並非如坊間所說的憤而求去,她前思後想了六年才做出決定。到臺灣之後爸媽還有書信往來,信裡可以看出彼此的牽掛,媽媽寫信總是醇雅有情,而爸爸的信也流露他一貫的博學健談,他們談兒女瑣事,談心情感觸,緣盡情未散,一如林海音阿姨所說:「在信中彼此歡欣,互相點燃起早年的愛慕、關懷」[3]。弟弟移民到美國後,媽媽看到兩年不見的弟弟,在信中描寫他:「在機場的人群中,冷眼望去,真是一表人才風度翩翩」。她接著很自豪地告訴爸爸,「親友們無不羨慕我有這麼三個同樣像玉樹

---

[3] 林海音,〈最後的沉櫻〉,收於《隔著竹籬兒看見她》,頁211。

臨風般的兒女」。媽媽這些話就是在告訴爸爸，我們姊弟修長的身高是爸爸的遺傳。媽媽接著又告訴爸爸，弟弟有「任性不服輸的毛病（像你），和遇事過於和善迷糊（像我）不夠精明的弱點」，這樣的話語多麼親切自然，媽媽敞開胸懷，娓娓而談，就像對著親人閒話日常。

妹妹在1975年去廣州探視爸爸後，爸爸讓她帶回一些舊作，媽媽看到泛黃褪色的故紙堆感觸特別深，在信裡告訴爸爸：「時光的留痕那麼顯明，真使人悚然一驚。現在盛年早已過去，實在不應再繼以老年的頑固⋯⋯在這老友無多的晚年，我們總可稱為故人的。」歲月沉澱了昔日的癡怨嗔怒，桑榆之年知交半零落，媽媽體悟到兩人應該彼此珍惜。爸爸的回信樂觀地說：「我們每個人這部書都寫就了大半了，而且不管酸甜苦辣，寫得還不算壞」，接著談到樂天知命是他人生的基調，還引 Robert Browning 的詩句 The best is yet to be（最好景還在後頭）和媽媽互勉，那時已經七十多歲的爸爸身體尚可，也依然有夢。媽媽在信中問爸爸是否能把浮士德和蒙田寄給她來出版，爸爸回道：「浮士德、蒙田我發願將來一定全都補譯」。

爸爸期待的「好景」並不長，1979年10月他去北京參加第四次文代會之後寫信告訴媽媽，他的健康狀況很差，媽媽回說「本來以為你比我壯，想不到都入老境」。自此爸爸身體器官的機能逐漸癱瘓，他想要補齊的浮士德和蒙

田,終究還是未能完成。

## 殊途不同歸

爸爸在 1944 年辭去復旦大學教職回到百色,不久之後就展開他的製藥之路,1949 年綠素酊研製成功,他念茲在茲的都是綠素酊的核可和推廣。後來政治局勢的動盪,加上他的志趣轉移,文學離爸爸越來越遠,雖然他在 1956 年重新執教,但他的重心已經不在創作或翻譯上了。爸爸心目中的靈藥在他生前沒能得到醫界的認可,他過世之後甘少蘇努力奔走仍一無所獲,到現在似乎已經無聲無息了。

爸爸對綠素酊的執念綿延了三十多年,期間或許曾經想過為自己的文學生涯續命,但迫於現實,只能放棄。我記得他給媽媽的一封信中,沮喪地說他翻譯的詩等了許久還是無法出版[4],原因不明,只好專心製藥。爸爸覺得自己一事無成,整封信就是很晦暗的心情,心灰意冷。對他而言文學的路曾經窒礙難行,或許埋首中藥是他在政治風暴中領悟出來的安身之道。

---

4  1963 年香港《文匯報・文藝》刊登梁宗岱所譯莎士比亞十四行第一首至第十,編者按語:「梁宗岱先生應北京人民文學出版社之請,重譯《莎士比亞十四行詩集》準備出書。全部共一百五十四首,《文藝》將陸續優先發表。」該刊連載三十二期,但出書之事沒有下文。無法確定梁宗岱此信所指是否為此事。

文革後爸爸開始重譯莎士比亞十四行詩，在 1978 年出版，之後爸爸進行《浮士德》的重譯。到了 1980 年，爸爸已經病到大小便失禁，卻堅持把上卷譯完，想繼續翻譯下卷時已經力不從心，手無法動彈。《浮士德》上卷在 1986 年出版，可惜他無緣親見。他想要補齊的蒙田散文就成了未竟之功。在人生的最後階段，他心心念念的還是文學，不知道是甚麼力量把他從靈藥的執著中拉到文學，是他自己心底的吶喊，還是某種外來的召喚？

　　爸爸就讀培正中學時就有作品發表在學生刊物上，1922 年十九歲時《小說月報》刊登他的新詩，此後兩年的創作以新詩為主。1924 年赴歐之後，東西文化在他的世界裡碰撞出火花，他不主張全盤西化，而是以比較、對照的角度互相理解。正如爸爸的得意門生盧嵐的感觸：「也許他來到西方以後才更認識東方；而站在東方人的位置上，自有他自己的西方。知識、視覺、思維的天地自然就打開了」。[5] 此後的二十多年，爸爸翻譯中外作家經典，引介西方文學理論，闡述象徵主義的詩學觀，強調詩的形式和宇宙精神。爸爸在 1949 年之後有幾篇雜文和些許舊詩發表，但都不算重要的作品，所以有些人形容爸爸在 1949 年之後偃旗息鼓，但爸爸在 1949 之前的二十多年中所累積的建樹不可磨滅。

---

5　盧嵐，〈梁宗岱的審美世界〉，收於《梁宗岱文蹤》，頁 219。

媽媽在 1935 年二十八歲時就已經出版五本小說集，之後產量銳減，直到 1947 年的十二年中只發表過八篇作品，但其中幾篇散文文采不減當年，後來收入《沉櫻散文集》中。從 1947 年到 1950 年是媽媽的空窗期，那是我們到臺灣的前後三年，之前事雜心亂，到臺灣之後找工作、安家，無心無力創作可想而知。幸好 1950 年她到斗煥坪教書後安定下來，那一年年底媽媽發表了她在臺灣的第一篇翻譯。

1952 年媽媽出版她的第一本翻譯小說《青春夢》，之後她的翻譯大放異彩，廣受歡迎，在二十四年（1952-1976）裡出版了十五本翻譯小說，期間還有一本散文集和三本由她編選的《散文欣賞》，她的文學能量得到適當的發揮，獲得的肯定讓她有更大的動力繼續耕耘，那應該是媽媽最快樂最充實的歲月，她告訴爸爸：「能把自己的欣賞趣味散布給人而又為人樂受，也覺得生活不再空虛」。

媽媽曾在信中跟爸爸說：「我們之間有很多事是顛倒有趣的，就像你雄姿英發的年代在巴黎，而我卻在這般年紀到美國，作一個大觀園裡的劉姥姥。」其實爸爸和媽媽的人生歷程裡還有其它的事可以對照，例如爸爸在 1949 年之後少有新作，媽媽卻是在 1950 年之後開始她的譯寫盛年，收穫滿滿。爸爸和媽媽的譯作都比創作多，但是兩人所選擇的文本有蠻大的差別，爸爸選的多半是名家的經典

作品，而且都是直接從法文、德文翻譯成中文，而媽媽選的作品都是她自己喜歡的故事，其中非英文的原著都是由英文轉譯而來。媽媽選材的出發點很單純，就是與他人分享，這是她所追求的「小快樂」，而爸爸所選皆為大師之作，這樣的企圖心反映了他熱血澎湃的性格，他的著眼點是開闊讀者的視野。

爸爸和媽媽都是在人生的最後三、四年，身體方面的問題漸趨嚴重。媽媽在 1982 年從中國返回美國之後逐漸力不從心，但還是能夠寫信或是走動，到 1985 年病情加劇。1986 年 8 月，《中國時報》登出林海音、琦君、羅蘭、張秀亞、劉枋、司馬秀媛等六位阿姨寫的有關媽媽的文章，情真語摯，田仲濟舅舅讀了之後說，媽媽追求的小快樂在她的下半生找到了：「她母親同她生活在一起，她弟弟，她妹妹，她的兒女，更有這麼多純真的朋友，在親情、友情中生活了四十來年，能說不是快樂嗎？」[6] 媽媽離世之前曾一度清醒，我們推著坐輪椅的她到戶外欣賞春天的景致，她手上捧著我們買的鮮花，怡然自得地笑著。不久她就在睡夢中悄悄離去，在她最喜歡的繁花盛開的春天中告別人間。媽媽生前我曾問過她，對這一生是否滿意，她微笑著想了一下說：「嗯，我覺得很滿意」。媽媽回望一生，雖然曾經在愛情上受過苦，但她在親情和友情上的付出與

---

6　田仲濟，〈沉櫻去台灣以後〉，《新文學史料》（1992 年 2 月），頁 209。

獲得豐富了她的小快樂，圓滿了她的人生。

爸爸過世前兩個月我曾回廣州看他，躺在醫院的他兩眼有神，聽力也不錯，沒想到後來病情急轉直下。其實他在 1980 年之後反覆出入醫院，數度病危。戴鎦齡教授在他追念爸爸的文章中寫：「梁宗岱先生在病榻彌留前一兩天，已經消瘦不堪，元氣耗盡，他不作呻吟，而是發出雷鳴般的巨吼，震動整座樓房。」戴教授的解讀是爸爸仍有未完成的工作，「他不得不用連續的巨吼代替天鵝絕命長鳴，以發洩他的無限悲憤。」[7] 我不禁想起當年在復旦大學宿舍時，爸爸聽到我轉述媽媽說她不回來之後，立即跑到窗邊發出悶雷般的聲響，不是咆哮大叫，是沉沉的低吼，那應該是大勢已去的痛，摻雜著心有不甘的怒。正能量百分百的爸爸在最後油盡燈枯時，拚著命發出他的不甘之鳴，他的巨吼隱含著他的悲他的怨，應該是壯志未酬的遺憾吧。

爸爸和媽媽攜手同行的日子雖然短暫，那些美好的曾經就是愛情的峰頂。兩人分道揚鑣後各安天涯，雖然在文學上一消一長，但爸爸另闢一條新路，奮力前行。殊途異路的兩人走到人生終點時，感覺華枝春滿也好，感覺意難平也罷，世間的哀樂悲喜終究還諸天地。而他們的作品鐫刻

---

7　戴鎦齡，〈憶梁宗岱先生〉。

時代的思潮，見證社會的蛻變，探索人性的複雜，描繪生命的波瀾，將永遠留在文學的世界裡熠熠有光，栩栩生輝。

# 附錄一：隨筆四篇

梁思薇

## 之一：怨藕

在我父母的生命中，最不能讓人理解的就是他們之間的感情。很多研究、評論他們的文章，多半都很中肯和深刻，唯獨談到他們的感情時，一切都變了調，有時甚至荒謬起來。當然家中的私密關係和情感本來就不是他人所能窺測的，更何況夾雜了複雜的人事和環境。

但我現在要把我的經歷、觀察、感悟和瞭解，拿來探討探討，看能不能在歲月沉澱後的心境下，客觀地、平靜地寫出他們之間的情感。

母親是沉默寡言的，至少在家裡是這樣。尤其不愛講往事，偶然被問到時，總是淡淡一笑說忘了，把這一切都

歸罪於她的「可憐的記性」。長大後我才發現那是有選擇性的，並且跟心情也有很大的關係。例如有朋友來玩，母親一興奮就會把預先準備好的食物忘掉一兩樣，事後又「痛不欲生」。平時丟三忘四之事也常發生，如果擔心緊張時更不用說了。可是做學問、寫文章、唸詩書等方面，她又記性特強，偶然的流露也讓人吃驚。但她好像總為生活上的健忘羞怯地微笑道歉。有一次她指著父親翻譯的《蒙田隨筆》自嘲又快樂地說：就像蒙田說的，我的記憶也可以享受一種聲譽了。（蒙田之〈論說謊〉篇）。事實上母親的緊張健忘也確實在她朋友當中享有盛名。父親的個性正好相反，他積極、樂觀、急躁又絕對的自信，當然還有驚人的記憶力。這些多半是聽來的印象，因為小時候跟他是聚少離多。我十歲就跟著母親，隨著舅舅一家和外婆乘船到了臺灣，再和父親見面時已經是三十年後。

　　我在天津南開大學出生兩天後就七七事變了，父母帶著我到香港，又輾轉到了廣西百色，在那裡住了一年，之後長途跋涉，到了重慶。我剛剛懂事時，最常聽到的一句話就是：「這孩子這麼小，走過的路可多呢！」當時雖然不能了解，但是在八年抗戰勝利後，母親獨自帶著我們姐弟三人，坐汽車到開封看外婆，那沿路長途的艱辛讓我明白，在艱苦的情況下趕路是多麼值得驚嘆。而父親據說是坐飛機回廣西百色去了。

在開封住了三個多月，我們到了上海。在上海的兩、三年中，父親雖然很少來，我們沒有太多機會相處，但到底我已經八、九歲，比較能真實的體會「父親」是怎麼回事，也開始會傾聽、串連和瞭解很多事。

在重慶時對父親的感覺和印象是片段的、模糊的。開始只覺得這個叫做爸爸的人，每次出現時都會給我帶些小禮物，不是一個有著美麗星星月亮圖案的小皮球，就是鞋子衣服之類，然後會說這是香港來的。再大些時，我就注意到一個一隻手拿著書，一隻手插在西裝褲口袋，在屋裡來回踱著方步，口中朗朗念著手中的書的人，這瀟灑的姿勢和渾厚的聲音，連坐在一旁看書的母親也不禁微笑。只可惜後來手中卻多了一杯酒。

雖然抗戰時期父親在重慶的復旦大學教書，但很少跟我們同住。後來搬到一個半山腰，他也不常出現。突然有一天我家那隻羊被野獸獵殺，他趕回來了。也就是那天，我突然注意到父母之間的關係。雖然不知是怎麼回事，但至少感覺到世界不再渾沌一片，開始有了我、你、他。

弟弟在醫院出生時，大人帶著我去探望。正趕上母親吃點心，一碗水煮荷包蛋就給了吵著要吃的我。兩、三個阿姨則圍著母親談話，起先我坐在一邊專心的享受我喜歡的荷包蛋，突然被他們高叫的聲音吸引。只聽到一個阿姨

說：「這個宗鉅也太不像話了,為什麼現在才說」,另一個則說:「一定是那個女人太厲害,他不敢講。」我那時已五歲多,知道所講的宗鉅是跟著我們住的九叔,一個中學生。在大聲的爭吵中,一直沉默的母親卻平靜的說:「也不能怪他,一個孩子怎麼搞得清這些事。」當然我更搞不清了,但覺得這情景和話語很不平常。一直到現在,那幕情景我還清晰可見。當然這一幕也幫助我以後了解這些事的來龍去脈。

在上海的那幾年,爸爸很少來看我們,但是好像大家卻過得忙碌而愉快,家裡常常高朋滿座,我們也常常去別人家玩,外婆有時也來小住。那些我叫阿姨、伯伯的人,我後來才知道很多都是當時文藝界的知名人士,如巴金、趙清閣、蕭乾等等。大家有時在這家包餃子,有時去那家聚會聊天。夏天的晚上,我還會到鄰村的方姑姑(方令孺)家後院乘涼,講鬼故事,也偶爾會跟大人們去舞廳。那真是一段快樂的日子。

有時爸爸來看我們了,他沒到時我們孩子都很盼望,來時母親也顯得很高興似的,但來沒兩天,氣氛就全變得緊張起來,他一走大家才都鬆了口氣。對孩子們來說,完全不知其中的原因,只認為是當然。漸漸地,大人的談話越來越不避諱,或是我越來越懂事了,總而言之,來龍去脈就清楚起來。

母親從不跟我們講事，我們又見不著父親，他們兩人當著孩子們面有少有爭執。照理我應當對這些事無從了解，但人的事情就這麼妙，我走在路上，常常有鄰居或朋友把我攔下來，問爸爸最近回來過嗎？有沒有見過那個女人？是個三流戲子是吧？這些讓我一頭霧水的問題，後來卻成了答案。我知道了有一個女人，還有一個別人講起來時滿臉不恥的名字。

逐漸地，來訪的親友對母親安慰和勸勉，變成了對父親的責備和憤怒，在一片激動的氛圍中，母親卻出奇的平靜安詳。事實上，終其一生，母親不曾對整件事出過惡言，在我們長大後偶然提到這事，她頂多淡淡的說，你爸爸就是這樣。而「這樣」是那樣？是剛愎自用？是愚蠢的自掘陷阱？也許是母親坦然的態度，即使到了後來，我們知道這是一件很醜惡的事，也沒有對「那女人」有太大的感覺或仇恨。

每回阿姨（母親的大妹妹）來了，家裡一下子就熱火起來。他們姐妹倆很親近，抗戰時都住在重慶，猶如一家人，但個性迥異。母親安靜沉默，阿姨活潑開朗。她一來家裡就笑聲不斷，孩子們都圍著她，聽她評古論今。頭一天都是閒話家常，第二天阿姨就忍耐不住，開始大聲地數落我父親和整個事件，並提出很多建議。母親安靜的坐在一邊傾聽，只偶爾在阿姨講了些過分激烈的話和建議時，

才輕輕的說一聲：「別這樣」。我當然知道重要的話是背著孩子們說的，但沒關係，在阿姨住的那幾天裡，她們的談話已足夠讓我有能力去猜這個痛苦的謎了。

有一天爸爸來了，而媽媽卻帶著弟妹避開。這時有三、四位母親的朋友來看爸爸，他們低聲地談，並要我避開。突然爸爸大聲地說，也沒那麼糟，我給你們看，說著就衝到他行李箱前，抽出一封信，大聲地說：「你們看，你們看，她也能寫信」。於是大家過去看著他手中的信，我也悄悄地踮著腳，費力地認著信紙上斗大的幾個字，歪歪斜斜又不成句，但爸爸卻把它唸完了。「你們看！你們看！不是很好嗎，我都看得懂。信本來就是讓人懂了就成了，這不是很好嗎？」他重複大聲地、急切地想贏得別人的認同。這時的別人卻一個個往後退，悄悄地別過頭。當爸爸把話打住時，他才驚覺屋內鴉雀無聲，只好搖著手中的信，喃喃地說了些甚麼。突然他又大聲地說：「當然囉，當然囉，不能跟沉櫻比，當然不能跟沉櫻比，沉櫻不一樣嘛！」多年後我才想通，寫那封信的「她」指的是甘少蘇，爸爸急著要證明的就是甘少蘇也會寫字。

這事發生後不久我們就到了臺灣。從此音訊全無，兩岸當時的關係那麼緊張，連名字都不能提。母親獨自撫養我們三個孩子，最大的我也才十歲，靠著她微薄的教書薪水，即使是住在鄉下，生活也是清苦的，但大家都能隨遇

而安,快樂而知足的過著安靜的日子,媽媽也從不「想當年」。

初一的時候,有一天,我放學回家想找一樣東西,翻了母親的書桌抽屜,意外發現了一本小冊子。我好奇地一看,竟是母親的舊日記。我如獲至寶,趁母親還沒下班回家,偷偷地看了起來。因為緊張又擔心被發現,再加上潦草的字跡,好像甚麼也沒看到,真是懊惱。第二天一下課就往家跑,知道一個小時後母親才會回來,努力的去看,這下著迷了。想想看,這是母親從來不提的往事啊!我貪婪的讀著,一連好幾天,我看得臉緊心跳,手腳冰冷,冒著冷汗,深怕被發現就慘了。開始的一部分我完全看不懂,人名地名也都不認得,但我體會到母親年輕時在社會上很活躍快樂。她交遊廣闊,與當時文壇的前衛分子,如丁玲等等,都是朋友。好像也有很多各式的聚會,卻因為我看不太懂日記上的文字,而且年紀小,也不能了解那時候的生活和環境,匆匆地翻過前半部。然後看到了上海兩字,這是我熟悉的地名,我熱切地、努力地讀著每一個字,慢慢地就覺得容易起來。

於是我看到在一個上海文藝集會上,很多當時有名的文人名字一一出現了,並加以描繪描述。可惜因為當時我沒聽過這些名字,所以後來也不記得了。突然,我倒吸了一口氣,因為梁宗岱三個字出現了,上面是這樣寫的:

「梁宗岱來了,穿著西裝,左右各挽個濃妝艷抹的女子,嘻嘻哈哈,昂首闊步地走了進來。那目中無人的樣子,真是讓人討厭!而隨後進來的朱自清〔我正好看過他的文章,所以印象深刻〕卻那麼謙和有禮,穿著長袍,更顯得瀟灑……」。

我呆住了,疑惑的想,如果有這麼壞的開始,怎麼會有後來的結合呢?正想繼續看,一張薄薄的信紙掉了出來。打開一看,是媽媽的筆跡,信的抬頭是宗岱。信裡寫著他們昨晚在湖邊散步,那美麗的月色、樹影、湖光等。又談了些學問方面的事,說她得益不少,最後好像是說,在這個寧靜的北平夜晚讓她有感而寫此信,看完請擲回。

哇!這真是讓我嚇呆了,似懂非懂,又好像忽然貫通,正在發愣胡想時,玄關處有了聲音,天啊!媽媽已到家。我慌亂地把日記和信塞進抽屜,還沒來得及離開書桌,媽媽已經站在我前面。「怎麼了?」她問,沒等我回答她已經猜著了。「亂動了我的東西是吧?」在她拉開抽屜時我就溜了,老天保佑,沒有深究和責備,且終其一生好像這個事情從來沒發生過,也沒再提,而那日記和信從此煙消雲散。第二天我翻遍家中各處,當然找不到。懊惱自責好幾天,想到媽媽有不留東西(往來的書信和舊物等)的習慣,只好絕望放棄。幾十年後,我才發現那些許的信息,在瞭解父母的感情方面,給了我多大的幫助。

上海分離三十年後，我在 1976 年在廣州和父親見了面，經過情形當然非常戲劇化。後來又看望他一兩次，每次我都仔細觀察父親的言詞、舉動、對待周邊人的態度等，一面看一面參照我從小看到的、聽到的各種情境，覺得頗能印證對他個性的猜測。唯獨他和母親的感情，我卻不能看透，而且沒機會、也沒勇氣當面問。

　　返鄉探視父親後回到美國，有一次跟母親、阿姨等在談廣州見面的情形，大家都很興奮，問東問西。母親也笑咪咪地談著，說：「你爸爸還是那麼自豪他強壯的體格吧！吹他的虎骨酒了嗎？還是那麼用功嗎？朗讀詩給你們聽了沒有？」當我說：「有啊，有啊！唸到淒美的地方，七十多歲的老人還流淚呢。」母親動容了，陷入沉思，不再言語。

　　在少有提到父親的話題中，母親常說的是父親治學多麼用功，多麼努力，這方面我受你父親影響太大了。媽媽還常回味地說：「你爸爸唱歌真好聽，尤其是廣東歌，很動人。他唸起詩來鏗鏘有聲，真美！」講完突然羞怯的微笑停住。

　　母親很少在我們三個孩子面前責備父親，只對他喜歡誇大、不服輸的個性非常不滿。我們小的時候，母親把分離的原因歸咎於戰亂。長大後才告訴我們，他們兩人沒有

離婚，並再三說，她要我們覺得，我們是有爸爸的孩子。感謝母親良苦的用心，在我們成長的過程中，並沒有感覺這方面有任何缺失。其實當初父親也不肯離婚，他要我們全回廣州。最後爭執的結果是一張寫著父親答應分居，並每年給孩子們多少生活和教育費的協議（當年我也看到過這張蓋著大大小小、紅紅的印章的紙），當然我們一分錢也沒有用到過。

在廣州跟父親見過面後，母親開始和父親通信。父親留著母親的信，很可惜，父親的信沒被保留，幸好我都看過了。他們兩人不管怎麼矜持，彼此的信還是充滿了感情、溫柔和思念，也非常關心彼此學術方面的事情。母親甚至說過，她和父親非常適宜做通信的夫妻，真正是絲不斷的「怨藕」。那些日子，母親比較肯多談一兩句父親的事。

而在我多年後再看到父親，真正覺得他們的個性相差那麼大，又怎麼會走到了一起？有回趁母親興致高的時候，終於鼓起了勇氣問她，他們的個性既然那麼不同，怎麼會結婚的呢？母親羞怯的笑著說，就是那個時候嘛，在北平你父親離婚的事被胡適弄得滿城風雨，不但朋友同事都指責他，報紙雜誌也一片嘩然，文藝界也抵制他。胡適做得非常成功，但你父親卻不為所動，仍然走來走去，自得地念著他的詩，讀著他的書，因為他心中坦然，自知

沒錯，全然無懼別人的陷害讒言。母親覺得父親真是有氣魄、有擔當的男子漢。啊！原來如此！我在母親日記中讀到的，她在上海時對父親的惡劣印象，在北平再相遇時變成了激賞。

這以後我就不停的搜索我的記憶，盡量回想母親講過的點滴，更用心解讀親友們講過的話，並努力的回憶父母相處的情形，當然，更不能忘記那寶貴的日記和信。我曾經說過，父親熱情如火，有時炙熱地像太陽般，讓人不能忍受。而母親卻像躲在雲片後面的月亮般含蓄，當他們在北平再相遇時，被彼此截然不同的個性吸引。當時父親魁偉瀟灑，才華洋溢，是很多女孩愛慕的對象。而母親美麗婉約，是被鍾愛的文壇才女。我看到的那封信暴露了他們彼此的傾慕之情，多少次湖邊漫步，多少次互相傾訴。父親有說不完的留學趣事，母親也永遠聽不夠那冒險的經歷。他們談詩、談書、談藝術、談美學。母親多麼欣賞父親治學的嚴謹淵博及精闢的見解，父親也傾倒與母親的善解和謙和。花前月下心靈相通，感情相依，用智慧愛情交織成的幸福甜蜜的日子。後來因為外界的紛擾，他們於是決定東渡，之後結婚。在日本的那一段安靜甜美的生活，可從母親那篇文章〈我們的海〉中感受無遺。

父親感情豐富而熱烈，脾氣也暴躁。每次他「櫻啊！櫻啊！」地叫著母親，溫柔而熱切，那聲音說不出的動

人，年幼的我也感覺得到，所以到現在還不能忘記。通常他會對著母親快樂地談著他新悟到的心得，或看到的新書，總是滔滔不絕，熱情奔放。母親則帶著傾慕的微笑靜聽，偶然也交換一下意見，然後父親會滿意的像個孩子似的回到他的書桌。但有的時候父親太過興奮，得意洋洋地大誇大吹時，母親就沉默不語了。他們個性的差異和聚少離多的生活，有點小別勝新婚似的微妙心情。

個性讓他們不能相處，通信卻讓他們心靈相通，精神層面上他們更是相知相愛。在兩地分離的幾十年裡，父親寂寞嗎？我問了曾跟他們在廣州住過一陣的表妹，她說：「多少個下午，姑父都坐在前院那塊石頭上，久久的發呆。」發呆！這可不是梁宗岱生命中該出現的現象！他熱愛生命，他熱愛生活，他熱愛詩書學問等一切一切。他寂寞嗎？心灰意冷嗎？這讓我忽然想起我們還在臺灣時，曾看到母親獨坐客廳，膝上放著幾本冒險從上海帶出來的父親的書。她輕輕的摩挲著那些陳舊的的書，低頭沉思，渾然忘我。

人家說，婚姻常因彼此誤解而結合，因了解而分離。而我卻認為父母的婚姻是相知而結合，深知而分離。在精神上，他們絕對是相知相依的！怨藕，怨藕，這「剪不斷，理還亂」的千絲萬縷，在他們心頭，是甚麼樣的滋味呢？

## 之二：我愛畫畫

記得五、六歲時，那是在四川重慶躲日本飛機的抗戰時期，我突然愛上畫畫，尤其喜歡畫人頭，只要得了一張紙，整天就在上面畫一個圓圓的臉，兩個圓圓的眼睛，然後逐漸進步到有兩橫眉毛，又有了兩個圓點的眼珠，自己感覺良好，以為很有人頭的樣子。有一天把畫滿一個個人臉的紙，得意地拿去給媽媽看，誰知道媽媽猛然一看，很吃驚的衝口而出：「好嚇人喔，這些人頭！」我很疑惑的看著這些人頭，不知道他們他們嚇人的原因在哪？看著這些個瞪著圓眼，張著圓嘴的人臉，心想是不是他們沒有微笑？就試著把圓圓的嘴巴畫出各種形狀。一開始覺得不太像樣，畫了幾十個以後，終於找到一個有著笑意的嘴了。

幾天以後，又覺得眼睛應該改變一下，就開始不停的畫各種眼睛的線條，但都不太理想。有一天，我突然想說畫一個睡著的眼睛吧，因為覺得他們整天把兩個眼睛睜得大大的也太累。誰知睡覺的眼睛卻讓我煩惱了很久很久，怎麼都不能畫出看起來像是在睡覺的樣子，最多只像是閉了起來。我捧著畫滿了人頭的畫紙，見了人就問，怎麼才能把眼睛畫得像睡覺的樣子？大人小孩都對這個沒興趣，從來不正眼瞧一下，至今我還記得當時心裡著急失落的感覺。

我自己畫啊畫的,就是不能畫出來睡覺的樣子。好像畫了很久(至少在小孩的心中),有一天心灰意冷地拿著筆在一堆人頭中胡亂塗鴉,看來全無希望,就用力地在紙上畫了兩撇,把筆一扔。我站起來時,突然覺得那兩撇好像很有點睡意,於是高興地坐了下來,模仿那兩撇的樣子,左畫右畫,終於發覺把那兩撇向上彎,就是一對閉著的眼睛了。當時真是興奮無比,連著幾天都畫個不停。終於有天發現,我不但可以準確地畫出睡覺的眼睛,也可以容易準確地畫出微笑或下撇嘴巴了。

我不記得在小學以前畫過人頭以外的東西,只記得在小學一年級時,有一天老師要我們大家畫蝴蝶。於是我畫了一隻大大的蝴蝶,然後在頭的兩邊畫了七、八根捲捲的鬚鬚。畫完後又擔心起來,因為一個同學看了我的畫,顯得很驚奇地說:「蝴蝶只有兩條鬚啊!」糟糕了,這下我要得零分了。雖然害怕,但對這個五顏六色的蝴蝶非常喜歡,也覺得那七、八條鬚鬚很好看。當時還不懂有「畫蛇添足」這回事,就交了上去。想不到發回來時,老師給我一個「甲」,真是意外又高興,非常不解卻又不敢去問。

另外一次是畫了一個房子,當然也有樹有花,但心裡覺得房子的背後也應該有個有顆大樹才好看,但怎麼畫一顆大樹在房子後面呢?想了半天,就在房頂上畫了一棵大樹。一個同學看了大聲地說:「哈哈,你看,房頂上長了

一棵樹來。」周圍的同學笑個不停，我急的叫著說：「那是一棵屋子後面的大樹，看不出來嗎？」

我不知道為甚麼那兩次的事情，到了今天還記得那麼清楚。感覺好像從那以後就沒有再真正的畫過畫似的，除了在上課的時候坐在最後的角落，低著頭，在課本上塗鴉不停，左一個右一個的人臉、人腿的，把個課本弄得髒亂不堪。當然，被老師罵了一頓後，畫畫就此結束。

我跟中日七七事變幾乎是同時出生，八歲前在重慶過著跑防空洞、躲日本轟炸機的生活，抗戰勝利後也長途跋涉從四川到了河南開封，之後又在上海住了兩三年，然後才坐船到臺灣，生活才安定下來。當時的臺灣樸實美麗，大家過著簡單安寧的快樂生活。嚴格說來，那時候的精神食糧比較欠缺，繪畫課一週一兩個小時，現在也記不起來曾經畫過甚麼。但我對圖畫課一直非常喜歡，偶然可看到一些中國畫。後來在美國的 Rose 姑母寄來一些色彩繽紛的兒童書籍，我們才大開眼界。慢慢地，文學和藝術之風在臺灣吹起來，可是社會上、學校裡，數理化和英文的風吹得更強，很少學校或家長會鼓勵兒女在音樂繪畫方面發展的。

1963 年我到了美國，這才發現了一個彩色的世界，那遍地的花固然讓我目不暇給，博物館的各種展品也讓人

流連忘返。即使是百貨公司的櫥窗的擺設，也燦爛奪目，更不用說畫廊、書店，中外名畫應有盡有。人在這樣的藝術環境中，不醉也滿身酒味了。

1987 年，我們在美國北卡州，靠近北卡大學附近的小山坡上，建造了一個深藏在樹林中的粉紅色小屋。屋子的四周是參天大樹，後面還有一條終年流水不斷的小溪，常是小鹿、狐狸等出沒的地方。樹林中也經常有小至蜂鳥，大至白頭老鷹的各種飛禽，真是快樂又滿意。但房子造好了，該裝潢的時候才發現，不知該怎麼處理那些空白的牆壁。

我逛了很多畫廊，想買幅畫來掛掛，但總是眼高手低，真品貴不可言，複製品又覺得不對勁。我想了很久，決定大膽地自己試試，記起來小時候畫人頭的癡狂，對能不能畫的問題有了點信心，並且還記起自己一向羨慕並且嚮往能有機會畫畫的。

等到決定自己畫時，才發現有很多問題。用甚麼紙？甚麼顏料？在哪裡買？最後還是在一個賣藝術用品店裡，看到一個招生廣告，是社區性質的義務繪畫班正要開課，於是我報了名，進了這個有六、七個人的繪畫班。班上老少都有，全是女性。老師是一名中年女畫家，非常名士派，除了在第一堂課具體的介紹了一下用甚麼紙、筆、顏

料和畫布外,在以後的八堂課裡,她就再沒甚麼指示了。也許頭一堂課還放了些乾草乾花之類,但並不要求一定要畫那些。她鼓勵大家自己創作,無論怎麼畫,她都讚美,絕不批評指導。她的理念是沒有畫得像不像、對不對的問題,既不教你方法,也沒有理論,也無所謂繪畫技巧,就是自己畫、畫、畫。

在那樣自由自在的氣氛下,大家大膽地畫山、畫水、畫花、畫人、畫物,無論多麼不成熟的作品,老師都能找出可稱讚之處,而在她快樂的讚美聲中,往往卻讓人看出自己的缺點,同時也在觀摩別人的畫時學到了一些繪畫的技巧。老師常掛在口上的就是:「好美呀!真有創意!」在這位老師的教學下,我上完了幾堂課就信心滿滿地畫了幾幅畫,得意地掛到家中牆上。之後我就為生活而忙碌,沒再碰畫筆了。幾年之後搬家時,再看看這些畫,頓時覺得怎麼這麼幼稚可笑,於是就有了再去學畫的想法,但這個想法幾年後才實現。

1996年的秋天,由於一個偶然機會,我進入成都的一個藝術學校旁聽。當時心想,可以利用這個機會看看自己是不是真的喜歡畫畫,還能不能畫畫(因為當時已快六十歲)。我加入了一個有四、五十個學生的藝術課,班上同學都是十八、九歲學生,我跟著他們上課學畫畫。事先說好我住在校內,但只上繪畫的課,其他一切自由。別

提那一個學期我多快樂，不但整天泡在畫室裡畫個不停，還有那麼多可愛熱情的老師同學朝夕相處，更不用說整天都可以吃到四川的美食了。因為我不是正規生，年紀又比所有的老師都大一截，所以老師也放任我自由的發展，只從旁輔導協助。

學期末了，錫生來成都幫我整理行李，打包回家，他對我居然能適應當時當地艱苦的環境和生活非常吃驚，後來在我畫室看到滿地滿牆大大小小的中西畫作，他更是不敢相信，看到我的這股熱情，他衝動地說：「以後你想去哪裡學畫都行！」我也不假思索衝口而出說：「法國！」

1996 年，梁思薇於四川米亞羅寫生，一隻牛跑過來吃她的畫紙。

真是運氣好，幾個月後，錫生在美國參加一個學術會議時，碰到一個人介紹了法國南部的一個畫室給他。三個月後，我提了簡單的行李，在一句法文也不會，一個當地人也不認得的情況下，到了普羅旺斯，一個美麗的法國南部小城。我真是沒想到，就在這裡過了一年，多麼豐富，多麼自在，又多麼接近藝術的生活啊！為了多想認識一下這個可愛的國家，第二年我在巴黎找到一家藝術學校，又度過了一年多采多姿、新奇又有趣的日子。不管多麼不捨，我還是得結束這快樂的遊學生涯，回家後的頭十年，我還算勤快地畫了些畫。慢慢地，俗事、家事，年齡增多，經歷漸少，只有心想但能完成的畫作就越來越少了。

　　現在回頭看看，這些畫雖然不成熟，技巧方面甚至幼稚可笑，數量又少的可憐，但覺得每一幅都是我有感而生，是我真心誠意地想表現出來的。因為對每一幅畫的想法和感覺不同，在缺乏技巧和經驗的情形下，只有將就地用我所能的筆法畫出，所以每幅畫也只有憑著自己的感覺，用不同的方式來表達，看起來凌凌亂亂，毫無連貫性，更談不上有沒有自己的風格不風格了。但可以自嘲的是它們至少記錄了我的心路歷程，滿足了我的創作需求，增長我對美和藝術的興趣，讓我享受到握著畫筆時自由自在的感覺，更得意的是，我在畫布畫框中，可以隨心所欲地滿足旋乾轉坤的虛榮心！

## 之三：扁舟

　　那天，一向很少出現在我們面前的爸爸，突然笑嘻嘻地說要帶我去一個地方，母親也很高興地給我穿著了一番，我就跟著爸爸走了。不記得我是幾歲了，大概四、五歲吧？一個還是糊糊塗塗，但又有了一點記憶的年齡。那天最清晰的感覺是從我們坐船到了一個荒無人煙的岸邊，小心翼翼地被扶著跳上亂石的岸上。仰頭一看，一條上坡的碎石子路婉延地彎入叢林裡，右邊是碧綠的河水和飄著白雲的藍天，左邊則是枝濃葉茂的深林，襯著這條土色的泥石子路，這是從沒見過的景色！

　　這時聽到一句四川音的「謝了，謝了，大爺」，回頭看到那波光粼粼的岸邊，船夫正用竹竿撐著小船離去。我絕對沒有想到我對這一幕有這麼深刻的印象，長大以後每次唸詩詞時，不管是李清照的雙溪舴艋舟，還是那野渡無人自橫的舟，心中都會出現這個畫面。那天，父親牽著我的手慢慢地默默向上走，靜悄悄的，只有稀疏的蟲鳴和鳥叫。走到路的盡頭一轉彎就看到了一個花木扶疏的房子，靜靜地藏在森林裡。大概是腳下碎石的喳喳聲，讓幾條比我還高的大狗從門裡衝出來，還沒來得及反應，就有幾個人簇擁著一個有長長的鬍鬚，看起來仙風道骨，和藹可親的長者，一邊撩著長袍呵呵笑著，快步地到了我們跟前，狗就悄悄的消失了。

我們被前呼後擁地引進了門後的中庭，那裡似乎有一個高高的葡萄藤架，還有很多盆栽。好些穿著長袍馬掛、西裝領帶的人談笑風生，文文雅雅地走來走去，很不尋常。感覺那一次和先前我跟著爸媽去過的宴會非常不一樣，但是我的記憶就到那一刻為止，以後怎麼樣度過那一晚和怎麼樣回家的就一點都不記得了。但是那次的際遇的神秘感卻從未消失。

可能在我十七、八歲吧，有一天忽然想起此事，鼓起勇氣，問那從不願憶舊和多言的母親，把那次神秘的訪問敘述了一遍，本以為會得到她一貫的回答，唉，忘了。哪裡知道，媽媽卻是毫不猶豫地說了三個字——熊十力。

## 之四：一隻羊的故事

我現在想講一隻羊的故事。說起這隻羊，在當時還相當有名呢。那是在抗戰時候的重慶，父親在復旦大學教書。有一天，學校有個重要會議在一兩個鐘頭後就要開始，父親卻決定需要去鄉下走一趟做點事。那時候重慶的交通非常不發達，去鄉下更是需要徒步而行。教授同事們都勸他不要去，這麼短的時間一定趕不急回來開會的。父親自認體力很好，又可以健步如飛，絕無問題，就走了。誰知在開會以前，父親不但回來了，而且肩上還扛了一隻奶羊。當眾人吃驚時，他則洋洋得意。這件事情就在校園裡傳開，一時成為趣談。後來還不時出現在朋友的文章裡。

這隻羊來後頗為得寵。父親不但親自餵它，也親自擠奶。這隻羊有時候也跟著他去學校上課，看他進了教室，才乖乖地自己走回來，常惹得學生們哄堂大笑。但多半時候這隻羊是被拴在屋後一棵大樹下。它真是名副其實的奶羊，每天都能擠出好多羊奶。可惜羊奶的味道不太讓人喜歡，家裡人除了我都不喝。無論父親如何宣揚羊奶的營養價值，親朋好友左右鄰居都不肯喝一口。母親只好用羊奶做成甜餅，這樣別人就喜歡吃了，有時也做奶酪，這個也就是我一個人喜歡。所以我小時候身體好，精力充沛，大家都說是羊奶的功勞。

我們在重慶大約住了七年，換過許多地方。不知道是不是這隻羊的關係，抑是我已經開始有記憶力了，總之，我對這個房子和在這裡發生的事情都比較有印象。我記得它是一個平房，住了幾家人。房子好像是在半山腰的樹林中，房子後面就是濃密的山林。除了緊接房後清理出來的一點空地，我們小孩子都不敢到空地以外的密林裡面玩，因為大人說那裡有野獸。但那是一個多麼美麗的樹林，。望不到頂的山都是濃濃密密的參天大樹。在每一棵大樹下面好像都會有一些小樹開著紅色或白色的花。後來才知道那香香白白的是梔子花，那在春天時候開得漫山遍野的紅紅艷艷的是杜鵑。這些杜鵑花越到山頂越是開得多和艷麗，有時候覺得滿山都紅了，別提多美。所以當地人又叫杜鵑花為滿山紅。在空地上拴住羊的大樹是棵橄欖樹。橄

欖成熟時，大人們會用一根很長的竹竿打下這些果實，我們小孩子就在地上搶著撿來吃。那酸甜青澀的鮮味那麼好吃，令人永遠都不會忘記，長大後再也沒有吃過這麼有滋味的橄欖了。

我不記得在這個房子裡居住了多久，只記得這是一個環境優美的地方。在天氣暖和的時候，蓮英（我們從廣東帶出來的幫傭）會帶著我和妹妹到山下小溪中洗澡玩耍。好像有時候這隻羊也會跟著我們到溪邊，我們玩耍的時候，它就在岸邊吃草。這條小溪的水很清淺，水下的石頭和跑得飛快的小螃蟹都清晰可見。我最愛捉螃蟹玩，可是經常會被螃蟹夾住，痛得哇哇大叫。但把螃蟹摔掉後，又重新去抓了。有時候也會在小溪旁邊的泥岸邊，尋找一種白色的泥巴，把它挖出後，敲敲拍拍就可以用手捏出一個小花盆。還學著把盆子挖空，再在外面雕上花。好像蓮英只教我們做這種長方形的花盆，自己也不懂做點別的玩意，真是沒有想像力！無論如何，這是我最早接觸到的陶藝，對我以後喜歡玩陶泥有一定的影響。每次要去溪邊，我都特別高興，從來有沒有抱怨過那又高又多的石階，也沒有體會到「蜀道」有多困難。

在這個可愛的環境裡面，我過著無憂無慮的生活，喝著羊奶，吃著甜餅，在冰涼的溪水中洗澡，捉螃蟹，還不時地採野花，卻從來沒有注意到身邊的人和事，懵懵懂懂

地只有自己。一心只知道吃和玩。大家都覺得我傻乎乎。雖然在我自己想起來，也就是在這裡，我聽到那些可愛的和各式各樣的鳥叫聲，注意到遠遠的山頭緩緩飛過的白雲，而白雲有時候好像還是藍色的呢。

但是這平靜歡樂的生活，並沒有永遠繼續下去。因為有一天深夜，大家都被一陣恐怖的叫聲吵醒，其中夾雜著匆忙急促的跑步聲，顯然，我們的羊被什麼東西追趕著，而它又掙扎不開被拴住的繩子，那種驚慌恐懼的嘶叫是那麼大聲又充滿絕望，整棟房子的住戶們都摸黑披衣起床，驚慌地互問發生什麼事情。可男男女女沒有一個人敢打開大門一探究竟。因為房子是坐落在人煙稀少林木濃密的半山腰，又都知道山上深林中有老虎和豺狼之類的野獸。在這死寂的夜晚，四周一片漆黑，這絕望的掙扎和悽厲的叫聲好像震動整個山谷。

不知道過了多久，就在各種聲音都慢下來的時候，對面山下傳來了一排槍聲。槍聲停後，一切都寂靜了。過了好久大家才回過神來，相約天亮後再看吧。就摸黑回到房間。母親牽著我的手把我送上了床。說沒事了，睡覺吧。我雖然心裡疑惑，但並不真正了解究竟發生了什麼事情，並沒有害怕，只覺得有些緊張，有點累，很快就睡著了。

第二天我起來時什麼也沒有看見，只聽到大人們在

討論，把這個羊肚子吃掉半個的，不知道是狼還是老虎。如果羊沒有被栓住，也許還逃得掉呢。至於那嚇跑了野獸的槍聲則是對山的兵工廠放的。他們的值班人是聽到聲音才開槍的。否則還不知道要鬧多久呢。

我不是一個會記事的小孩，但是這件事卻給了我很深的印象。雖然沒有覺得特別的恐懼，但是那眾人凝神緊張的氣氛卻大大地讓我感受到一些我自己也不知道是什麼的事情，而我知道從那時起就忽然注意到身邊的人和事了。比如說，這件事發生時父親並不在家。等他回來知道此事後，並沒有太多地歎惜喪失了羊，而是一味地嘲笑眾人膽小，說若是他當時在場，一定會去看個究竟，把虎狼趕跑。這讓母親非常生氣，她最受不了父親的狂妄，因而又嘔了一場氣。這也是我第一次感覺到父母之間的關係。

# 附錄二:梁家和我

齊錫生

## 1. 梁思薇

我第一次見到梁思薇是 1958 年暑假時節。

那一日我獨自在臺中市馬路上遊蕩,突然聽到對街有人呼叫我的名字,定睛一看,是東海大學室友陳必照和另外一男二女。男的我認識是董敏,女的則從未謀面。但是既然是女孩子,我當然本能性地多看了幾眼。當時陳必照並沒有介紹,只是匆匆說明他們剛從爬山隊回到平地,路過臺中一天。說完後我們就分手。多年後,梁思薇拷問我對她的第一印象是否「驚為天人」?我脫口而出的答案是極似一株黑大蒜,雖然體裁修長豐滿又充滿活力,但全身皮膚黑裡透紅。儘管自然界或許沒有「黑大蒜」一物,但我自認是形容頗為貼切,因為他們剛剛在紫外線極強的南投廬山上曝曬了十幾天。

不久後大學四年級開學,得知女孩子之一名叫梁思清,剛考上我們東海大學。也順便聽到那天另外一個女孩子是她大姐,名叫梁思薇。再不久,四年級的陳必照和一年級的梁思清固定了男女朋友關係。一年後大學畢業,在等待入伍當兵之前,我這個臺中市的土包子到臺北去見識十里洋場幾天。陳必照主動安排我們三、四個男同學去空軍新生廳跳舞。我當然沒有舞伴,陳必照就把梁思薇約來一起玩。幾天後他又約了董敏,莊喆等一群人去淡水福隆海濱浴場游泳。大夥兒一塊玩,整個下午我大概和思薇只說了不到十句話。此後各奔東西。我 1962 年到芝加哥大學做研究生。

1963 年初夏,突然接到陳必照從 Bloomington(Univ. of Indiana)來電話,說他大姨子梁思薇要從臺灣飛往紐約市唸書,由於航程太遠,希望中途在芝加哥停留休息兩三天喘一口氣,問我是否可以去接機並安排兩三天的休息?我當然樂於從命。偏偏我那天有一場學期大考,是接近中午時分,而梁思薇的飛機則是早上 5、6 點鐘抵達,所以我只好在 4 點多鐘就開著我和同學胡德偉共買的破車趕到機場,在出口處一眼看到一個滿臉倦容披頭散髮的東方女孩子,狠狠地拖著兩件行李。彼此認明身分無誤之後,就趕快回奔大學。趕到住所,請她隨意休息,我就快步跑到校區,及時趕抵考場應試。

等她睡飽後，我想她在芝加哥短暫停留時間裡，至少應該略盡地主之誼請她吃一頓豐盛晚餐吧？為此我帶她去當地頗有名氣的 Ivanhoe House 吃龍蝦。因為那是一家有氣派的餐廳，當然需要穿著整齊才好。豈知梁大小姐在房裡磨蹭了二、三十分鐘就是出不來。最後我只好隔著門板問她是否有甚麼事故，她才吞吞吐吐地說她衣服太皺而她不會熨燙衣服。此時我才了解時髦女性如梁大小姐者居然不會燙衣服。當然只好趕緊接手把衣服燙好才順利出門。

在此後一天多時間裡，我們聊天時間較多，而且她說話真誠坦率。儘管是彼此間第一次面對面交談，卻沒有絲毫客套試探，更沒有青年男女間那套「攻防戰術」的牽掛，真如熟識多年老友一般隨性閒聊，但是我聽到的故事卻是前所未聞。原來這位自認為是新式的女性卻非常孝順。特別是從小沒有父親，三姐弟是母親一人獨力辛苦帶大，生活非常拮据。剛出校門就業，就把每月薪水一半交給母親分擔撫養弟妹讀書。其間母親的朋友們介紹了一位留美學人喜歡上了思薇，就向母親提親。那位先生資歷雄厚，不但擁有當年稀有的化學博士學位，而且在美國著名公司任職高級研究員，薪酬豐厚，有房有車。再加上能說善道，文筆通暢，深得思薇母親歡心，更何況周邊親朋好友三姑六婆又齊聲讚譽，母親就做主訂下婚約。所以在她母親和一切親友心中，一致認為思薇這次來美的重大任務就是來完婚的。但是她個人內心又覺得這是一個包辦婚姻，

為了孝心和社會期許被人牽著鼻子走,因此充滿抗拒感。

我作為一個剛認識一天的朋友,事先又不曾被陳必照和梁思清告知背景,我立即的反應是,與其她本人到紐約見面後在現場去衝刺糾纏,不如先保持距離地爭取彼此理性思考。因此建議她不妨考慮改變行程,留在芝加哥上學,同時找一份工作解決生計問題。陳必照、梁思清早就知道思薇的苦衷,因此也支持這個建議。思薇母親雖然覺得意外,卻沒有產生絲毫危機感。就這樣,思薇在1963年6月底就開始留在芝加哥讀書和工作。

也就是因為如此,我們見面的機會自然大幅增加。我平常最不喜歡女孩子忸怩作態,或是故弄玄虛。而梁思薇正好相反。她坦率,大方,聰明,特別是對於文學和藝術方面的悟性,遠遠超過我這個學而知之或是困而知之者。她為人又外向,喜歡游泳,爬山等各種戶外活動,而且興致高昂,精力無限。所以我們很快就玩到一起,而且沒有男女朋友初次交往的那份耍心機和忐忑不安的感覺。特別是她談到《紅樓夢》如數家珍,第幾章第幾回哪段話,脫口而出。談到古詩詞,又是這一句那一段地朗朗上口。而我這個自以為喜歡文學的人,辛辛苦苦地死背了一大堆,到頭來只能零星地湊上幾句蘇東坡的〈赤壁賦〉或是王維的半首詩。我們談話的材料越來越廣泛,完全沒有風花雪月或是談情說愛的話題,這就讓我對這個女孩子大開眼

界，同時也就喜歡上了。

　　大概這樣交往後不出兩三個月，思薇也做出了她自己的決定，那就是解除和那位博士的婚約，把那個「探照燈」架勢的訂婚鑽戒歸還原主，心平氣和地解除了一段長輩安排的尷尬關係。有了這個發展，我就明白地告訴她我喜歡她。但是她的第一反應是絕對不可能，拋出的大帽子是我們「人生觀」不合。此後幾十年，我從來沒有搞清楚那個「人生觀」的深奧內涵究竟是甚麼？但是由於共處一城經常見面，就像冰塊見不得熱水一般，她的態度也慢慢軟化，但是依然堅持對雙方家人必須守口如瓶，決不可透露半點風聲。

　　大概到了 11 月下旬，天已降雪，我們終於撇開「人生觀」而決定準備結婚。首先要通知的對象當然是陳必照、梁思清夫婦。當我們在電話中邀請他們來芝加哥參加婚禮時，他們還誤以為我們是按照正常程序籌備訂婚，所以回說當時天氣太冷，從 Princeton Univ. 開車太遠，因此提議等我們結婚時再來吧。當我們解釋不是訂婚而是結婚時，他們才大吃一驚，脫口而出說「怎麼那麼快？」當然也承諾一定來。

　　最要命的是，我們為了要訂教堂（Bond Chapel），申請結婚學生宿舍（married student housing），安排牧師主

持婚禮等雜務只能訂到 12 月 28 日的空檔。等這些事情有了眉目我們決定通知雙方家長，請我父母去臺北梁伯母家提親。這一下就把鍋給炸碎了。而且從此未能修復。

思薇母親對於思薇向來具有信心，知道女兒是個行為嚴謹守身自愛的好女孩子。在成長的二十六年中從來沒有出現過讓她絲毫擔心的男女感情事務，反而偶爾會提醒她對男孩子不可拿出太拒人千里之外的架勢。女兒選擇留在芝加哥的確有些奇怪，但是出於她歷來行為持重，也沒有多想，更沒有產生任何疑竇。所以在那六個月中間母女關係高度親密，每週通信寄包裹，一切親情其樂融融，「男朋友」三個字從來不曾出現過。現在突然晴天霹靂式地冒出一個從未聽過的男孩子，連個碩士學位都沒有得到，博士學位更是遙遙無期，更何況家無寸金，是靠獎學金和工讀金過日子的。如此迫不可待地要結婚，明顯的解釋只有兩個，一個是這個姓齊的是個花言巧語的騙子，讓純潔善良而涉世未深的乖女兒鬼迷了心竅。另一個而更糟糕的是兩人生米已經煮成熟飯，再不結婚就要出醜了。

正是梁伯母在這驚魂未定之際，我父母在沒有預警情況下又跑去臺北登門拜訪，而且由於說的是贛北方言，溝通失靈，被梁老太太看成是來「示威」的，造成雙方極大不愉快。我父母也帶著一肚子氣回家。

其結果是：梁老太太斷然否決此項婚事。這個發展當

然也大出我們意料之外。因為禮堂也租好了，宿舍也申請成功了，結婚請帖也印好了，就是遲遲不敢寄發。而梁老太太方面則進一步聲言如果舉行婚禮就斷絕母女關係。思薇和我只好決定取消婚禮，或許從此各奔東西。豈知在這個風雨飄搖關頭，思薇的阿姨給梁老太太做了大量「工作」，最後梁老太太來了一封加急電報，紙上只有冷如冰霜的兩個英文字母——"OK"，除此之外毫無一句溫情或祝福之詞。我們這才氣急敗壞地恢復籌備婚禮。12月20日發出請帖，28日就舉行婚禮。這個狀況更增加了不知情來賓的信念，這肯定是到了生理上紙包不住火的要命關頭了。

就婚禮籌備而言，我這個窮學生買不起「探照燈」尺寸的鑽石戒指，只能去 Sears Roebuck 用五十元美金買了一對鍍金戒指作為象徵。婚禮前牧師問我們預備如何佈置禮堂的花卉，思薇說我們買不起花，無需佈置。牧師聽後感到十分難過，馬上去要求上午舉行婚禮的新人們把花留下讓我們享用。他又主動去和風琴師（organist）商量，給這對窮學生優待，把演奏酬金折半支付。婚禮時我穿的是一套臺灣帶去的舊西裝，剪裁土氣。思薇自己用便宜的紗質布料設計和縫出一套新娘禮服。又事先花了兩天功夫製造出一個蛋糕和點心。禮堂使用費五十元美金是向芝加哥大學交付的，無法省免，但是牧師費卻承牧師的同情而全部豁免了。我們的伴郎伴娘分別是陳必照和梁思清，女方家長請鄒讜和魯懿莊教授夫婦扮演。由於請不起攝影

師,所以我作為新郎宣誓一輩子要好好照顧新娘之後,立即進入另外一個角色,就是趕快拿起相機替新娘和婚禮來賓照相。一切禮儀完成和送走賓客後,新郎新娘留下來親自動手掃地抹灰把禮堂收拾乾淨。等到傍晚拖著疲憊不堪的身軀回到學生宿舍,也就是我們空蕩蕩的「新房」,既沒有大紅燈籠,也沒有雙喜錦幛,只有兩人各自用過的舊棉被堆在床上。兩人掏出口袋把剩下的共同財產進行結算,發現財富總值是二元美金。但是冰箱裡儲存了食物不致飢餓,而下星期一又可以領到薪水。

1963 年 12 月 28 日,梁思薇結婚,梁思清擔任伴娘

1963 年 12 月 28 日,梁思薇與齊錫生結婚,鄒謙教授和夫人魯懿莊女士擔任女方家長

就這樣,糊塗的梁思薇在短短六個月內,捨棄了當時

吃香的理工科博士郎君，汽車洋房，大公司高薪，忤逆了長輩的關懷期望和朋友的羨妒，選擇和只有「堂堂東海大學」文學士學位的齊錫生擠進一個一房一廳的侷促學生宿舍，開始此後幾十年的夫妻生活。

## II. 婚後雙方家長的關係

1963 年底思薇和我結婚之後，雙方家長之間關係完全斷絕，在他們有生之年不曾產生任何交往。不僅逢年過節沒有禮貌上的問候，連照面也不曾產生。

至於我們兩夫婦和雙方家長們的關係，也處於艱難地步。1963 年至 1976 年間我給父母寫信，思薇向他們問候，得到的都是冷冰冰的回復，完全脫離了兩個家庭原本享有的那份親情。1976 年我拿了一筆 SSRC（美國 Social Science Research Council）的教授研究費回臺灣半年做研究，是出國後第一次全家回家，我父母對我們的態度依然拘謹，但是首度看到孫女和孫兒卻非常喜歡。我們住在臺北市郊新店區看檔案，但是經常帶著孩子們回臺中，所以老人家的態度緩和了許多。那年底，父親去世，母親獨居臺中，我也因為開會之便多次回臺灣探望，彼此感情恢復許多。1980 年代她終於同意出國，到 Chapel Hill 住了一段時間，家庭氣氛更恢復了許多。後來我去香港參加科技大學建校工作，她則去加拿大探望弟弟，於 1997 年在加拿大過世。

岳母陳鎣（沉櫻）和我的關係則經過更多起伏。我猜她最難熬的日子是我們結婚初期的八、九個月。她是臺北一女中的知名老師，又是當時臺灣文壇上的望重前輩。乖女兒在臺灣訂婚時喜氣洋洋和人人祝福，是文藝圈中一件大事。女兒的突然退婚又與他人結婚已經讓她措手不及，吉凶未卜。她的親朋好友想必也萬分納悶，甚至等著看好戲登場。再加上如果小寶寶來臨的噩耗一旦傳來，更會讓她無地自容。而一年之後小寶寶仍然不見蹤影，肯定讓她大舒了一口氣，知道不會遭遇醜聞。剩下的只是對那個從未謀面卻心中萬分肯定犯了誘拐良家婦女罪狀的女婿的厭惡感揮之不去而已。

　　丈母娘和我第一次見面是 1965 年，態度有如北極氣候，不苟言笑。她們母女關係恢復得比較快，但是我們依然小心翼翼。此後二十年間，見面次數增加，也在 Chapel Hill 共同居住。她和我談話越來越放鬆，終至藩籬盡撤，無話不談，動輒兩三個小時。大概婚前的惡感全然消失。最令我意外的是她 1982 年突然動念回中國定居，又突然決定住不慣想要返回美國時，她事實上已經做完了一切永遠切割美國的手續。當她在美國的大家庭成員們各自奮勇要去中國把她接出來時，她卻指定只要齊錫生一個人去。當我抵達北京和美國大使館商量如何著手時，他們告訴我護照一旦交出就絕無挽回餘地，而中國熟知規章的親戚也告訴我無路可走。但是我還是鍥而不捨，用盡辦法

在十天左右把她老人家接回美國。在親友們聚會慶賀岳母大人安然歸來時發生了一段有趣的母女對話。母親心滿意足地宣佈：「我就是眼光好，早就知道只有齊錫生有辦法讓我返回美國。」女兒分秒不失地回嘴說，「如果不是我當初眼光比您好，那裡會有齊錫生這個人？」我當時人不在場，是事後聽思薇轉述的。我們當時已經結婚二十年，在此期間岳母守口如瓶，對我們的婚事從來不曾透露過一句觀感話。如今看來，大概真的是前嫌盡釋了。應了一句英文俗話 "Better late than never."

我們婚姻生活自始就缺席了一個人，那就是思薇的父親。我們婚前不但免去生辰八字和媒婆聘金等一切繁文縟節，就連她父親是誰都不曾進入話題。婚後許久才聽說梁宗岱其人，但是事跡不詳，思薇本人也一知半解，說不出一個道理。1976年我們決定去大陸，才首度動念去廣州外語學院探望這位陌生人。我們夫婦兩人的心情大不相同。思薇是帶著積壓多年的反感去興師問罪，質問梁宗岱當年何以會絕情地拋妻棄子移情一位鄉村戲子？所以他們父女見面頭幾天的對話充滿火藥味。我則是對他的生平一知半解，只是想從一位退休老教授那裡去了解一些學術動態，所以彼此對話心平氣和。看到他號稱是國家級教授，但是一條舊短褲，一件晦色背心，一雙破舊塑料拖鞋，完全沒有知識分子的底氣。更何況住宅周邊野草過膝，校園滿眼殘垣破壁，就在不言中得到許多信息。令我感觸最深

的一個場景是有一天，外祖父和十歲的外孫女（我們的女兒齊若穎）聊天，談興正濃時突然從書架上取出一本封皮破舊的英文詩集，然後大聲朗誦一首詩。一邊讀一邊淚流滿面。那真是一個極度不對稱的場景。我雙目所見是一個衣衫襤褸，面容枯槁，體態龍鍾的中國糟老頭，雙耳所聞卻是他以高低抑揚充滿感性的聲調，朗誦英國人最引以為傲的文學經典。那幾分鐘讓我對文革時代老一輩知識分子的苦難猛然增加了無盡的切身感。

那幾天的相處成為一個有趣的對照。思薇和她爸爸是針鋒相對，絕不放棄讓她爸爸下不來臺的機會。我和梁教授則是兩個大學工作者的互相交流。他對外界好奇，我對國內好奇，溝通得非常通暢，而且也頗深入。

思薇和我婚後屢次提到她媽媽從不給孩子們敘述她自己年輕時的往事，而和她爸爸又只是在戰時重慶和戰後上海的短暫相處，印象支離破碎。因此我們夫婦很少以雙方父母為話題。此後思薇短暫見過父親一兩次，都沒有機會對他們二位的往事增加了解。

1980年代他們二位老人相繼去世，1990年代我們移居香港參加香港科技大學工作，經常有機會接觸大陸文藝界老一輩人士。思薇先後去看望過巴金、趙清閣、施蟄存，我去拜望沈從文。又共同在北大校園見到羅念生、朱光潛

等長輩，思薇逐漸增加了對父母的了解。其中特別是去拜訪楊絳先生，她那年九十九歲，早已閉門謝客多年，聽說梁宗岱女兒到了北京，特別破例約見，而且一聊就是三、四個鐘頭，我們夫婦怕打擾她，屢次起身告辭，都被楊先生談興熱烈而留著不放。她不但頭腦清晰，動作緩慢而穩重，還特別提到她年輕時旁聽梁宗岱教授的課，對她一生求學產生重大啟發，等等。2002年我從香港科技大學退休，到上海住了十年，更從大眾媒體看到有關梁宗岱和沉櫻兩位的往事。思薇慢慢地更了解她父母的事跡，而我也遲遲得知原來我是兩位民國時期著名文化人的女婿。如果三、四十年前就知道這些事，我可能不敢高攀這份姻緣。

2012年之後，我們改居臺灣淡水小鎮，基本上力求與世隔絕。但是有關梁宗岱和沉櫻的記載、討論、舊作再版，甚至博士論文等等信息仍然不斷傳來，更讓思薇對她父母重新認識，同時惹起她自己動筆補充歷史的念頭。這期間還有一個小插曲，那就是在臺灣時我們夫婦曾經數度和齊邦媛教授在林口長庚養生村聚會。齊老師原本是我的中學老師，此後幾十年維持聯繫。那時她正在動念寫《巨流河》一書，我們進行了一些有關歷史背景和寫作風格的討論。當她聽說思薇父親名叫梁宗岱時大為驚喜，馬上說出她在養生村居住條件狹窄，所以只能帶幾本長年最鍾愛的書籍隨時閱讀。其中就包括梁宗岱的著作，對他推崇不已。這個偶發的遭遇使思薇受到很大鼓舞，更堅定她要補

充父母往事的決心。

回顧我和梁家的關係，起源於我和思薇六十多年前婚事的曲折，弄得兩家長輩老死不相往來，他們的原意肯定是要保護各自的兒女，把對方看成是洪水猛獸，避免吃虧上當。儘管如此，我對梁家二老依然衷心萬分感激，因為他們在戰亂和家變雙重煎熬下，養育出那麼好的一個女兒，讓我和思薇成為一對恩愛逾常的夫婦。這都是雙方父母給我們的恩賜。

梁思薇全家合影。上圖攝於 2008 年，左起：齊錫生、梁思薇、兒子齊治華、媳婦 Annemarie、女婿 Harold Mandel、女兒齊若穎，懷抱者為外孫女齊蜜瑞。下圖攝於 2024 年 4 月 3 日，左起 Harold、齊若穎、齊蜜瑞、梁思薇、齊錫生、齊治華、Annemarie。

# 附錄三：梁思薇女士訪談側記

周素鳳

　　我稱呼梁思薇女士「師母」，因為她的先生齊錫生教授是外子張力十分敬重的師長。2018 年 10 月，我隨張力以及他在中研院近史所的三位同事，受邀到齊老師家，那是我第一次見到師母。我們一進門就感覺主人品味與眾不同，寬敞明亮的客餐廳裡沒有電視櫃，沒有系統櫃，幾件獨特的古董家具典雅精致，不露聲色地散發著藝術的內蘊。牆上掛的是一幅幅大小不一的西畫，無論是人物、景色、靜物，甚或情境、意境，用色鮮明飽滿，氣韻十足。

　　原來牆上的畫都是師母的作品。師母說她從小喜歡畫畫，但沒有正式拜師學習，一直到 1996 年將近六十歲時，單獨到成都的藝術學院當起旁聽生。師母形容自己像

著了迷似的一直畫，完全不在意環境的艱辛。成都的冬天雖不至於天寒地凍，但依然是刺骨的冷冽，當時暖氣設備並不普遍，一般人多以軍用大衣保暖。師母在畫室裡裹著厚重的軍綠色長大衣，有時燒煤爐祛寒，順便擺個水壺燒水，渾然忘我地遁入畫中世界，不顧甚麼外貌形象，只想著畫畫。到了學期末齊老師從香港過來看她時，居然沒認出站在面前的妻子。師母栩栩如生地講述這段經歷，非常有畫面感，當時我心裡想，師母一定是一個會寫散文的人。

後來師母提到她的母親是沉櫻。沉櫻翻譯的《一位陌生女子的來信》是我輩中學生的共同記憶。她的譯筆流暢自然，除了《毛姆小說集》，我對《車輪下》、《悠遊之歌》印象特別深刻，這些書陪伴我度過迷惘、強說愁的年少時光。師母接著說她父親是梁宗岱，我聽過這名字，但從來沒有把他和沉櫻聯想在一起。我告訴師母，我只知道梁宗岱是翻譯莎士比亞十四行詩的五四時期的文人，但沒有拜讀過。師母二話不說，立即搬出一套四本精裝的《梁宗岱全集》送我。之後大家的話題就在學術和歷史方面，我和師母沒有機會多聊。

過了不久，我在一個餐會上再度和齊老師、師母聚首。那天師母提到小時候父親帶她乘船過江，下船後穿過林木蓊鬱的小路，走進擠了許多人的屋內，長大後才知道

那次去了熊十力家。師母說她只記得一直看到男人的西裝褲管或長袍下擺，以及女人的裙子，都不知道那些人長甚麼樣子，這個描述有如電影鏡頭，精確地傳達了小女孩的視角。小小年紀的師母對顏色很敏銳，記得自己穿著紅色衣服的雀躍，路旁草木高矮錯落的各種綠色，還記得庭院裡葡萄藤葉垂垂掛掛，以及形形色色的花朵。聽師母說的那麼生動，這回我忍不住對她說，她的觀察力和敘述力都很強，應該把這些記憶寫下來，師母說她是很想寫，可惜興趣廣泛，畫畫之外又常常旅行，還有許多雜事分心，一直沒能靜下心來寫。

之後師母因腿部和心臟問題兩度住院開刀，深感體力日虛，希望能夠以口述方式，由張力和我記錄整理，於是我們從 2022 年 7 月開始，視師母的體能狀況到淡水聽師母說故事，有時間隔兩周，有時隔一兩個月。原本預定每次談三個小時左右，免得師母太累，可是談興一來總是會超時，有回師母憶起小時候親眼見到白光唱歌，張力當場就和師母合唱了好幾首老歌，不亦樂乎。我們的訪談非常隨興，天南地北地聊，沒有時間先後順序，基本上以事件為主。師母想到甚麼就說甚麼，而我們也是「隨機應變」，想到甚麼就問甚麼。我們在事後聽錄音帶整稿時，慢慢把脈絡釐清，把相關的人事時地串聯起來。師母謙稱自己開刀後記憶力差了，可是只要我們提到某件事，某個人，或是某篇文章怎麼說，她很快地就可以聯想許多細

節，侃侃而談。這段時間師母也常常透過 Line 提供我們一些資料，梁宗岱與沉櫻的故事慢慢豐富起來。

第一次訪談前我特別上網查資料，其中百度百科有沉櫻的生平紀要，我特別影印下來參考。到了師母家我把手中資料拿出來，第一頁上有沉櫻的大頭照，戴著黑框眼鏡，笑著露出潔白的牙齒，師母說：「這不是我媽媽」，網路上談到沉櫻的文章中，這張照片的出現率很高，想不到根本是張冠李戴。

師母說自己小時候傻里傻氣，我倒覺得她屬於早慧型的孩子。她的童年時期跟著父母出席各種文藝聚會，熟悉父母年輕時的世界和人脈，幼小的她靜靜旁觀，慢慢沉澱，成為日後印證父母性格的基礎。有回師母談到她三四歲時跟著父母乘船渡江，日照下的水光瀲灩讓她脫口形容「好像綠色的玻璃珠」，梁宗岱聽到如此詩意的句子開始口若懸河講起美學和直覺，隨著他的長篇大論，師母清楚記得媽媽的臉色漸顯不耐。師母敘述的小小日常讓我們窺見梁宗岱的能言善道，也印證北大溫源寧教授描述的，跟梁宗岱談話總會讓人筋疲力盡。另一方面，沉櫻佩服先生的學識，但是對他不知節制的「過度發揮」也頗不以為然，顯然不是一個順服的太太。小小年紀的師母真是觀察入微，不但捕捉到碧綠的江水，出口成詩，也觀察到父母互動的微妙轉折，而且在數十年後敘述得如此完整詳細，

這應該算是得天獨厚的本能吧！

師母以「生錯時代的人」形容父親，堪稱經典。在保守的 1930 年代，梁宗岱偏愛穿及膝西裝短褲配長襪，喜歡洗冷水澡，秀手臂肌肉，重視體能鍛鍊，如果不是後來的種種「變故」，他應該會安於這種異類風格，持續豪邁不羈，持續活力四射。他是出了名的熱情、樂觀，溫源寧教授說他熱愛生命到「無可救藥」的境地，形容他即使身在黑暗也會將目光放在僅有的一丁點陽光，然後笑著過生活。師母給林海音的信中說：「父親是一個如果有一分光卻要發出十分熱力（不管別人受不受得了），而母親是即使有十分光也只肯發出一分熱力，還要含含蓄蓄的……」。師母從小目睹父母兩情相悅兩心相通，卻也深刻體會兩人性格差異，理性地分析父母之間剪不斷理還亂的糾葛，對父母的性情分析得鞭辟入裡。

師母個性開朗直接，暢談往事時，除了細膩描述情景和人物，中間還會穿插她快人快語的評論，短短幾句話顯見其表裡通透。傳聞蔣介石曾以臺大校長職位拉攏梁宗岱，師母對於父親恃才傲物、張揚奔放的性格了然於心，客觀評斷爸爸完全不適合大學校長之職。至於父親不願赴臺，除了梁宗岱素來不喜歡國民黨之外，師母洞察到一個潛在因素──甘少蘇的事情導致梁宗岱在文化學術界得不到認同，當那些他向來不屑的知識份子選擇到臺灣，顏面

盡失的父親當然不願意與他們同行為伍。

梁宗岱在奔放、理性的外表下，潛藏敏銳、細膩的感性。他自述十五歲開始接觸詩，因為詩「那麼投合我底心境」；他心中的詩情詩意總是一觸即發，即使是「最輕微的震盪也足以使它鏗然成音」。梁宗岱寫詩讀詩唸詩的偏好恰恰體現了他多情善感的一面。他在〈試論直覺與表現〉提及十歲時在教室翻閱清人吳定的詩文集，讀到「游從舊侶，半皆散亡；竹既凋殘，池亦竭矣」，抬頭「環顧滿堂天真活潑的面龐」，竟然生起一種「幻滅的悲感，不覺淒然下淚」。翻譯家楊憲益接受訪問時提到梁宗岱初聞好友吳宓辭世，一個人走到牆邊放聲大哭，「聲音很響，哭的很厲害，所有的人都聽的見。」梁宗岱的感性和他的理性一樣豐沛，一樣飽滿，甚至一樣滄桑。

我們的訪談不久之後，師母就建議我重讀沉櫻翻譯的《同情的罪》，特別提醒我注意男主角的心聲。她一直覺得母親翻譯這本書時必然是五味雜陳，黯然神傷，因為書中的心理剖析應該就是父親當時「仗義救人」的心情寫照。一向風流倜儻的梁宗岱選擇相貌十分平凡，文化程度淺薄的甘少蘇，除了同情甘的身世際遇，應該對她所扮演的角色有過多的投射，由關心而仗義而動感情。師母揣想母親翻譯時必然體會到男主角英雄情結作祟，逐漸落入同情的深淵無法自拔。梁宗岱的心路歷程無人知曉，但師母

從《同情的罪》理解父親的將錯就錯，想像母親的書寫療傷，盡是為人子女的不捨。

沉櫻冷對梁甘情事，不曾怨懟，獨自承受內心的痛。甘少蘇在《宗岱和我》說梁宗岱在 1941 年 3 月 8 日初次觀看她的婦女節義演，之後密切接觸，兩人於 1942 年 3 月擺酒宣布「結婚」。無論梁宗岱是出於同情還是郎本多情，整件事對深情的沉櫻是沉痛的打擊；而大教授為了戲子與流氓打架，繼而豪擲三萬元為她贖身，對自尊心強的沉櫻應該很難堪；尤有甚者，她是最後一個知道丈夫出軌的人，而且是在 1942 年 1 月 5 日生完兒子，躺在醫院時被告知。甫獲麟兒之喜悅立刻被麟兒之父的「喜訊」擊潰，她的世界瞬間變色，對沉櫻真是情何以堪！

當時年僅五歲的師母在醫院探視產後的媽媽，傻傻地在旁邊吃著蛋，不能理解為何大人們圍在媽媽旁邊重複說著「那個女人」。師母雖然不解，但她嗅出了不尋常，那一幕深印在她小小的心靈，日後反芻，想像母親當時的心情轉折，備覺心酸，懂事之後對母親特別孝順。沉櫻晚年體力腦力退化，我曾問師母，照顧生病的媽媽一定承受很大壓力，她的回答完全沒有提及那些不足為外人道的辛苦過程，只是輕描淡寫地說那幾年她非常焦慮，專注媽媽的一切，心無旁騖，直到沉櫻過世後，她才赫然發現自家旁邊的樹林之美，之前每天來來回回，從來沒有心思看一

眼,也從來無心感受。短短幾句,烏鳥之情盡在其中。

梁宗岱雖有背叛之實,卻一直不願意和沉櫻離婚,他使盡全力企圖挽回,沉櫻對他而言必然有不可取代的情份。梁宗岱曾說他的〈商籟五〉寫的是從歐洲回到北平時經歷的「一段如火如荼的生活中最完美的一刻」,他深深體會到「由明亮而漸漸進于親密幸福」。對於這份相知相親的幸福感,梁宗岱不能捨也不願分。沉櫻面對梁宗岱的「攻勢」,先是舉棋不定,期間還差一點被說服,除了考慮三個孩子之外,對梁宗岱應該也有難捨之情。最後沉櫻由弟弟和表弟陪同「談判」,表示帶著孩子赴臺灣的心意已決,梁宗岱只能接受,但依然沒有同意離婚。梁沉甘三人之間的故事戲劇性十足,對沉櫻的傷害也夠大,但她沒有打官司,沒有攻擊任何人,也沒有大作文章,倔強地將痛和苦硬吞下去。師母說母親最偉大的地方是終其一生從未指責父親或甘少蘇,不曾口出惡言,這等自律非比尋常。

有回我提到有人說梁宗岱晚年還好有甘少蘇不離不棄的照顧,否則應該會更慘。師母幽幽地回答說:「如果不是她,說不定爸爸就不會留在那邊,他就不會經歷文革了」。歷史無法重來,所有的「如果」都無法重新選擇,相信師母心底對一個缺席的父親還是有些遺憾。師母十歲離開父親前和爸爸相處甚歡,以師母開朗的性格和細膩的感知能力,如果不是中間有將近三十年的空白,博學熱情

的梁宗岱應該會和女兒無話不談。梁家親人告訴師母，梁宗岱在家時很沉默，不多語，這和師母心中喜歡和人分享的父親相去甚遠，師母感慨父親的落寞與孤獨，卻只能無奈地說：「這也是他自己選擇！」

師母在1960年曾經參加第一屆中國小姐選美，可以想見其魅力；加上她原本就會寫詩寫散文，又廣泛閱讀，是內涵與外貌兼具的窈窕淑女，自然不乏追求者。可是師母說自己個性一直像男孩，不喜歡搞小圈圈，多半時間獨來獨往，非常不喜歡被別人注意。師母曾聊到一個有趣的例子：有位男生邀請她當舞伴，三番兩次來邀，最終師母答應了，卻又不放心地再三「聲明」只是去跳舞，不代表其他。叮嚀太多次了，對方終於回她一句：「你放心，絕對不會因為你陪我跳個舞，別人就會叫你大嫂！」雖然師母強調說不上來喜歡甚麼樣的男孩，我覺得她很清楚自己不喜歡甚麼，不要甚麼，其實她對感情拿捏很有分寸，很有原則，不輕易妥協。她到了美國和接機的齊老師很投緣，兩人進展神速，師母碰到對的人做了最好的決定。單就選擇伴侶這件事看來，師母的慧眼比沉櫻更具識人之明。

2023年5月時我把整理好的初稿給師母看，她看完之後傳訊說很感動，約我們6月1日過去吃飯，因為過兩天老師和師母要到香港和上海。那天我們聊旅行，師母有

許多跋山涉水、勇闖天涯的故事,她畫裡的山川花鳥,大風景小美麗,多半來自旅途的所見所感。師母是一個非常接地氣的人,旅行時總能入境隨俗,不拘小節。那天師母特別提到一段她一直很想寫下來的「奇遇」。在1990年代初期,她隻身去長沙,目的是走訪張家界和鳳凰。那個時期的火車速度非常緩慢,硬梆梆的座位總是塞滿人,走道上更是密密麻麻坐滿人,但師母完全不以為意,很自然地和擠在身旁的小販閒聊,開心地加入對面夫婦的旅行團,下了火車一起住進簡陋的旅社,即使房間的窗戶打開就是豬圈也無所謂,吃飯時就跟著大家蹲在路邊大口大口吃,人家問她是哪兒來的,她就說長沙,略去自己海外身分不表。師母對人隨和,和一般平民大眾同吃同住同行,但是對飽覽名山勝景十分執著,一心一意要把該走的路該看的景走滿看滿,當別人欣賞歌舞表演時,她寧可獨自在峰林如海的張家界尋幽探勝。師母攀高登嶺,一步一腳印,走到腿腳疼痛,卻堅持一個人繼續前往沈從文的鳳凰,把兩腳折騰到劇痛難忍,幸好後來遇上一位深諳「一指禪功」的奇人才解決她的問題。聽師母描述當時痛到舉步唯艱,但一心要看到沈從文的墓地,不肯束「腳」就範,寸步難行還是咬緊牙關沒有放棄,毅力驚人。

想不到師母在疫情之後的旅行中感染新冠,6月底返臺在加護病房昏迷了三十天。齊老師和一兒一女心情跌到谷底,一度考慮是否應該放棄,老師哽咽地對我們說,幾

年前他和師母曾經談到人生終點的種種，師母說她這一生很快樂很滿足，唯一的未竟之願就是尚未為父母留下一些記載。老師說，這一年多，師母最高興的事就是能夠和我們這麼親近，一起把她的心願初步完成了。意志力堅強的師母死裡逃生，兩個多月後出院，在齊老師無微不至的照顧和安排下慢慢復元。師母這段有驚有險的歷程，不禁讓我聯想到梁宗岱在文革時被打到血肉模糊體無完膚，仍拚一口氣逆轉絕境。師母不愧是梁宗岱的女兒，即使奄奄一息地在黑暗中掙扎，仍抓緊那微弱的餘光，挺過罩頂的烏雲，絕處重生。

齊老師和師母結褵逾六十年，情感深厚，彼此是最重要的精神支柱，師母和我們暢談往事時，齊老師全程陪伴，非常有耐性，靜靜聽我們談話，時不時在某個段落結束時，神來一筆「心得報告」一下；齊老師的評語總是讓我深刻感受他「博學、審問、慎思、明辨」的功力。

師母提到外婆不識字，但特別愛聽人說書，而且記憶力特別好，轉述故事特別動聽，加上愛背詩詞，隨時可以出口誦詩。師母透過外婆這種非正規的啟蒙進入古典文學的世界。到了中學時，一起同住斗煥坪的外婆在閒暇時，喜歡聊她年輕時在大家庭中的人和事，點點滴滴都是生活的哲理和智慧。齊老師聽完這些，心有所感地說，美國學者喜歡拿中國文盲的比率有多高來說事，其實他們應該仔

細想想「文盲」的定義是否合宜，他們把不認識字的人都列為文盲，難道這些人沒有文化底蘊嗎？齊老師說，外婆不認識文字，但她所吸收的古典文學知識一點也不輸那些上過學堂的人，她的世界完全沒有侷限在「文盲」中，還可以把所知所得傳授給下一代和下下一代，這是西方人很難想像的。

有一回師母談到苗栗大成高中有三位從大陸到臺灣的年輕男老師，有點有志難伸的「情結」，常常到她們家找沉櫻訴苦。齊老師特別補充說，那段時間有不少大陸的知識分子到臺灣，他們之中有的可能原先在大學任教，有的可能原本是手握筆桿的作家或文人，但是臺灣當時的大學有限，較早過來的菁英很快就佔滿大學教師職位，遲來的人退而求其次，可能選擇到大城市的公立高中，等到各校的職缺補足了之後，這些人就得往鄉鎮或私立中學找機會了，例如齊邦媛老師曾任教台中一中，葉嘉瑩老師任教彰化女中。齊錫生老師特別提到李敖的父親李鼎彝，滿腹經綸卻沒有機會在大學任教，成了台中一中的國文老師，而齊老師因此成了李鼎彝老師的學生，非常佩服他的學問，高中時期還私下追隨李鼎彝老師學習古文。

沉櫻原本對師母當年「急著」和齊老師結婚不太能諒解，之後丈母娘看女婿，越看越滿意，和齊老師很談得來。師母說沉櫻獨住時，碰到問題打電話總是找女婿不是

找女兒。再到後來，沉櫻回到中國，自動放棄美國籍後又想返美定居時，也是由齊老師負責到中國想方設法重新取得赴美許可，順利將她接回。師母說，齊老師是媽媽在美國時可以深談的夥伴；齊老師說，他和岳母無所不談，唯一缺席的話題就是她的過往。

沉櫻不話當年，彷彿不戀逝水；梁宗岱不談舊情，看似斷捨餘情。兩人的「深藏不露」反而激起諸多傳說與揣測，身為長女的師母覺得有責任釐清。她打開記憶中的塵封往事，從童年目睹父母的聚合離散，到成長時期觀察母親的苦與樂，到結婚成家後感受父母之間若有似無的牽繫以及生命的迂迴，再到後來重新認識父親，師母一點一滴串連父母的人生軌跡。師母眼中那個意氣風發的爸爸，前半生驚濤拍岸，之後投身中藥研製，踽踽獨行，而內斂從容的媽媽經歷愛別離苦之後，不落愛憎地走出自己的路。在父母兩人過盡千帆之後，師母娓娓道來其中的浮雲聚散，不誇不飾，平實真摯地陳述她所見所知的原委，為我們留下女兒視角的梁宗岱與沉櫻。

說史敘事 19

# 梁宗岱、沉櫻與我：
# 兩岸分飛的家族故事

Liang Tsong Tai and Chen Ying:
A Daughter's Memoir

| 口　　　述 | 梁思薇 |
| 訪問／記錄 | 周素鳳、張　力 |
| 總　編　輯 | 陳新林、呂芳上 |
| 執行編輯 | 林育薇 |
| 封面設計 | 蔣緒慧 |
| 排　　　版 | 溫心忻 |

出　　版　　**開源書局**出版有限公司
香港金鐘夏慤道 18 號海富中心
1 座 26 樓 06 室
TEL：+852-35860995

**民國歷史文化學社** 有限公司
10646 臺北市大安區羅斯福路三段
37 號 7 樓之 1
TEL：+886-2-2369-6912
FAX：+886-2-2369-6990

http://www.rchcs.com.tw

初版一刷　2025 年 5 月 31 日

定　　價　新臺幣 480 元
　　　　　港　幣 160 元
　　　　　美　元　22 元

ＩＳＢＮ　978-626-7543-65-8（平裝）

版權所有　翻印必究
如有缺頁或裝訂錯誤
請寄回民國歷史文化學社有限公司更換

印　　刷　長達印刷有限公司
臺北市西園路二段 50 巷 4 弄 21 號
TEL：+886-2-2304-0488

---

國家圖書館出版品預行編目 (CIP) 資料

梁宗岱、沉櫻與我：兩岸分飛的家族故事 = Liang Tsong Tai and Chen Ying : A Daughter's Memoir / 梁思薇口述；周素鳳, 張力訪問／記錄 . -- 初版 . -- 臺北市：民國歷史文化學社有限公司 , 2025.05

面；　公分 . -- ( 說史敘事；19)

ISBN 978-626-7543-65-8（平裝）

1.CST: 梁氏　2.CST: 家族史

783.37　　　　　　　　　　114004858